TABLE

GÉNÉRALE, ANALYTIQUE ET PAR MATIÈRES,

DES

INSTRUCTIONS ET CIRCULAIRES

DE M.[r] LE CONSEILLER D'ÉTAT,

DIRECTEUR GÉNÉRAL DE L'ADMINISTRATION DE L'ENREGISTREMENT ET DES DOMAINES,

JUSQU'AU 31 DÉCEMBRE 1812,

Auxquelles on a réuni, aux titres ENREGISTREMENT, TIMBRE, GREFFE et HYPOTHÈQUES, les dispositions des Circulaires de l'Administration qui ont paru depuis la publication des Lois y relatives et qui sont aujourd'hui en activité,

RÉDIGÉE

PAR DEUX EMPLOYÉS DE CETTE ADMINISTRATION.

À FLORENCE,

CHEZ VICTOR ALAUZET, IMPRIMEUR DE S. A. I. MADAME LA GRANDE-DUCHESSE DE TOSCANE,

PLACE DE *S.[TA] MARIA NOVELLA*, N.° 4216.

1813.

PRÉFACE.

On sent toute l'utilité d'une Table analytique quand on est souvent obligé de consulter l'ouvrage auquel elle appartient ; cette utilité s'accroît encore à mesure que l'ouvrage augmente et que les objets se multiplient : on y trouve alors l'avantage de faciliter les recherches, de les abréger même et d'épargner en outre une perte de tems considérable.

La Table des instructions et circulaires de M.r le Comte Directeur général de l'Administration de l'enregistrement que j'ai l'honneur d'offrir à MM. les Employés et Receveurs de cette Administration et dont MM. les Notaires et Greffiers pourront également profiter, offre ce triple avantage, par le classement des matières, par l'indication dans une colonne particulière de l'objet de chaque instruction et par l'extrait qu'elle en donne. Cet extrait, si l'on en excepte un petit nombre d'instructions qui n'ont pas paru susceptibles d'analyse, dispensera souvent de recourir à l'instruction elle-même, puisqu'il en indique les dispositions essentielles et, en outre, s'il s'agit de décisions, leur date et l'Autorité qui les a rendues.

Indépendamment des instructions de M.r le Directeur général et pour compléter les parties de l'enregistrement, du timbre, du greffe et des hypothèques, elle réunit les extraits des circulaires de l'Administration qui sont relatives à ces droits et qui ont paru depuis la publication des dernières Lois qui les ont établis ou modifiés et qui sont aujourd'hui en activité.

Quand une instruction ou une circulaire a traité des objets différens, on l'a classée sous le titre auquel chacun d'eux pouvait se rapporter ; on a annoté en marge de celles des instructions qui ont apporté quelques changemens à des instructions précédentes ou qui ont été elles-mêmes modifiées par des instructions subséquentes, la date, le numéro et le titre de celles qu'il a paru nécessaire de consulter, afin de connaître de suite les dispositions abrogées et celles maintenues et à suivre.

On y a joint encore, pour l'utilité de MM. les Directeurs et Receveurs, un Tableau présentant au 1.er janvier 1813, la nomenclature des états périodiques qui doivent être adressés par les Directeurs à l'Administration et par les Receveurs à leur Directeur, avec l'indication de l'époque précise à laquelle chaque envoi doit être fait. Entre les divisions de ce Tableau on a laissé un blanc suffisant pour y placer les changemens qui pourront survenir par la suite.

Cette Table ne comprend pas les instructions relatives à la perception sur les droits de garantie, les tabacs, les patentes, en un mot, sur les diverses branches de produits qui ne sont plus dans les attributions de l'Administration. On en a même excepté les amendes des conscrits réfractaires, quoique les Receveurs soient toujours chargés de les recouvrer, parceque les changemens qui ont été apportés au mode de recouvrement et de comptabilité sur cette partie, par les instructions de M.r le Directeur général de la conscription, ont rendu sans objet celles de M.r le Directeur général de l'enregistrement.

Enfin, pour aider les recherches sous tous les rapports, on a joint à la fin de cette Table, une Table alphabétique des titres qui la composent, et dans laquelle les matières qui n'ont pas de titre particulier, à raison de leur peu d'importance et qu'on peut cependant être obligé de consulter, y sont indiquées, avec la désignation des titres sous lesquels elles ont été classées comme ayant avec eux le plus de rapport.

ADMINISTRATION.

INSTRUCTIONS GÉNÉRALES. N.os	DATES.	OBJETS.	EXTRAIT DÉTAILLÉ DES INSTRUCTIONS.	OBSERVATIONS.
1	8 brumaire an 10.	CORRESPONDANCE.	MODE de correspondance des employés des départemens, avec l'administration centrale.	
5	12 dudit.	BUREAU DE LIQUIDATION SUPPRIMÉ.	Suppression du bureau de liquidation établi près l'administration centrale.	
14	1 frimaire an 10.	CAPACITÉ DES EMPLOYÉS ET SURN.s	Compte à rendre de la capacité des employés et surnuméraires.	
30	4 nivôse an 10.	INSTRUCT.s GÉN.s ADRESSÉES DIRECTEMENT AUX DIR.rs	Les instructions générales seront adressées, à l'avenir, aux directeurs des départemens, par le directeur général, à qui ils en accuseront la réception et la transmission.	
„	17 pl.e an 10.	VOLS DE CAISSE.	Arrêté des consuls du 17 nivôse an 10, sur les vols de caisse.	
42	23 dudit.	PRÉVARICATION.	Le directeur général est autorisé à traduire devant les tribunaux, sans recourir à la décision du conseil d'état, les agens inférieurs de cette administration, prévenus de prévarication dans l'exercice de leurs fonctions. (*Arrêté des Consuls du 9 pluviôse an* 10.)	
„	21 ventôse an 10.	ENVOIS PÉRIODIQ.s	Arrêté du directeur général du 18 ventôse an 10, relatif aux envois périodiques des états de mois, des journaux de recette et dépense et des comptes; mesures prescrites pour son exécution.	
56	23 floréal an 10.	VOLS DE CAISSE. -- PRÉCAUTIONS À PRENDRE.	Précautions que doivent prendre les receveurs et autres préposés chargés des deniers publics, pour prévenir les vols de leur caisse et pour obtenir la décharge de ceux qui auraient pû leur être faits. (*Arrêté des Consuls du 8 floréal an* 10.)	
„	26 messidor an 10.	LETTRES ET PAQUETS À ADRESSER DIRECT.t AU DIRECTEUR GÉNÉR.	Les lettres et paquets pour le directeur général, doivent lui être adressés directement.	
»	7 thermidor an 10.	IMPRESSIONS ET PAPIERS TIMBRÉS. -- DEMANDE.	Les demandes d'impressions et de papiers timbrés doivent être adressées directement au S.r Boisot chef de l'atelier général et des magasins du timbre, et non à l'administration; *actuellement à l'administrateur chargé de la 8.e division.*	
»	19 brumaire an 11.	FOURNISSEURS DES REGISTRES.	Les directeurs sont autorisés à traiter avec les fournisseurs qui, en exécution de la circulaire du 24 prairial an 7, n.° 1586, ont dû fournir les registres, sommiers et tables alphabétiques dans les départemens et leur proposer une prorogation jusqu'au 1 germinal an 11.	
125	13 ventôse an 11.	CONTRÔLEURS DES CONTRIBUTIONS. -- COMMUNICATION DES REGISTRES.	Les receveurs de l'enregistrement doivent communiquer sans déplacement, aux contrôleurs des contributions directes, les registres et tables alphabétiques, les adjudications et autres actes concernant les domaines nationaux.	*V. la circulaire du 22 février 1806 sous ce titre.*
130	9 germinal an 11.	FRAIS DE POURSUITES. -- AGENS INFIDÈLES.	Les administrations publiques qui ont une manutention de deniers publics, ou de domaines nationaux, doivent payer tant au civil qu'au criminel, les frais de poursuites contre leurs agens infidèles. (*Décisions du G. Juge, et du Ministre des finances des 15 brumaire et 11 ventôse an* 11.)	
»	14 thermid. an 11.	RECOUVREMENT.	Ordre de suivre les recouvremens avec activité; faire connaître au directeur la date et la nature des poursuites et les causes qui en ont suspendu ou empêché l'effet. -- Le directeur portera ces observations dans chacun de ses états et y joindra celles qu'il croira convenables.	
»	13 vendém. an 12.	ENVOIS PÉRIODIQUES.	Nomenclature des états périodiques à adresser à l'administration, et époque à laquelle ils doivent être remis. — Les directeurs doivent les faire parvenir directement au directeur général.	*V. ces états au titre* envois périodiques.

ADMINISTRATION.

INSTRUCTIONS GÉNÉRALES. N.os	DATES.	OBJETS.	EXTRAIT DÉTAILLÉ DES INSTRUCTIONS.	OBSERVATIONS.
»	24 vendém. an 12.	CONGÉS.	Aucun employé ne peut s'absenter sans congé, à peine de révocation; ceux à qui il sera accordé des congés, perdront leur traitement pendant leur durée; la retenue sur leur traitement sera versée à la caisse des pensions de l'administration; sont exceptés de la retenue ceux qui auront obtenu des congés pour maladie constatée.	*V. ci-après la circulaire du 29 ventose an 13.*
171	*Idem.*	REGISTRES.-PORTS DE LETTRES.	Établissement de deux registres, l'un tenu par le directeur de la poste aux lettres, et l'autre par le directeur de l'enregistrement, pour y inscrire: 1.° le port de toutes les lettres et paquets adressés aux directeurs de l'enregistrement; 2. celui des affranchissemens des lettres et paquets adressés par ces derniers aux employés supérieurs et receveurs; 3. celui des affranchissemens des circulaires et autres impressions. État à dresser par l'inspecteur du chef-lieu à la fin de chaque trimestre et vu à mettre par lui sur le registre du directeur des postes. (*Déc. du Ministre des finances du 5 vendémiaire an 12.*)	*V. les circulaires de l'administration nn. 1755, 1781 et 1238.*
»	26 brumaire an 12.	CORRESPONDANCE DES RECEVEURS. -- PIÉTONS.	Les directeurs et receveurs sont autorisés à employer les piétons pour la correspondance des receveurs des communes où il n'y a pas de bureaux de poste aux lettres. Mode de remboursement de ces frais. -- Tous les paquets précédemment envoyés par la messagerie à l'administration, doivent l'être par la poste au directeur général.	
188	30 frimaire an 12.	MESSAGERIES. -- TRANSPORT DE BALLOTS.	L'administration générale des messageries à Paris, par un traité passé avec l'administration de l'enregistrement le 1 frimaire an 10, est responsable des pertes et avaries des ballots, des registres, papiers timbrés et imprimés qu'elle se charge de transporter dans les départemens. -- Mode de constater ces pertes et avaries.	
»	9 nivôse an 12.	ALIÉNATIONS DE DOMAINES.-- ÉTAT.	Les états de ventes des domaines, faites en vertu des lois des 15 et 16 floréal an 10, doivent être adressés au directeur général le même jour que l'état général des produits de la direction, c'est-à-dire, le dix de chaque mois. -- C'est par erreur que le tableau joint à la lettre du 13 vendémiaire an 12 n'en indique l'envoi que par trimestre.	
»	17 ventôse an 12.	EXACTITUDE DANS LA CORRESPOND.ce	Les directeurs doivent mettre dans leur correspondance avec M. le directeur général et les administrateurs, une grande ponctualité; les lettres et expéditions ne doivent être datées que du jour du départ du courrier et l'on ne doit jamais traiter plusieurs objets dans une même lettre. -- Adresse à mettre sur les enveloppes à l'administration; tableau du service de la poste aux lettres de Paris aux chefs-lieux de départemens et des chefs-lieux à Paris.	
»	17 germinal an 12.	LETTRES ET PAQUETS.	Recommandation d'adresser directement au directeur général toutes les lettres et paquets à envoyer à l'administration, en ayant soin de ne jamais mettre sous un même cachet des papiers destinés à différens bureaux ou divisions, et en fesant sur l'adresse les mentions nécessaires.	
»	12 floréal an 12.	CORRESPONDANCE.	Rappel des dispositions contenues dans les circulaires des 17 ventôse et 17 germinal an 12 ci-dessus, concernant la correspondance avec l'administration. -- Invitation de s'y conformer *mot pour mot.*	
»	29 messidor an 12.	ENVOIS.	Recommandation de ne plus rien adresser à l'administration par les diligences et voitures publiques et de faire dorénavant les envois à l'adresse du directeur général par la poste aux lettres. -- Frais à supporter par ceux qui contreviendront à cet ordre.	

ADMINISTRATION.

INSTRUCTIONS GÉNÉRALES. N.os	DATES.	OBJETS.	EXTRAIT DÉTAILLÉ DES INSTRUCTIONS.	OBSERVATIONS.
»	20 thermid. an 12.	PIÈCES DE COMPTABILITÉ.	Les pièces de comptabilité seules, lorsqu'elles seront trop volumineuses pour être divisées en cinq ou six paquets admissibles au bureau des postes aux lettres, pourront être envoyées par la diligence et autres voitures publiques. -- Défense de joindre, à ces sortes d'envois, aucune autre expédition, ni d'en faire d'autres par la messagerie, à peine de répondre des frais de transport.	*V. ci-après la circul. du 15 décembre* 1809.
254	23 fructidor an 12.	DROITS RÉUNIS. --DROITS DISTRAITS DE L'ADMINISTRAT.N	Mode de transmission à la régie des droits réunis de la suite de la perception des droits que la loi du 5 ventôse an 12 et l'arrêté du gouvernement du 5 germinal suivant, ont distraits des attributions de l'enregistrement et des domaines.	
262	16 frimaire an 13.	RETENUES.	Mode de la comptabilité des retenues par suite de congés. -- Elles doivent être liquidées sur les remises et les frais de bureau alloués par trimestre et non par année.	
269	17 pluviôse an 13.	PRESTATION DE SERMENT. -- CHANGEMENS.	Les employés de l'administration, dans le cas d'un simple changement de résidence sans avancement ni augmentation de traitement, ne sont pas soumis à la prestation d'un nouveau serment: ils doivent seulement faire enregistrer au greffe du tribunal dans l'arrondissement duquel ils viennent continuer leurs fonctions, l'expédition du premier serment. (*Décision du Ministre des finances du* 6 *pluviôse an* 13.)	*V. l'instruction générale n.* 458., *sous ce titre.*
»	29 ventôse an 13.	CONGÉS.	Il ne sera plus accordé de congé pour affaires de famille, si l'employé qui le demande n'indique le lieu et le département où il a besoin de se rendre. -- Il n'en sera plus accordé pour cause de maladie. (*Arrêté du Direct. gén. du* 29 *vent. an* 13.)	*V. ci-après la circulaire du* 6 *septembre* 1808.
»	16 germinal an 13.	INSPECTEURS GÉNÉRAUX.	Création de six inspecteurs généraux. (*Déc. imp. du* 30 *ventôse an* 13.) Nomination à ces places. (*Déc. imp. du* 8 *germ. an* 13.)	
287	23 prairial an 13.	RETENUE. --PENSIONS AUX VEUVES.	La retenue pour fonds de retraite est portée à 2 et demi pour cent, à partir du 1 floréal an 13, à l'effet d'assurer des pensions aux veuves et enfans orphelins des employés de l'administration, à dater du premier germinal an 12. -- Conditions imposées aux veuves pour être admises à en jouir. (*Décret imp. du* 12 *flor. an* 13.)	*V. la circulaire ci-après du* 10 *septembre* 1806.
»	6 vendém. an 14.	GUERRE CONTINENTALE.	Conduite à tenir par les employés de l'administration à l'occasion de la guerre continentale.	
»	10 dudit.	DÉCRETS IMPÉRIAUX. -- DATE DU JOUR OÙ ILS SONT OBLIGATOIRES.	Les décrets impériaux, insérés au bulletin des lois, sont obligatoires du jour où ce bulletin a été distribué au chef-lieu; quant à ceux qui ne sont point insérés ou qui n'y sont indiqués que par le titre, ils sont obligatoires du jour qu'il en est donné connaissance aux personnes qu'ils concernent, soit par publication, affiche etc. (*Avis du Conseil d'état du* 12 *prairial an* 13, *approuvé le* 25.)	
»	10 vendém. an 14.	NOUVELLE DIVISION ENTRE LES SIX ADMINISTRATEURS.	Nouvelle division des départemens, faite entre les six administrateurs pour la suite de la correspondance.	
293	13 dudit.	COMMUNES ET ÉTABLISSEMENS PUBLICS.	Les communes et établissemens publics sont tenus de communiquer, sans déplacement, aux préposés de l'administration et à toute réquisition, leurs registres et minutes d'actes, à l'effet de s'assurer de l'exécution des lois sur le timbre et l'enregistrement. (*Décret impérial du* 4 *messidor an* 13.)	
295	9 frimaire an 14.	CONGÉS.	Mode de comptabilité des remises et traitemens d'emplois vacans par congé ou par toute autre cause.	
»	22 février 1806.	CONTRIBUTIONS DIRECTES.-RENSEIGNEM.S A FOURNIR	Les receveurs de l'administration doivent non seulement communiquer aux contrôleurs des contributions directes leurs tables alphabétiques, mais encore les registres contenant le	*Addition à l'instruction n.* 125.

ADMINISTRATION.

INSTRUCTIONS GÉNÉRALES. N.os	DATES.	OBJETS.	EXTRAIT DÉTAILLÉ DES INSTRUCTIONS.	OBSERVATIONS.
			libellé des enregistremens, et à défaut de renseignemens suffisans, ils doivent faire chez les notaires, le relevé des clauses des baux et autres actes qui pourraient être demandés par le directeur des contributions.	
503	21 mai 1806.	CONTRAINTE PAR CORPS.	On peut employer, sans jugement préalable, la contrainte par corps contre les préposés de l'administration constitués en débet; à moins de circonstances urgentes, le directeur devra en référer à l'administration, afin d'éviter les abus d'une arrestation arbitraire. (*Décis. du Min. des finances du 28 brumaire an 14.*)	
»	1 septemb. 1806.	SURNUMÉRAIRES. -- LEUR FIXATION.	Arrêté de M. le directeur général du 1 septembre 1806 qui fixe le nombre des surnuméraires à 1000 pour tout l'empire, et détermine le contingent de chaque département.	
»	10 dudit.	PENSIONS DE RETRAITE. -- VEUVES DES EMPLOYÉS.	Les veuves des administrateurs et employés pensionnaires de l'administration, n'ont droit à la pension qu'autant que leurs époux ont obtenu leur pension de retraite sous l'empire du décret du 12 floréal an 13, c'est-à-dire à compter du 1 germinal an 12. (*Délibération du Conseil d'administration du 5 complémentaire an 13.*)	
»	Id.	INSPECTEURS. -- COPIE DE JOURNAUX.	Les inspecteurs sont tenus, comme par le passé, de remettre, à l'expiration de chaque quinzaine, au directeur, copie de leur journal de recette et dépense, ou un certificat négatif.	
516	11 dudit.	INSCRIPTIONS HYPOTHÉCAIRES A RENOUVELER.	Les receveurs des domaines doivent renouveler les inscriptions prises pour la sûreté des créances nationales avant l'expiration de leur durée décennale; responsabilité à laquelle ils s'exposeraient s'ils négligeaient cette formalité. (*N. 5, §. 1 de l'instruction.*)	
»	26 décemb. 1806.	FALSIFICATIONS OU ALTÉRATIONS SUR LES REGISTRES.	Les registres de recette de l'administration sur lesquels il aurait été commis des falsifications ou altérations, doivent être déposés au greffe de la cour spéciale de *la seine*, chargée exclusivement des délits de l'espèce. Une vérification sur le lieu au moyen de commissions rogatoires ne peut suppléer à cette formalité. (*Décision du Grand-juge du 21 novembre 1806.*)	
»	4 juillet 1807.	CONTENTIEUX ADMINISTRATIF.	Ordre de former un sommier pour le contentieux administratif, comme pour le contentieux judiciaire.	
556	26 octobre 1807.	COMPTABLES DIRECTS DU TRÉSOR.	L'administration des domaines doit rester absolument étrangère tant au séquestre des biens des *comptables directs* du trésor public *constitués en débet*, qu'au recouvrement des revenus et du prix de vente des immeubles. -- *C'est à l'agent du trésor public seul* à diriger et suivre toutes les opérations y relatives par l'intermédiaire des préfets et des receveurs généraux ou particuliers dans les départemens, *sauf l'exception du séquestre pour défaut de présentation de compte.* (*Décision du Ministre des finances du 15 septembre 1807.*)	
»	22 mars 1808.	SOMMIERS ET TABLES ALPHABÉTIQ.s	État à fournir chaque trimestre, de la situation des sommiers et tables alphabétiques. (*Arrêté du Directeur général.*)	
»	24 dudit.	PORTS DE LETTRES ET PAQUETS.	Mesures à observer pour obtenir le remboursement des frais des ports de lettres et paquets: joindre à chaque état de frais, celui des lettres adressées aux divers préposés de l'administration. -- Les directeurs continueront de se conformer à l'instruction générale n. 171, en y ajoutant les renseignemens demandés par la présente.	
»	12 mai 1808.	ENVOI DES COMPTES.	Modifications provisoires apportées à l'exécution de l'arrêté du 18 ventôse an 10 pour l'envoi des comptes et pièces à l'appui, à l'administration.	

ADMINISTRATION.

INSTRUCTIONS GÉNÉRALES. N.os	DATES.	OBJETS.	EXTRAIT DÉTAILLÉ DES INSTRUCTIONS.	OBSERVATIONS.
»	14 mai 1808.	EMPLOYÉS SUSPENDUS.	Suspension de deux inspecteurs, de deux vérificateurs et de trois receveurs, les premiers pour avoir annoncé dans leurs journaux et lettres de tournée qu'ils s'étoient rendus dans des bureaux où ils n'ont pas paru, et les derniers pour leur avoir réservé des cases en blanc. (*Arrêté du Directeur général du 14 mai 1808.*)	
»	6 septemb. 1808.	CONGÉ.	A l'avenir les préposés de l'administration ne conserveront leur traitement, pendant la durée du congé qu'ils auront obtenu, qu'autant qu'ils seront retenus chez eux pour maladie constatée. (*Décision du Ministre des finances du 30 août 1808.*)	
»	26 dudit.	TRAITEMENT DES EMPLOYÉS SUPÉR.rs	Les receveurs des chefs-lieux de département, sont exclusivement chargés de payer le traitement fixe des employés supérieurs et du timbre, le complément de la remise générale et les frais de bureau du directeur. -- Chaque employé ne doit fournir qu'une quittance par trimestre. -- Le montant des traitemens et les dépenses de régie doivent être portés dans les comptes de l'année à laquelle ils appartiennent.	
407	30 novemb. 1808.	DÉBET. -- INTÉRÊT.	Les préposés de l'administration doivent l'intérêt à 5 pour cent des sommes provenant de débets constatés. -- Distinction des causes qui ont donné lieu au débet pour déterminer l'époque depuis laquelle court l'intérêt dû. -- En cas de contestation entre l'administration et ses préposés, tant relativement aux intérêts dont s'agit que sur toutes autres questions concernant la comptabilité, le ministre des finances décidera, sauf le recours au conseil d'état. (*Avis du Conseil d'état du 9 juillet 1808.*)	*Voir ci-après les circulaires des 17 avril et 25 mai* 1809.
»	6 décemb. 1808.	CAPACITÉ.--CONDUITE DES ASPIRANS AU SURNUMÉR.at	Renseignemens à fournir par les directeurs à l'administration, sur l'éducation, la capacité et la conduite des aspirans au surnumérariat, sur la profession des parens et sur leur fortune : les pétitions devront être écrites par les aspirans et sur papier timbré.	
»	2 janvier 1809.	CONSCRIPTION.	Les sous préfets sont autorisés à se faire apporter, une fois par trimestre, les sommiers et registres concernant les amendes de conscription, lorsqu'ils ne peuvent se transporter chez les receveurs. -- Recommandation d'user de cette faculté avec la plus grande réserve.	
»	4 mars 1809.	LETTRES ET PAQUETS.	Nouvelle recommandation de se conformer pour l'envoi des lettres et paquets à ce qui est prescrit par la circulaire du 29 messidor an 12, d'adresser sous le couvert de M. le directeur général tous les paquets et lettres concernant l'administration.	
»	17 avril 1809.	DÉBETS. INTÉRÊTS.	Les débets sont passibles d'intérêt soit qu'ils aient été contractés antérieurement ou postérieurement à la promulgation du code Napoléon. (*Avis du Conseil d'état, du 28 février* 1809.)	*Addition à l'instruction générale n.o* 407.
»	25 mai 1809.		On peut remonter à 30 années pour l'exigibilité des intérêts des débets contractés avant le code Napoléon. (*Décisions du Ministre des finances des 25 avril et 16 mai* 1809.)	
438	6 juillet 1809.	PRESTATION DE SERMENT. -- CHANGEMENT DE RÉSIDENCE.	L'enregistrement au greffe de l'acte de prestation de serment d'un employé qui change de résidence sans avancement, ne donne ouverture à aucun droit d'enregistrement ni de greffe, et doit être fait sans frais, conformément à l'art. 15 de la loi du 22 août 1791. (*Déc. du M. des fin. du 30 mai* 1809.)	
445	26 dudit.	NOUVEAUX REGISTRES ET SOMMIERS.	Nouvelle forme de registres de recette, de sommiers et tables alphabétiques.	

ADMINISTRATION.

INSTRUCTIONS GÉNÉRALES. N.os	DATES.	OBJETS.	EXTRAIT DÉTAILLÉ DES INSTRUCTIONS.	OBSERVATIONS.
»	1 août 1809.	DEMANDE D'ESCORTE.	Les demandes d'escorte que les préposés de l'administration sont dans le cas de requérir, doivent être faites suivant le modèle joint à la circulaire.	
448	28 août 1809.	MAJORATS. - SURVEILLANCE A EXERCER PAR LES EMPLOYÉS.	Les préposés de l'administration sont chargés d'exercer une surveillance sur les biens situés dans l'empire, affectés à la dotation des majorats. -- Renseignemens à transmettre à M.r le procureur général près le conseil du sceau des titres, sur les baux passés par le titulaire, sur les changemens qui pourraient survenir dans la nature et la consistance des propriétés. -- Ils ne peuvent s'immiscer dans aucun acte d'administration. (*Décret impérial du 4 mai 1809.*)	
,,	7 novemb. 1809.	PORTS DE LETTRES -- INSPECT.s GÉN.x	Mode de remboursement des frais de ports de lettres et paquets adressés aux inspecteurs généraux.	
455	29 dudit.	TABLES DES CRÉANCES HYPOT.s	Table alphabétique à former des créances hypothécaires.	
,,	15 décemb. 1809.	ENVOIS DES COMPTES D'ORDRE etc.	Les directeurs pourront adresser à l'administration par les messageries, leur compte d'ordre, les pièces de comptabilité et les pièces de procédures, lorsqu'ils les trouveront trop volumineux pour être envoyés par la poste. -- Défense d'adresser à qui que ce soit, des lettres et paquets sous le couvert du directeur général.	
479	20 juin 1810.	REMISES DES RECEVEURS.	Nouvelle fixation des remises des receveurs de l'administration de l'enregistrement et des domaines, à compter du 1 janvier 1810, laquelle, entr'autres dispositions, fait cesser la stagnation que produisait la liquidation des remises d'après la loi du 14 août 1793 et fixe le minimum à 600 fr. (*Décret impérial du 23 mai 1810.*)	
499	10 décemb 1810.	1.er JANVIER, JOUR FÉRIÉ.	Le 1 janvier doit être considéré comme jour férié légal; conséquemment les bureaux des receveurs et des conservateurs doivent être fermés ce jour-là. (*Avis du Conseil d'état du 13 mars 1810 et décision du Ministre des finances du 24 janvier 1810*). Les arrêtés sur les registres doivent, pour les dimanches et fêtes conservées, présenter, indépendamment de la date, la désignation du jour.	
,,	18 décemb. 1810.	ÉTAT DES SOMMIERS AU 1.er JANVIER 1811.	Relevé à faire sur les sommiers et comptes ouverts de chaque bureau, pour présenter la situation au 1 janv. 1811, de ce qui restera alors à recouvrer pour le compte du trésor public.	
,,	21 dudit.	INSTRUCTIONS GÉNÉRALES. - RÉCEPTION.	Les directeurs sont dispensés à l'avenir d'accuser la réception des instructions générales : ils doivent continuer d'accuser celles des circulaires.	
,,	28 janvier 1811.	NOUVELLE COMPOS.on DES DIVISIONS ENTRE LES 8 ADMINISTRAT.rs	Nouvelle composition des divisions entre les huit administrateurs, déterminée sur l'augmentation des départemens.	
529	27 juin 1811.	COMPTE D'ORDRE DE 1810.	Mode à suivre pour la formation du compte d'ordre de 1810.	
,,	28 août 1811.	DROITS RÉUNIS.	Vérification à faire d'un tableau présentant le montant réel de l'arriéré des droits transmis à la régie des droits réunis le 1 vendémiaire an 13.	*Addition à l'instruction générale num. 254*
,,	7 septemb. 1811.	CONTENTIEUX ADMINISTRATIF. -- INSTANCES.	Mode d'introduction et d'instruction des instances relatives au contentieux administratif des domaines nationaux devant les conseils de préfecture et devant le conseil d'état. (*Décret impérial du 25 février 1811.*)	
542	11 dudit.	CONTRIBUTIONS INDIRECT.s DE 1812.	Les contributions indirectes seront perçues en 1812 comme elles l'ont été en 1811. (*Loi du 15 juillet 1811.*)	

ADMINISTRATION.

INSTRUCTIONS GÉNÉRALES. N.os	DATES.	OBJETS.	EXTRAIT DÉTAILLÉ DES INSTRUCTIONS.	OBSERVATIONS.
„	9 décemb. 1811.	NOUVELLE COMPOSITION DES DIVISIONS ENTRE LES ADMINISTRATEURS.	Nouvelle composition des divisions entre MM. les administrateurs, par laquelle les 130 départemens de l'empire sont partagés entre 7 des administrateurs, et la 8.me division est composée de la comptabilité générale, de la suite des caisses, des pensions, des décomptes etc.	
564	25 février 1812.	COMPTE D'ORDRE DE 1811. — RENSEIGNEMENS.	Nouveaux renseignemens pour la formation du compte d'ordre de 1811; ordre de l'expédier à l'administration le 1 mai 1812.	
„	12 octobre 1812.	ADRESSES DES LETTRES ET PAQUETS.	Modèle d'adresses des lettres et paquets pour le service de l'administration.	
606	25 dudit.	CONTENTIEUX ADMINISTRATIF ET JUDICIAIRE.	Instruction relative au contentieux administratif et judiciaire, laquelle fait connaître les attributions respectives des conseils de préfecture et des tribunaux; rappelle le mode d'instruction des instances, et les précautions à prendre pour l'exécution des jugemens ou arrêtés; désigne les voies pour faire réformer les décisions; trace la marche à suivre en cas de conflit entre l'autorité administrative et l'autorité judiciaire, et indique les comptes que doivent rendre les directeurs de la situation du contentieux.	
607	31 dudit.	SOMMIER DES DROITS EN DÉBET.	Le sommier des droits en débet, dont l'établissement a été prescrit par l'instruction générale n. 443, sera dorénavant tenu de la manière indiquée par celle-ci; enregistremens qui doivent y être portés et mesures nécessaires pour qu'il soit compté d'une manière régulière de tous les droits en débet.	
609	4 novemb. 1812.	FORMULE EXÉCUTOIRE.	La formule exécutoire ne concerne que les jugemens et les actes des notaires; en matière administrative, il suffit que l'expédition soit délivrée conforme à la minute. (*Décision du Grand-Juge du 14 octobre 1812.*)	

ADMINISTRATION.

INSTRUCTIONS GÉNÉRALES.		OBJETS.	EXTRAIT DÉTAILLÉ DES INSTRUCTIONS.	*OBSERVATIONS.*
N.os	DATES.			

INSTRUCTIONS GÉNÉRALES.		OBJETS.	EXTRAIT DÉTAILLÉ DES INSTRUCTIONS.	*OBSERVATIONS.*
N.^os	DATES.			

INSTRUCTIONS GÉNÉRALES.		OBJETS.	EXTRAIT DÉTAILLÉ DES INSTRUCTIONS.	*OBSERVATIONS.*
N.os	DATES.			

INSTRUCTIONS GÉNÉRALES.		OBJETS.	EXTRAIT DÉTAILLÉ DES INSTRUCTIONS.	*OBSERVATIONS.*
N.os	DATES.			

INSTRUCTIONS GÉNÉRALES.		OBJETS.	EXTRAIT DÉTAILLÉ DES INSTRUCTIONS.	OBSERVATIONS.
N.os	DATES.			

AMENDES.

INSTRUCTIONS GÉNÉRALES. N.os	DATES.	OBJETS.	EXTRAIT DÉTAILLÉ DES INSTRUCTIONS.	OBSERVATIONS.
51	6 nivôse an 10.	RECOUVREMENT. -- CONTRAINTE PAR CORPS.	Le recouvrement des frais de poursuites et du décime pour franc des amendes pour délits, doit être suivi par la voie de la contrainte par corps comme la condamnation à l'amende. (*Décision du Ministre de la justice du 8 frimaire an 10.*)	
48	24 ventôse an 10.	COMMUNES. -- ATTRIBUTIONS.	Les communes sont rétablies dans la jouissance des amendes de police qui leur ont été attribuées par la loi du 6 octobre 1791. (*Arrêté des Consuls du 26 brumaire an 10.*) Les receveurs de l'administration continueront d'en faire la recette.	
55	1.er floréal an 10.	RECOUVREMENT. -- CONTRAINTE PAR CORPS.	Le recouvrement des amendes pour délits, doit, d'après l'art. 190 du code des délits et des peines, être suivi par la voie de la contrainte par corps. Cette peine doit être provoquée par les préposés de l'administration lorsque le débiteur est solvable, et par le procureur impérial lorsque l'insolvabilité du débiteur est constatée. (*Décis. du Min. de la justice du 15 nivôse an 10, lettre du Ministre des finances du 18 ventôse suivant.*)	*V. l'instruction générale n.° 600 ci-après.*
»	16 thermid. an 10.	POLICE DES CULTES.	Le recouvrement des amendes prononcées contre des prêtres en contravention à la loi du 7 vend. an 4 sur la police des cultes, doit être abandonné. (*Décision du Ministre des finances du 8 messidor an 10.*)	
92	12 brum. an 11.	CONSCRITS ET DÉSERTEURS.	La loi du 24 floréal an 10 portant amnistie en faveur des conscrits et des déserteurs a fait la remise des amendes et condamnations. -- Les receveurs doivent se borner à recouvrer le montant des frais et poursuites antérieurs à la publication de la loi.	*V. l'instruction n.° 116. ci-après.*
103	15 frimaire an 11.	AMENDES FORESTIÈRES.	La moitié du produit net des amendes forestières sera distribuée à titre de gratification aux gardes qui auront le mieux rempli leur service. -- Mode d'exécution de cette disposition de l'arrêté des consuls du 17 ventôse an 10.	*V. ci-après la circulaire du 28 frimaire an 14.*
116	22 nivôse an 11.	DÉSERTION.	Les frais relatifs à la poursuite des amendes prononcées pour crime de désertion, dont la remise a été accordée par la loi du 24 floréal an 10, sont compris dans les dispositions de faveur de cette loi, et ne sont pas exigibles. (*Avis du Conseil d'état.*)	
120	2 ventôse an 11.	DÉLITS FORESTIERS.	Il y a lieu d'accorder l'amnistie et la remise des amendes pour délits forestiers commis antérieurement au premier vendémiaire an 8, soit par des communes, soit par des particuliers, autres que les adjudicataires de bois, condamnés pour délits commis dans leurs exploitations. (*Avis du Conseil d'état du 4 pluviôse an 11.*)	
121	7 ventôse an 11.	COMMUNES. -- ATTRIBUTIONS.	Les communes doivent jouir des attributions dans les amendes de police municipale et correctionnelle depuis le premier vendémiaire an 7; cette attribution est de la moitié du produit net de ces amendes suivant la loi du 11 frimaire an 7. Elles n'ont rien à prétendre dans les amendes pour délits champêtres recouvrées avant la publication de l'arrêté des consuls du 26 brumaire an 10. -- L'attribution prononcée par l'arrêté des consuls du 25 floréal an 8 n'a lieu que pour les amendes prononcées en police municipale et correctionnelle. -- Mode de comptabilité de ces amendes.	*V. ci-après les instructions générales n.os 241 et 444.*
127	23 dudit.	DÉCIME POUR FRANC. -- OCTROIS.	Le décime pour franc est exigible sur les amendes prononcées contre ceux qui contreviennent aux lois sur les octrois municipaux. -- Mode de recouvrement et de liquidation de ce décime lorsqu'il y a saisie de marchandises.	

AMENDES.

INSTRUCTIONS GÉNÉRALES. N.os	DATES.	OBJETS.	EXTRAIT DÉTAILLÉ DES INSTRUCTIONS.	OBSERVATIONS.
			Lorsque la contravention est accompagnée de circonstances telles que violences ou voies de fait, qui donnent lieu à l'application des peines portées par le code pénal, les amendes qui en sont la suite doivent être recouvrées par les receveurs de l'administration, sauf à remettre aux préposés de l'octroi l'amende encourue pour fait de contravention. (*Décisions des Ministres des finances et de l'intérieur des 8 floréal an 8 et 11 ventôse an 11.*	
136	12 prairial an 11.	Consignation.	Tout appelant est tenu de consigner l'amende d'avance en fesant enregistrer son acte d'appel. -- Tout appel des jugemens des tribunaux de commerce est sujet à l'amende comme l'appel des tribunaux de première instance. -- Mode de consignation et quotité de l'amende. (*Arrêté du Gouvernement du 10 floréal an 11.*) Elle ne peut être reçue, à l'avenir, qu'au bureau établi près le tribunal saisi de l'appel.	*Voir ci-après les instructions générales n. 231 et 257.* *L'amende doit être consignée, quoique l'art. 471 du code de procédure ne l'exige pas formellement.* (Lettre du Min. de la justice du 12 septemb. 1809.)
148	11 thermid. an 11.	Contravention aux réglemens de police.	Les préposés requerront, des gendarmes, la remise des procès-verbaux rapportés par eux contre des individus en contravention aux réglemens de police, afin de réclamer auprès des maires ou des greffiers le montant des amendes qui aurait pu y être déposé par les contrevenans.	
180	23 brumaire an 12.	Amendes forestières. -- Extraits de jugemens.	Les extraits de jugemens portant condamnation en des amendes forestières, doivent être remis par le commissaire près le tribunal qui les a prononcés.	
»	29 frimaire an 12.	Réglemens de police.	Les commandans de la gendarmerie sont tenus de remettre aux préposés de l'administration non seulement les extraits des procès-verbaux qu'ils rapporteront à l'avenir, mais encore ceux antérieurement rapportés depuis la loi d'organisation du 28 germinal an 6 contre des contrevenans aux lois et réglemens de police.	*V. l'instruction gén. num.* 600 *ci-après.*
194	19 nivôse an 12.	Recouvrement. -- Contrainte par corps.	La contrainte par corps ne doit être employée à l'avenir, pour le recouvrement des amendes de condamnation et des frais de justice, que contre les condamnés dont la solvabilité sera connue; on doit se borner à faire dresser des procès-verbaux de carence contre les véritables indigens, sauf aux commissaires impériaux à leur faire subir la détention d'un mois, conformément à la loi du 5 octobre 1793.	
"	26 prairial an 12.	Recouvrement. -- Expropriation. -- Sursis.	Sursis aux poursuites en expropriation forcée pour recouvrement des amendes de police correctionnelle etc., en exécution du décret impérial du 13 prairial an 12.	
230	29 dudit.	Décret de bienfaisance.	Remise de l'amende et des frais en faveur des condamnés en police correctionnelle; il seront mis en liberté à l'expiration du terme fixé pour la peine. (*Décr. imp. du 13 prairial an 12.*)	
231	1.er messid. an 12.	Consignation.	Quand deux parties se rendent appelantes d'un même jugement, l'une et l'autre doivent consigner l'amende, de sorte que si l'une est en retard, l'autre doit consigner pour elle. -- Plusieurs personnes agissant en nom collectif ne doivent consigner qu'une amende; il y a lieu à autant de consignations qu'il y a d'intérêts distincts ou opposés. -- Il n'y a qu'une consignation à faire par une partie appelante de trois jugemens, lorsqu'il peut être statué sur ces trois appels par un seul jugement. (*Décision du G. Juge du 23 germinal an 12.*)	
241	2 thermidor an 12.	Attributions. -- Frais à déduire.	Les attributions sur les amendes de toute espèce ne doivent être payées qu'après la déduction des frais tombés en pure perte, vû l'insolvabilité des condamnés.	*V. ci-après l'instruction générale num.* 473.

AMENDES.

INSTRUCTIONS GÉNÉRALES. N.os	DATES.	OBJETS.	EXTRAIT DÉTAILLÉ DES INSTRUCTIONS.	OBSERVATIONS.
»	2 thermid. an 12.	POURSUITES.	Ordre de reprendre les poursuites contre tous les redevables d'amende de police correctionnelle qui n'ont point été compris dans l'état de ceux qui ont participé au décret de bienfaisance du 13 prairial an 12.	
»	7 fructidor an 12.	ATTRIBUTIONS. — ÉTATS A VISER PAR LE PRÉFET.	Les directeurs doivent donner aux préfets connaissance de l'instruction générale num. 241 approuvée par le ministre, et se concerter avec ces magistrats pour qu'ils ne fassent aucune difficulté de délivrer les mandats au profit des communes, et de viser les récepissés des trésoriers des hospices civils.	
256	5 vendém. an 13.	DROITS RÉUNIS ET OCTROIS.	La régie des droits réunis percevra, à dater du premier vendémiaire an 13, le décime pour franc des amendes de contravention aux lois concernant la taxe d'entretien des routes et les octrois municipaux, ainsi que le principal de ces amendes. (*Décision du Ministre des finances du premier complémentaire an 12.*)	
257	11 dudit.	CONSIGNATION.	Il n'y a lieu à la consignation préalable de l'amende que pour les jugemens rendus par les juges de paix, les tribunaux de première instance jugeant civilement, et par les tribunaux de commerce. — Elle n'est pas nécessaire pour l'appel des jugemens en matière correctionnelle ou rendus par des arbitres ou des tribunaux de famille. (*Décis. du G. Juge du 25 thermidor an 12.*)	
263	21 frimaire an 13.	ORGANISATION DU NOTARIAT.	Amendes encourues par les notaires dans les divers cas prévus par la loi du 25 ventôse an 11.	
»	10 pluviôse an 13.	DÉCRET DE BIENFAISANCE.	Les dispositions bienfaisantes du 13 prairial an 12 s'appliquent aux condamnés en matière de police correctionnelle, sans distinction des délits et aux détenus solvables ou non. — Les confiscations qui ont été prononcées ne sont point révoquées. (*Avis du Conseil d'état du 6 frimaire an 13.*)	
»	21 vendém. an 14.	PATENTES.	Les préposés de l'administration doivent continuer à faire la recette des amendes prononcées par l'art. 37 de la loi du premier brumaire an 7 à défaut de mention de la patente dans les cas et actes y indiqués. (*Décision du Min. des finances.*)	
»	24 brumaire an 14.	EXTRAITS DE JUGEMENS.	Les extraits de jugemens remis aux préposés de l'administration pour suivre le recouvrement des amendes de police, ne sont sujets ni au timbre, ni à l'enregistrement. (*Décision du Ministre des finances du 14 brumaire an 14.*)	
»	23 frimaire an 14.	MARCHANDISES ANGLAISES.	Les amendes pour importations de marchandises anglaises doivent être perçues par les employés de l'administration des douanes. (*Décision du Ministre des finances du 12 frim. an 14.*)	
»	28 dudit.	AMENDES FORESTIÈRES.	On doit déduire sur le produit des amendes forestières les frais auxquels l'administration des forêts peut être condamnée par suite des procès-verbaux de délits rapportés par ses agens. (*Décision du Ministre des finances du 19 frimaire an 14.*)	
301	8 mars 1806.	REMISES DES GREFFIERS.	Il est dû aux greffiers pour les extraits ou états des jugemens remis aux receveurs de l'enregistrement pour recouvrer les amendes de police et les confiscations, savoir: 40.c par rôle de 28 lignes à la page et de 16 sillabes à la ligne, conformément à l'art. 3 de la loi du 30 nivôse an 5 pour les extraits des jugemens, et 25.c par article lorsqu'ils forment des états. Mode de comptabilité de ce paiement et du remboursement de l'avance faite par les receveurs. (*Décisions du Grand-Juge et du Ministre des finances des 30 frimaire an 14 et 18 février 1806.*)	

AMENDES.

INSTRUCTIONS GÉNÉRALES. N.os	DATES.	OBJETS.	EXTRAIT DÉTAILLÉ DES INSTRUCTIONS.	OBSERVATIONS.
»	6 septemb. 1806.	SITUATION DU RECOUVREMENT.	État à fournir de la situation des amendes et autres peines forestières, du recouvrement effectué, et du restant à recouvrer. Cet état sera fourni à l'avenir tous les trois mois.	
»	24 dudit.	ÉTRANGERS DEVENUS FRANÇAIS.	L'administration de l'enregistrement peut procéder à l'exécution pure et simple des jugemens pour le recouvrement des amendes prononcées par des tribunaux français contre des étrangers devenus français, par la réunion de leur pays à la france. (*Avis du Conseil d'état du* 31 *mai* 1806.)	
»	11 novemb. 1806.	AMENDES FORESTIÈRES.	Ordre de surveiller rigoureusement le recouvrement des amendes forestières.	
321	29 dudit.	DÉSERTION.	Le tribunal de première instance du domicile du condamné à l'amende pour crime de désertion prononcée par les conseils de guerre spéciaux, conformément à l'arrêté du gouvernement du 19 vendémiaire an 12, doit rendre exécutoire cette condamnation sur le vu du jugement du conseil de guerre, par un jugement particulier. (*Décision du Grand-Juge du* 22 *août* 1806.)	
»	10 mars 1807.	POLICE DU ROULAGE.	Les receveurs des communes où il existe des ponts à bascule, doivent avoir un registre de recette des amendes encourues par les contrevenans au décret impérial du 23 juin 1806 concernant le poids des voitures et la police du roulage, et en verser le produit intégral tous les trois mois au receveur de l'enregistrement, sous la seule déduction du quart attribué à l'agent qui aura constaté la contravention. (*Décision du Ministre des fin. du* 3 *février* 1807.)	
345	3 octobre 1807.	*Idem.*	Décret impérial du 23 juin 1806 concernant le poids des voitures et la police du roulage. -- Recouvrement et mode de comptabilité des amendes prononcées pour contravention aux lois, décrets etc. rendus à ce sujet.	
»	10 octobre 1807.	AMENDES FORESTIÈRES.	Mesures prescrites pour faire apurer les restans dûs sur les amendes forestières.	
»	26 novemb. 1807.	APPEL EN CASSATION.	L'amende de 150 francs prononcée par la cour de cassation dans le cas où l'administration succombe dans sa demande après un arrêté d'admission de sa requête en pourvoi, sera à l'avenir acquittée à Paris, quelque soit le département où l'affaire ait pris naissance.	
373	14 avril 1808.	PRIVILÈGE DU TRÉSOR.	Le privilège accordé au trésor public par la loi du 5 septembre 1808 pour frais de justice en matière correctionnelle et criminelle, n'est point applicable aux amendes. Ce privilège pour les frais de justice, prime celui de l'indemnité due à la partie civile. (*Décision du Grand-Juge du* 19 *mars* 1808.)	
381	3 juin 1808.	RECOUVREMENT. -- PRÉCAUTIONS A PRENDRE.	Précautions à prendre avant d'exercer des poursuites pour le recouvrement des amendes de condamnation et des frais de justice.	
408	3 décemb. 1808.	CODE DE PROCÉDURE.	Indication des amendes prononcées par le code de procédure civile, et mode de leur recouvrement. 1. Audiences des juges de paix. 2. Non comparution des parties. 3. Ajournemens. 4. Audiences et leur police. 5. Vérification des écritures. 6. Faux incident civil. 7. Enquêtes. 8. Renvoi à un autre tribunal. 9. Récusation. 10. Appel.	

AMENDES.

INSTRUCTIONS GÉNÉRALES. N.os	DATES.	OBJETS.	EXTRAIT DÉTAILLÉ DES INSTRUCTIONS.	OBSERVATIONS.
			11. Tierce opposition. 12. Requête civile. 13. Prise à partie. 14. Dispositions générales.	
415	30 janvier 1809.	GRANDE VOIRIE.	Les receveurs de l'administration du domicile des condamnés en matière de grande voirie, sont chargés du recouvrement des amendes prononcées par les arrêtés des conseils de préfecture; ils le sont également des droits en débet et des frais. -- Les arrêtés de condamnation leur seront transmis par le directeur qui les recevra lui même du Préfet. -- Les amendes de l'espèce ne seront point attribuées.	
424	23 mars 1809.	PRESCRIPTION.	La prescription pour la demande en paiement, ou restitution d'amendes payées de gré-à-gré, ou en vertu de simples contraintes, ne s'acquiert que par trente ans. (*Décision du Ministre des finances.*) Les amendes payées en vertu de jugemens signifiés, ne peuvent être restituées après le délai de l'appel ou du recours en cassation.	*V. l'instruction générale n.* 491. *qui a dérogé à ces dispositions.*
434	10 juin 1809.	REBELLION CONTRE LES PRÉPOSÉS DES DROITS-RÉUNIS.	Les amendes prononcées pour rebellion contre les préposés des droits réunis ou pour insultes et injures, seront recouvrées par l'administration des droits réunis. (*Décision du Ministre des finances du* 30 *mai* 1809.)	
444	29 juillet 1809.	ATTRIBUTIONS AUX COMMUNES ET AUX HOSPICES.	A compter du 1.er janvier 1809 les attributions des communes dans le produit des amendes de police correctionnelle municipale et rurale, seront des deux tiers du produit net. -- L'autre tiers de ce produit net sera attribué aux hospices du chef-lieu du département. (*Décret imp. du* 17 *mai* 1809.) Mode de cette comptabilité.	*V. ci-après la circulaire du* 31 *mars* 1812.
»	2 septembre 1809.	INDEMNITÉ.-CASSATION.	Les 150 ou 75 francs auxquels, suivant les cas, le demandeur qui succombe en cassation après l'admission de son pourvoi est condamné envers le défendeur, étant une indemnité plutôt qu'une amende, doivent être payés directement à la partie sans l'intermédiaire des préposés. (*Déc. du Ministre des finances et du Grand-Juge.*)	
471	5 avril 1810.	ACTES D'INDULGENCE.	Décret impérial du 25 mars 1810, contenant des actes d'indulgence et de bienfaisance. Dispositions qui concernent l'administration et ses préposés.	
472	18 dudit.	CONSIGNATION. -- INDIGENS.	La loi du 1.er thermidor an 6 qui dispensait les indigens de consigner l'amende pour se pourvoir en requête civile, est abrogée. (*Avis du Conseil d'état du* 20 *mars* 1810.)	
473	2 mai 1810.	ADMINISTRATION FORESTIÈRE.	Les frais faits soit pour l'obtention des jugemens de condamnation en matière de délits forestiers, soit pour en assurer l'exécution et qui sont tombés en non valeur, doivent être prélevés sur le produit des amendes mis à la disposition de l'administration forestière. (*Déc. du Ministre des finances.*)	
491	22 septemb. 1810.	PRESCRIPTION.	Les amendes prononcées par les lois sur l'enregistrement et sur les ventes publiques d'effets mobiliers, prescrivent après deux ans. Ordre d'exercer des poursuites pour leur recouvrement dans les deux ans de la formalité donnée à l'acte qui les aura fait découvrir. (*Avis du Conseil d'état du* 18 *août* 1810.)	
506	26 janvier 1811.	CERTIFICAT D'INSOLVABILITÉ.	Le certificat d'insolvabilité délivré par le maire en faveur de redevables d'amendes, est suffisant pour autoriser le procureur impérial à faire subir au condamné la détention d'un mois, sauf au procureur impérial à requérir, s'il le juge à propos, que l'insolvabilité soit constatée par un procès-verbal de carence. (*Décisions du Grand-Juge et du Ministre des finances.*)	*V. l'instruction générale ci-après n.* 600.

AMENDES.

INSTRUCTIONS GÉNÉRALES. N.os	DATES.	OBJETS.	EXTRAIT DÉTAILLÉ DES INSTRUCTIONS.	OBSERVATIONS.
510	21 mars 1811.	AMENDES FORESTIÈRES. — RECOUVREMENT.	Les gardes généraux des forêts sont chargés, à partir du 1.er mai 1811, de recouvrer les amendes et autres condamnations pécuniaires en matière de délits concernant les forêts, la chasse et la pêche. (*Décret impérial du 2 février* 1811.) Mode de cette comptabilité.	
515	19 avril 1811.	IMPRIMERIE ET LIBRAIRIE.	Le produit des amendes et confiscations pour délits en matière d'imprimerie et de librairie, doit être perçu par l'administration, et appliqué aux dépenses de la direction générale de ce service. (*Décret impérial du 5 février* 1810.) Mode du versement à en faire aux recettes particulières.	
518	11 mai 1811.	RECOUVREMENT. — RESPONSABILITÉ DES RECEVEURS.	Les receveurs du domicile des condamnés à des amendes et des redevables de frais de justice, sont chargés d'en suivre le recouvrement et d'en faire la recette, à l'exception de celles prononcées en matière de forêts, de chasse et de pêche, et ce à partir du 1.er juillet 1811. (*Décision du Ministre des finances du 2 avril* 1811.) Mesures prescrites pour la refonte des sommiers ou les renvois des articles. — Responsabilité des receveurs à défaut d'apurement des articles dans le délai de six mois.	
526	20 juin 1811.	AMNISTIE.	L'amnistie du 25 mars 1810 est générale et absolue, 1° pour toute espèce de délits forestiers, jugés ou non, autres que ceux réservés dans l'avis du conseil d'état du 26 juin 1810; 2.° à l'égard des autres délits, la remise de l'amende et des frais n'a été accordée qu'aux individus qui, ayant été condamnés correctionnellement, se trouvaient détenus au moment de la publication du décret, sans distinction des condamnés solvables ou insolvables; 3.° enfin, les individus condamnés pour délits de simple police n'étant pas compris dans le décret, ne peuvent profiter de cette remise. (*Décision du Ministre des finances du* 11 *juin* 1811.)	
540	31 août 1811.	RESTITUTIONS. — AMNISTIE.	Il y a lieu de restituer les sommes payées depuis le décret du 25 mars 1810, par les individus auxquels l'amnistie a été déclarée applicable en matière forestière. Les frais de poursuite tombés en non valeur par le seul fait de l'amnistie, ne seront point prélevés sur le produit des amendes, mais alloués en dépense aux receveurs sur des états taxés par le président ou le juge du tribunal, et appuyés des pièces justificatives (*Décision du Ministre des finances du* 16 *août* 1811.)	
546	2 octobre 1811.	GRATIFICATIONS. — ADMINISTRATION FORESTIÈRE. — OPPOSITION.	Les gratifications accordées aux agens forestiers sur le produit des amendes, ne sont point saisissables de la part des créanciers des employés qui les ont obtenues; le montant total doit leur être payé qu'il y ait ou non des oppositions au paiement de leur traitement. (*Décision du Ministre des finances du* 13 *septembre* 1811.)	
557	24 septemb. 1811.	ADMINISTRATION FORESTIÈRE. — RECOUVREMENT. - EXTRAITS DE JUGEMENS. — FRAIS.	Les gardes collecteurs des forêts sont chargés du recouvrement des condamnations pécuniaires pour les délits dont l'administration des forêts suit la répression, ou sur les poursuites du ministère public dans son intérêt. Dans les autres cas le recouvrement doit être fait par les receveurs de l'enregistrement. — Les extraits des jugemens de condamnation que les greffiers remettent aux agens forestiers, doivent être sur papier non timbré. — Les significations et commandemens des agens collecteurs pour le recouvrement des condamnations doivent être sur papier timbré et acquitter le droit d'enregistrement; les actes ne doivent point être visés pour timbre ni enregistrés en débet. Les avances et remboursemens de frais de papier, d'impression des sommiers, rôles etc. seront acquittés	

AMENDES.

INSTRUCTIONS GÉNÉRALES. N.os	DATES.	OBJETS.	EXTRAIT DÉTAILLÉ DES INSTRUCTIONS.	OBSERVATIONS.
			par l'administration des domaines sur des bordereaux approuvés par le directeur général des forêts, et visés par le ministre. -- Les frais dûs aux greffiers pour extraits et expéditions de jugemens remis aux agens forestiers, et tous autres frais pour les poursuites des délits forestiers, seront payés comme il a été prescrit par l'instruction n.° 147. (*Décisions du Ministre des finances des 14 brumaire an 14 et 12 décembre* 1811.)	
562	18 février 1812.	POLICE DU ROULAGE.	Les frais de bris de roues, en contravention à la loi du 7 ventôse an 12, et au décret impérial du 23 juin 1806, seront prélevés sur les 50 francs de dommages auxquels les contrevenans sont condamnés. -- Ils seront acquittés par le receveur de la commune sur mandat du sous-préfet, et passés en compte par celui de l'enregistrement. (*Déc. du Min. des fin. du* 11 *février* 1812.)	
»	31 mars 1812.	ATTRIBUTIONS.	On doit continuer, jusqu'à nouvel ordre, à exécuter le décret impérial du 17 mai 1809 portant attribution des amendes de police correctionnelle, municipale et rurale, quoique le code pénal établisse une distinction entre les peines de police et les peines correctionnelles. (*Décision du Ministre des finances du* 24 *mars* 1812.)	
»	4 juin 1812.	DÉSERTEURS DE LA MARINE.	État à envoyer, de six mois en six mois, de la situation du recouvrement des amendes prononcées contre les déserteurs de la marine; cet état sera remis aux inspecteurs à l'époque des tournées, et par eux certifié.	
600	24 septemb. 1812.	RECOUVREMENT.	Le recouvrement des amendes en simple police, police correctionnelle et criminelle, sera suivi contre les débiteurs solvables par toutes les voies de droit, même par recommandation ou emprisonnement. Quant aux insolvables, les articles seront rayés sur le vu des certificats d'insolvabilité. Les certificats resteront entre les mains des receveurs, et ne seront pas remis aux procureurs impériaux. (*Lettre du Grand-Juge du* 1.er *août* 1812.)	
610	5 novemb. 1812.	POUDRES ET SALPÊTRES.	Les amendes et confiscations résultant de contraventions aux lois sur les poudres et salpêtres, appartiennent aux agens de la régie des droits réunis ou à ceux de l'administration des douanes; les préposés de l'enregistrement doivent en conséquence cesser de faire ce recouvrement. (*Décret imp. du* 24 *août* 1812. *Décision du Ministre des finances du* 20 *octobre suivant.*)	
»	14 décemb. 1812.	AMENDES FORESTIÈRES.	État à adresser le 30 janvier de chaque année, du recouvrement des amendes forestières. -- Modèle de cet état. -- La remise proportionnelle accordée aux agens forestiers par le décret impérial du 2 février 1812, doit être calculée sur le produit des versemens faits aux receveurs de l'administration, soit par les agens collecteurs, soit par les condamnés directement, à la déduction seulement des sommes payées sur les frais liquidés par les jugemens et du décime pour franc. Ne doivent pas être compris dans la déduction les frais tombés en non valeur, ni la remise du receveur de l'administration.	

AMENDES.

INSTRUCTIONS GÉNÉRALES.		OBJETS.	EXTRAIT DÉTAILLÉ DES INSTRUCTIONS.	*OBSERVATIONS.*
N.os	DATES.			

INSTRUCTIONS GÉNÉRALES.		OBJETS.	EXTRAIT DÉTAILLÉ DES INSTRUCTIONS.	*OBSERVATIONS.*
N.os	DATES.			

INSTRUCTIONS GÉNÉRALES.		OBJETS.	EXTRAIT DÉTAILLÉ DES INSTRUCTIONS.	*OBSERVATIONS.*
N.os	DATES.			

INSTRUCTIONS GÉNÉRALES.		OBJETS.	EXTRAIT DÉTAILLÉ DES INSTRUCTIONS.	*OBSERVATIONS.*
N.os	DATES.			

INSTRUCTIONS GÉNÉRALES.		OBJETS.	EXTRAIT DÉTAILLÉ DES INSTRUCTIONS.	*OBSERVATIONS.*
N.[os]	DATES.			

BOIS ET FORÊTS.

INSTRUCTIONS GÉNÉRALES. N.os	DATES.	OBJETS.	EXTRAIT DÉTAILLÉ DES INSTRUCTIONS.	OBSERVATIONS.
4	8 brumaire an 10.	SOMMES DUES SUR LES VENTES DE L'AN 9.	ÉTAT à envoyer des sommes dues sur les ventes de bois nationaux de l'an 9, pour la valeur de ceux fournis à la marine par les adjudicataires.	*V. la circulaire de l'administration n.° 1970.*
6	14 dudit.	TRAITES. -- LEUR VERSEMENT.	Les traites fournies par les adjudicataires pour le paiement du prix des coupes des bois de l'an 10, doivent être versées directement aux caisses des receveurs généraux par les préposés de l'administration.	
7	*Idem.*	POURSUITES.	Les poursuites à fin de paiement des traites des adjudicataires de bois nationaux doivent être faites administrativement.	
20	14 frimaire an 10.	TRAITES PROTESTÉES.	Les receveurs des domaines doivent rembourser aux receveurs de la trésorerie les traites protestées pour coupes de bois de l'an 9.	*V. la circul. de l'adm.on n.° 1984.*
26	25 dudit.	TRAITES. -- CAISSE OÙ ELLES DOIVENT ÊTRE ACQUITTÉES.	Les traites des adjudicataires de coupes de bois doivent être acquittées à la caisse du receveur général du département.	*V. la circul. de l'adm.on n.° 2054.*
35	15 nivôse an 10.	ARRIÉRÉ.	Mode de paiement de l'arriéré du prix des coupes de bois nationaux.	
"	21 pluviôse an 10.	TRAITEMENT DES AGENS FORESTIERS.	Les directeurs ne doivent que viser les états délivrés par les administrateurs pour les conservateurs et par ces derniers pour les agens subordonnés, et non en délivrer eux-mêmes.	
"	26 dudit.	MONTANT DES TRAITES A PAYER AU RECEVEUR GÉNÉRAL.	Les receveurs des domaines doivent profiter des premières rentrées de fonds dans leur caisse pour acquitter les traites de coupes de bois aux receveurs généraux, lorsqu'à la présentation de ces traites ils en sont dépourvus.	
"	2 ventôse an 10.	FRAIS DE BUREAU DES CONSERVATEURS.	Arrêté des consuls du 7 frimaire an 10 par lequel ils accordent annuellement aux conservateurs, pour leur tenir lieu de frais de bureau, une somme de 53,800 fr. et ordre d'acquitter cette somme.	
44	5 dudit.	FRAIS DE POURSUITES.	Les frais faits pour la police et conservation des forêts, et pour la poursuite des délits forestiers continueront d'être acquittés par l'administration de l'enregistrement conformément aux dispositions du tit. 9 de la loi du 29 septembre 1791. (*Décision du Ministre des finances du 21 pluviôse an 10.*) Les procès-verbaux des gardes des forêts nationales doivent être visés pour timbre et enregistrés en débet. (*Décision du Ministre des finances du 29 pluviôse an 7.*) Les condamnations prononcées contre l'administration forestière dans des instances pour des délits forestiers où elle succomberait, seront également acquittées par l'administration de l'enregistrement, d'après la taxe du tribunal. (*Même Déc.*)	*V. la circulaire de l'administration num. 1502.*
49	28 ventôse an 10.	POURSUITES.	Les dispositions de l'instruction générale n.° 35, relative aux traites à fournir par les adjudicataires de coupes de bois nationaux, sont restreintes aux adjudicataires qui n'avaient pas précédemment souscrit des obligations.	
»	7 germinal an 10.	TRAITEMENT D'AGENS.	Crédit ouvert à l'administration forestière de la somme de 907,470 fr. 75 c. pour traitement d'agens et pour indemnité des droits de passe -- Ordre de paiement de cette somme suivant le mode établi par l'instruction générale du 21 pluviôse an 10. Les directeurs doivent s'abstenir d'exiger le visa du préfet pour acquitter le salaire des gardes.	
51	19 dudit.	DÉCIME POUR FRANC.	Les ventes des coupes ordinaires et extraordinaires de bois communaux sont assujetties au décime pour franc, conformément à l'art. 19 tit. 12 de la loi du 29 septembre 1791.	*V. la circulaire de l'administration num. 1893*

BOIS ET FORÊTS.

INSTRUCTIONS GÉNÉRALES. N.os	DATES.	OBJETS.	EXTRAIT DÉTAILLÉ DES INSTRUCTIONS.	OBSERVATIONS.
		VACATIONS DES AGENS.	Lorsque les coupes sont délivrées en nature, les vacations des agens forestiers doivent être versées par les communes aux receveurs des domaines et bois, au profit du gouvernement, en vertu d'ordonnance des préfets sur le vû des procès-verbaux d'assiette et de récolement.	*V. la circulaire de l'administration num.* 1853.
52	29 germinal an 10.	REMBOURSEMENT DE TRAITES.	Les receveurs des domaines dans le cas où ils n'auraient pas assez de fonds pour rembourser aux receveurs généraux le montant total des traites fournies en paiement de bois nationaux, devront leur remettre, à titre d'à-compte, les fonds disponibles ; et pour sûreté du surplus, leur reconnaissance des traites, portant soumission d'en faire le remboursement des premiers fonds rentrés. -- Mode de comptabilité de ce paiement partiel.	
„	7 floréal an 10.	VACATIONS DES AGENS.	Le montant des vacations des agens forestiers aux coupes des bois communaux délivrées en nature, doit être versé aux bureaux dans l'arrondissement desquels les forêts se trouvent situées.	
		RECETTE DU PRIX DES COUPES DE BOIS.	Le prix des coupes de bois continuera d'être recouvré au bureau des domaines placé dans la ville où l'adjudication aura été faite.	
„	27 floréal an 10.	TRAITES. -- RECTIFICATION.	Lorsque les adjudicataires de coupes de bois nationaux de l'an 10 se refusent à rectifier leurs traites et à les acquitter entre les mains des receveurs généraux, les préposés des domaines sont autorisés à recevoir ces paiemens et à en tenir compte aux receveurs généraux. (*Lettre du Ministre des finances du* 18 *floréal an* 10.)	
„	29 dudit.	REMBOURSEMENT EN CAS DE PROTÊT.	Les receveurs des domaines ne doivent rembourser aux receveurs de la trésorerie les traites des adjudicataires de coupes de bois que lorsque le protêt en aura été fait à leur échéance. (*Décision du Min. du trésor du* 15 *floréal an* 10.)	*Voir ci-après l'instruction générale num.* 97.
58	28 prairial an 10.	BOIS DES COMMUNES ET ÉTABLISSEMENS PUBLICS.	Arrêté des consuls des 19 ventôse et 6 floréal an 10, contenant des dispositions relatives à l'administration des bois communaux, et les développemens nécessaires pour en assurer l'exécution. -- Instruction à ce sujet. Les bois des hospices et autres établissemens publics sont soumis aux mêmes dispositions.	
63	21 messid. an 10.	PÊCHE.	La police, la surveillance et la conservation de la pêche seront exercées par les agens et préposés de l'administration forestière. (*Art.* 17 *tit.* 5 *de la loi du* 14 *floréal an* 10.)	
„	5 thermidor an 10.	TRAITES. -- STIPULATION.	Les traites des coupes de bois de l'ordinaire de l'an 11 doivent être toutes stipulées payables chez les receveurs généraux de département.	
„	29 fructidor an 10.	RECOUVREMENT DU PRIX DES BOIS COMMUNAUX.	Les receveurs des domaines ne doivent faire la recette des adjudications des coupes de bois communaux qu'à partir du 19 ventôse an 10, date de l'arrêté des consuls qui charge l'administration de ce recouvrement.	
78	8 vendém. an 11.	CAHIER DES CHARGES POUR L'AN 11.	Clauses à insérer dans les cahiers des charges pour les ventes des coupes de bois de l'an 11 et instruction à ce sujet.	*V. la circulaire de l'administration num.* 2054.
81	21 vendém. an 11.	TRAITES - LEUR VERSEMENT.	Les receveurs des domaines doivent verser directement à la caisse du receveur général, sans l'intermédiaire du receveur d'arrondissement, les traites pour prix de coupes de bois de l'an 11.	
82	24 dudit.	RESTITUTION DU PRIX DES COUPES DE BOIS. -- ÉMIGRÉS.	Les receveurs ne doivent faire la restitution du produit des coupes de bois aux individus rayés ou éliminés, que sur mandats du préfet et sous la déduction des objets indiqués par cette instruction.	

BOIS ET FORÊTS.

INSTRUCTIONS GÉNÉRALES. N.os	DATES.	OBJETS.	EXTRAIT DÉTAILLÉ DES INSTRUCTIONS.	OBSERVATIONS.
91	10 brumaire an 11.	REMBOURSEMENT. -- EXACTITUDE ET EXPÉDITIONS.	Recommandation aux receveurs de mettre la plus grande ponctualité à rembourser aux receveurs généraux le montant des traites pour coupes de bois nationaux.	
,,	15 dudit.	MINUTE DES PROCÈS-VERBAUX SOUMISES AU TIMBRE.	La minute des procès-verbaux d'adjudications de coupes de bois et les expéditions qui en sont délivrées, sont soumises au timbre. Celles pour le préfet et l'administration générale à paris en sont seules exemptes, pourvu qu'on y fasse mention de cette destination.	*V. ci après la circulaire du 2 ventôse an 12.*
97	20 dudit.	TRAITES. -- LEUR REMBOURSEMENT.	Les traites pour coupes de bois ou pour fermages, qui ne sont point sorties des mains des agens du trésor public, ne sont pas comprises dans la décision du 15 floréal an 10 qui ordonnait de n'en faire le remboursement qu'autant qu'elles auraient été protestées à leur échéance; elles doivent être remboursées aux receveurs généraux lors même que cette formalité aurait été remplie tardivement.	
101	1.er frimaire an 11.	TRAITES NON ACQUITTÉES. -- ÉTAT A FOURNIR.	Les receveurs formeront, à l'expiration de chaque mois, un état particulier, article par article et par division d'exercice, de toutes les traites pour coupes de bois non acquittées qui leur auront été renvoyées par les receveurs généraux.	
103	13 dudit.	GRATIFICATION. -- AMENDES.	La moitié du produit net des amendes forestières sera distribuée, à titre de gratification, aux gardes qui auront mieux rempli leur service. (*Arrêté des Consuls du 17 ventôse an 10.*) Mode d'exécution.	
114	15 nivôse an 11.	TRAITES NON PAYÉES. -- RECEVEURS A FORCER EN RECETTE.	Les receveurs seront forcés en recette, à l'expiration de chaque trimestre, du montant des traites qui leur auront été remises par les receveurs généraux dans le trimestre précédent, à moins qu'ils ne justifient par des procès-verbaux de carence de l'impossibilité où ils ont été d'en obtenir le paiement des souscripteurs.	
»	25 nivôse an 11.	*Idem* PROTESTÉES.	Les receveurs des domaines ne peuvent refuser, sous aucun prétexte, de recevoir les traites qui leur sont remises par les receveurs généraux, sauf à déférer à l'administration des difficultés qui se présenteraient. -- Ordre de solder avec les premiers produits le restant dû sur ces traites.	
119	27 pluviôse an 11.	MODÈLES D'ÉTATS	Envoi de huit modèles d'états à fournir par les directeurs, à partir de l'an 11, des ventes et recouvremens des diverses parties de l'administration forestière.	
»	19 ventôse an 11.	ADJUDICATAIRES TENUS DE DONNER CAUTION.	Les adjudicataires sont tenus de donner caution dans les cinq jours qui suivent celui de la vente, et en cas de déchéance les receveurs des domaines feront signifier au précédent enchérisseur, dans la journée du sixième jour, que la vente est à sa charge.	
»	20 dudit.	DÉCHÉANCES.	Les directeurs feront connaître aux conservateurs des forêts les déchéances encourues par les adjudicataires des coupes de bois.	
»	26 dudit.	FORÊTS INALIÉNABLES.	Les bois réservés et inaliénables aux termes de la loi du 2 nivôse an 4, sont ceux de la contenance de 15000 ares au moins, et qui ne sont pas séparés ni eloignés d'un kilomètre des autres bois et forêts de l'état. Cette distance d'un kilomètre se calcule à vol d'oiseau. (*Decision du Ministre des finances du 15 pluviôse an 11.*)	
,,	12 floréal an 11.	DÉCHÉANCES.	Les directeurs informeront les conservateurs, des déchéances encourues par les adjudicataires de bois auxquels le fond a été aliéné.	
138	15 prairial an 11.	TRAITEMENS. -- RETENUE.	Les receveurs de l'administration ne paieront les traitemens des agens et employés de l'administration forestière qu'à l.	*V. la circulaire de l'administration num. 205*

BOIS ET FORÊTS.

INSTRUCTIONS GÉNÉRALES. N.os	DATES.	OBJETS.	EXTRAIT DÉTAILLÉ DES INSTRUCTIONS.	OBSERVATIONS.
			déduction de la retenue pour fonds des pensions de ladite administration. (*Décision du Ministre des finances du premier germinal an* 11.)	
"	8 thermid. an 11.	ÉTAT DES BOIS AU 1.er THERMID. AN 11.	États à fournir des bois existant sous la main de l'administration, au premier thermidor an 11.	
151	18 thermid. an 11.	PROCÈS-VERBAUX D'ASSIETTE ET DE RÉCOLEMENT.	Il est indispensable qu'il soit rédigé pour les coupes de bois communaux comme pour les bois de l'état, des procès-verbaux d'assiette et de récolement; à défaut de ces procès-verbaux, les préfets peuvent ordonnancer sur le vû des états de taxes des vacations, arrêtés par les conservateurs, le montant desdites vacations, et en cas de refus de paiement, les directeurs devront décerner une contrainte comme pour le recouvrement des domaines nationaux.	
"	6 fructidor an 11.	AMNISTIÉS.	Dans la lettre du 8 thermidor 11 et dans le titre du second état il est parlé des bois des émigrés rayés, c'est une erreur, il ne doit être question que de ceux des amnistiés.	
159	21 dudit.	ADJUDICATIONS POUR L'AN 12.	Clauses à insérer dans le cahier des charges pour l'adjudication des coupes de bois de l'an 12. Termes et mode de paiement du prix des adjudications.	*V. la circulaire de l'administration num.* 2054.
165	5 compl. an 11.	BOIS COMMUNAUX.	L'administration est autorisée à poursuivre le recouvrement du prix des coupes de bois communaux adjugés aux enchères, jusqu'à concurrence du montant des sommes acquittées par le trésor public à la décharge des communes. -- Mode de cette comptabilité.	
168	8 vendém. an 12.	BOIS DE BOURDAINE.	Dans les ventes de coupes de bois on réservera le bois de bourdaine pour la confection du charbon propre à la fabrication de la poudre; le prix qui est de 25.c la botte, sera versé dans la caisse du receveur des domaines. (*Arrêté du Gouvernement du 25 fructidor an* 11.)	
"	15 dudit.	TRAITES. -- PAPIER SUR LEQUEL ELLES DOIVENT ÊTRE SOUSCRITES.	Les traites des adjudicataires de coupes de bois pour l'ordinaire de l'an 12 ne peuvent être admises dans les versemens aux caisses du trésor public qu'autant qu'elles sont faites sur papier imprimé en encre rouge qui leur est destiné. -- Dans le cas où les magasins n'en seraient pas suffisamment garnis, les directeurs sont autorisés à se servir de papiers d'effets de commerce.	
175	29 dudit.	VACATIONS DES EXPERTS. -- BOIS COMMUNAUX.	Les vacations des experts et arpenteurs pour opérations faites dans les bois communaux, ne sont pas à la charge de l'administration. -- Le montant doit en être payé par les percepteurs des communes sur mandat du préfet. (*Décision du Ministre des finances du* 11 *vendémiaire an* 12.)	
"	25 frimaire an 12.	AGENS FORESTIERS. -- VACATIONS.	Les agens forestiers peuvent réclamer des adjudicataires de coupes de bois, la portion qui leur revient dans le prix des vacations antérieures à l'établissement de l'administration actuelle. Celle des absens appartient au trésor public. (*Décision du Ministre des finances du* 11 *frimaire an* 12.)	
"	29 frimaire an 12.	BOIS DES COMMUNES ET HOSPICES.	Les receveurs des domaines doivent verser sans retard aux caisses des receveurs d'arrondissement, les sommes recouvrées sur le prix des coupes extraordinaires des bois appartenant aux communes, hospices etc.	
191	9 nivôse an 12.	BAIL DE PATURAGE.	Défense de provoquer aucune adjudication ni le renouvellement d'aucun bail de pâturage dans les forêts nationales. (*Lettre du Ministre des finances du* 15 *frimaire an* 12.)	

BOIS ET FORÊTS.

INSTRUCTIONS GÉNÉRALES. N.os	DATES.	OBJETS.	EXTRAIT DÉTAILLÉ DES INSTRUCTIONS.	OBSERVATIONS.
,,	30 nivose an 12.	CAUTIONNEMENT.	Il n'y a pas lieu d'exiger dans les actes de cautionnement des adjudications pour coupes de bois, l'indication des immeubles des cautions. (*Décisions du Ministre des finances des 8 brumaire et 23 nivôse an 12.*)	
,,	7 pluviôse an 12.	GARDE-PÊCHE.	L'instruction num. 63 a annoncé que les gardes-pêche devaient être assimilés pour le paiement de leurs traitemens, aux gardes forestiers; cela ne doit s'entendre que de ceux qui seraient établis par l'administration forestière, mais lorsque la pêche est affermée, les gardes qui seraient nommés par le fermier sont à sa charge.	
,,	2 ventôse an 12.	BOIS DES COMMUNES ET ÉTABLISSEMENS PUBLICS.	L'expédition des procès-verbaux de vente des coupes de bois des communes et établissemens publics, remise au maire, ou à l'établissement public, doit être sur papier timbré; il n'y a d'exception que pour celles remises au préfet et à l'administration générale des forêts. (*Décision du Ministre des finances du 14 pluviôse an 12.*)	
214	25 dudit.	TRAITES PROTESTÉES. -- AMENDES ENCOURUES.	Dans les états demandés par l'instruction num. 101, des traites pour coupes de bois non acquittées, on distinguera à l'avenir le montant des amendes encourues de celui des traites protestées. Ordre d'en suivre le recouvrement avec la plus grande activité.	
»	17 prairial an 12.	BOIS COMMUNAUX. --- GAGES DES GARDES.	Les gages des gardes des bois appartenant aux communes et aux établissemens publics, pour l'an 12, seront payés par les communes en la forme précédemment usitée en attendant les instructions sur le mode d'exécution de la loi du 9 floréal an 11 et de l'arrêté du gouvernement du 17 nivôse dernier.	
,,	29 prairial an 12.	GAGES DES GARDES.	Les gardes des forêts doivent se présenter chez les receveurs des domaines pour y toucher leurs gages à l'époque de la remise des états, de manière que ces états soient émargés et régularisés à l'expiration de chaque trimestre.	*V. ci-après la circulaire du 21 floréal an 13.*
,,	14 messidor an 12.	SECRÉTARIAT DES PRÉFECTURES OUVERT AU PUBLIC.	Les secrétariats des préfectures et sous-préfectures doivent être ouverts tous les jours, lorsqu'il se fait des ventes de coupes de bois nationaux. (*Lettre du Ministre des finances du 12 prairial an 12.*)	
236	24 dudit.	ADJUDICATAIRES. -- AMENDES.	L'amende prononcée contre les adjudicataires de coupes de bois nationaux qui ne se libèrent pas à l'échéance, n'est point passible du décime pour franc. (*Décision du Ministre des finances du 14 messidor an 12.*)	
246	16 thermid. an 12.	PÊCHE.	Mise en ferme du droit de pêche dans les fleuves et rivières navigables. -- Il sera accordé des licences pour la pêche dans les rivières où elle ne serait point susceptible d'être affermée. -- Mode des adjudications. -- Registres à tenir de ce recouvrement; modèle des états à fournir. (*Exécution de la loi du 14 floréal an 10.*)	
247	20 dudit.	DÉLITS FORESTIERS. -- ÉTAT DES JUGEMENS.	Les directeurs adresseront par trimestre à l'administration forestière, suivant le modèle joint à l'instruction, l'état des jugemens, condamnations et recouvremens auxquels les délits forestiers auront donné lieu. -- Ordre de presser l'apurement des articles restant à recouvrer.	
,,	4 fructidor an 12.	AMENDES FORESTIÈRES.	Les directeurs de l'enregistrement sont dispensés de la formation et de l'envoi de l'état général demandé par l'instruction num. 247 ci-dessus. -- Les receveurs sont invités à aider les agens forestiers des états particuliers qu'ils formeront, pour connaître la situation des amendes forestières à l'expiration de chaque trimestre.	

BOIS ET FORÊTS.

INSTRUCTIONS GÉNÉRALES. N.os	DATES.	OBJETS.	EXTRAIT DÉTAILLÉ DES INSTRUCTIONS.	OBSERVATIONS.
252	7 fructidor an 12.	COUPES DE BOIS POUR L'AN 13.	Décret impérial du 11 thermidor an 12 qui contient de nouvelles dispositions pour les adjudications des coupes de bois nationaux de l'ordinaire de l'an 13 relativement aux traites à souscrire par les adjudicataires.	
255	20 fructidor an 12.	LIQUIDATION DES DROITS D'ENREGISTREMENT.	Le droit d'enregistrement des adjudications de coupes de bois doit être liquidé sur le prix principal et le décime, en y ajoutant les frais d'impression, publications, bougies et criées que les adjudicataires doivent payer sur le réglement qui en est fait par le fonctionnaire qui préside à l'adjudication. (*Décision du Ministre des finances du 10 fructidor an 12.*)	
»	28 vendém. an 13.	REGISTRE DES DROITS DE PÊCHE.	Les receveurs chargés de la partie des eaux et forêts auront un registre particulier pour les recettes provenant des adjudications du droit de pêche et de la taxe des licences, chacune dans une colonne particulière, et un sommier de compte ouvert avec les adjudicataires et les porteurs de licences. -- Les amendes seront portées au registre des amendes de toute nature.	
260	10 frimaire an 13.	COMMUNES, HOSPICES etc. -- GAGE DES GARDES.	A dater du 1.er vendémiaire an 13, l'administration de l'enregistrement est chargée de payer les gages des gardes des bois des communes, hospices et établissemens publics. -- Mode de cette comptabilité. (*Arrêté du Gouver. du 17 nivôse an 12.*)	
»	6 pluviôse an 13.	DROIT DE GARDE.	Le droit de garde sur le produit des ventes des bois communaux n'est pas dû depuis qu'il n'est plus versé dans la caisse des consignations au trésor public. (*Décisions du Ministre des finances des 14 et 25 nivôse an 13.*)	
»	8 germinal an 13.	TERRAINS etc. DÉPENDANT DES FORÊTS.	État à rédiger de tous les terrains, fermes, prairies, maisons des gardes etc., dépendant des forêts nationales et aliénés depuis 1790.	
281	7 floréal an 13.	PROCÈS-VERBAUX D'ASSIETTE etc. -- TIMBRE.	Tous les procès-verbaux d'assiette, arpentage, balivage et martelage dressés par les agens forestiers préalablement aux adjudications de coupes de bois, pourront être rédigés sur papier non timbré, mais ils devront être présentés au timbre et à l'enregistrement en même tems que le procès-verbal de la vente sera soumis à cette dernière formalité. -- Amende encourue par les parties qui ne paieront pas dans le délai de vingt jours. (*Décision du Ministre des finances du 19 germinal an 13.*)	
»	21 dudit.	GAGES DES GARDES FORESTIERS.	Les gardes forestiers doivent se transporter dans les bureaux des domaines pour y émarger les états de paiement de leurs gages. (*Décision du Ministre des finances du 10 floréal an 13.*)	
»	27 floréal an 13.	SITUATION DU RECOUVREMENT.	Demande d'un état de situation de recouvrement sur le prix des adjudications des coupes de bois de l'an 13, à fournir par le directeur.	
291	24 fructidor an 13.	COUPES DE BOIS DE L'AN 14. -- CAHIER DES CHARGES.	Clauses des adjudications des coupes de bois pour l'ordinaire de l'an 14; terme et mode de paiement du prix. -- Le recouvrement des traites sera suivi par les receveurs généraux. Modèle des états de recouvrement à fournir.	
»	23 brumaire an 14.	TRAITES. -- ACCEPTATION.	Les adjudicataires de coupes de bois pour l'an 14 sont dispensés de faire revêtir leurs traites de l'acceptation. (*Décision du Ministre des finances du 20 brumaire an 14.*)	
»	9 frimaire an 14.	MOINS DE MESURE. -REMBOURSEMENT	Les remboursemens pour moins de mesures dans les coupes de bois nationaux, n'auront lieu à l'avenir que sur l'ordonnance du ministre des finances. (*Décision du Ministre des finances du 22 brumaire an 14.*) Un enchérisseur devenu adjudicataire par suite de renvois successifs, doit souscrire ses traites aux échéances ordinaires de l'année à laquelle la coupe appartient.	

BOIS ET FORÊTS.

INSTRUCTIONS GÉNÉRALES. N.os	DATES.	OBJETS.	EXTRAIT DÉTAILLÉ DES INSTRUCTIONS.	OBSERVATIONS.
»	3 janvier 1806.	Bois communaux. -- Gages pour l'an 13.	L'administration des domaines est autorisée à faire payer les gages des gardes des bois communaux pour l'an 13 sur les états arrêtés par les conservateurs de chaque arrondissement, sauf aux administrateurs des forêts à faire régulariser ces paiemens par le ministre des finances.	
»	28 dudit.	Adjudicataire. Renonciation.	L'adjudicataire de coupes de bois qui a fourni caution, peut renoncer à son adjudication le lendemain du jour de la vente avant midi ; les délais soit pour renoncer ou pour fournir caution sont de rigueur, sans considérer si le dernier jour est ou non férié. (*Décision du Ministre des finances du 9 nivôse an 14.*)	
»	7 avril 1806.	Moins de mesures et surmesures. -- Liquidation.	Les moins de mesures des coupes de bois adjugées pendant le cours du papier monnaie, doivent être liquidés d'après la valeur du papier à l'époque des versemens faits par les adjudicataires dans les caisses publiques. -- Les surmesures doivent l'être sur la valeur du papier à l'époque des termes de paiemens fixés par le cahier des charges. (*Décision du Ministre des finances du 20 mars 1806.*)	
»	16 avril 1806.	*Idem.*	État à fournir des moins de mesures et surmesures constatés dans les ventes des coupes de bois nationaux et séquestrés des années 10, 11, 12 et 13.	
»	*Idem.*	Situation du recouvrement.	État à fournir de la situation du recouvrement du produit des coupes de bois de l'an 14 et de l'acquittement du décime pour franc.	
»	6 juillet 1806.	Bois communaux. -- Gage des gardes.	Les états des communes pour le paiement des gages de leurs gardes-bois, ne sont pas soumis à l'approbation du ministre des finances. (*Décision du Ministre du premier juillet 1806.*)	
310	11 dudit.	Bois des communes. -- Gages. -- Avance.	A dater du premier janvier 1807, il ne sera fait aucune avance par les caisses de l'administration pour le paiement des gages des gardes des bois des communes ; le montant devra en être ajouté aux centimes additionnels des contributions. (*Décision du Ministre des finances des 6 mai et 23 juin 1806.*)	
»	13 août 1806.	Pêche.	Nouveaux états des adjudications consenties et des licences délivrées, depuis l'établissement des droits de pêche, jusqu'au premier juillet 1806.	
»	22 septemb. 1806.	Coupes de 1807.	Envoi du cahier des charges pour l'adjudication des coupes de bois de l'ordinaire de 1807.	
»	17 décemb. 1806.	Bois communaux. -- Traites souscrites. -- Versement.	Les traites souscrites par les adjudicataires des coupes extraordinaires de bois communaux doivent être versées immédiatement et sans l'intermédiaire des directeurs, chez le receveur général ou particulier chargé de les remettre à la caisse d'amortissement.	
»	24 janvier 1807.	Amende du 20.e	L'amende du 20.e ne peut être exigée des adjudicataires des coupes de bois communaux en retard de se libérer. -- Cette amende n'est prononcée par l'arrêté du gouvernement du 27 frimaire an 11 que contre les adjudicataires des bois nationaux.	
»	20 février 1807.	Bois des communes et hospices. -- Gages des gardes.	Les états des conservateurs et les ordonnances des préfets pour le paiement des gages des gardes des bois communaux, des hospices et des établissemens publics, doivent être délivrés par trimestre et non pas pour l'année entière. -- Les directeurs et inspecteurs rendus personnellement responsables des débets et des abus qui naîtraient de l'inexécution de ces ordres.	

BOIS ET FORÊTS.

INSTRUCTIONS GÉNÉRALES. N.os	DATES.	OBJETS.	EXTRAIT DÉTAILLÉ DES INSTRUCTIONS.	OBSERVATIONS.
„	16 mai 1807	DISTINCTION DES EXERCICES.	Distinction des exercices à établir dans les adjudications et les licences des droits de pêche, en fournissant des états séparés pour les anciennes et pour les nouvelles.	
„	11 août 1807.	COUPES DE BOIS DE 1808.	Envoi du cahier des charges pour les adjudications des coupes de bois nationaux de l'an 1808.	
„	7 septemb. 1807.	BOIS COMMUNAUX -- DOMMAGES INTÉRÊTS.	C'est aux percepteurs des revenus communaux à faire le recouvrement des dommages-intérêts adjugés aux communes pour délits commis dans leurs bois. (*Décision du Ministre des finances du 25 août* 1807.)	
„	17 novemb. 1807.	GARDES FORESTIERS. - SALAIRES.	Le paiement des salaires des gardes forestiers doit être fait par tous les receveurs de l'administration. -- Les conservateurs s'entendront à cet égard avec les directeurs pour déterminer quels sont les bureaux qui peuvent être affectés à ce service.	
376	12 mai 1808.	ACTES DES GARDES FORESTIERS.	Tous les actes des gardes forestiers, dans lesquels ils remplacent les huissiers, doivent être taxés comme ceux faits par les huissiers des juges de paix. (*Décret impérial du premier avril* 1808.) Les huissiers près les tribunaux peuvent seuls procéder aux saisies et exécutions à faire en force de jugemens rendus. -- Les receveurs sont tenus d'effectuer le paiement des frais de procédures en matière de délits forestiers; ils doivent en conséquence acquitter les taxes allouées aux gardes.	
„	12 septemb. 1808.	COUPES DE BOIS DE 1809.	Envoi du cahier des charges pour les adjudications des coupes de bois de l'ordinaire de 1809.	
„	4 août 1809.	COUPES DE BOIS DE 1810.	Cahier des charges pour les adjudications des coupes de bois de l'exercice 1810; changemens sur celui de 1809.	
458	2 janvier 1810.	GARDES ET AGENS FORESTIERS. --- ACTES. -- ENREGISTREMENT. --- RÉPERTOIRE.	Les gardes et agens forestiers peuvent être admis à faire revêtir leurs actes et procès-verbaux de la formalité de l'enregistrement, au bureau le plus voisin de leur résidence, lors même que ce bureau ne serait pas celui de leur arrondissement. (*Décision du Ministre des finances du* 28 *novembre* 1809.) Il n'y a pas lieu d'appliquer aux gardes forestiers les dispositions de la loi du 22 frimaire an 7 relatives à la tenue et au visa du répertoire. (*Décision du Ministre des finances du* 12 *décembre* 1809.)	
475	25 mai 1810.	BOIS COMMUNAUX. — PROCÈS-VERBAUX A ENREGISTRER EN DÉBET.	Les procès-verbaux des agens forestiers, constatant l'assiette, l'arpentage, le balivage, le réarpentage et le récolement des coupes de bois communaux doivent, comme pour ceux dressés de bois nationaux, être timbrés et enregistrés *en débet*, sauf aux habitans à payer ensuite les droits. -- Mode de cette comptabilité.	
„	8 septemb. 1810.	COUPES DE BOIS DE 1811.	Envoi du cahier des charges des adjudications des coupes de bois de l'empire pour l'exercice 1811.	
498	16 novemb. 1810.	BOIS COMMUNAUX. -- GAGES DES GARDES. -- SURVEILLANCE DES INSPECTEURS.	Les inspecteurs sont tenus de vérifier la régularité et l'exactitude de la comptabilité relative au paiement des gages des gardes des bois communaux et des établissemens publics.	
510	27 mars 1811.	AMENDES ET CONDAMNATIONS. --- RECOUVREMENT. -- GARDES GÉNÉRAUX	Les gardes généraux des forêts sont chargés, à partir du 1.er mai 1811, du recouvrement des amendes et autres condamnations pécuniaires en matière de délits concernant les forêts, la chasse et la pêche. (*Décret imp. du* 2 *février* 1811.) Mode de cette comptabilité.	
522	27 mai 1811.	PÊCHE.	La mise en ferme de la pêche dans les canaux et les produits des francs bords et des plantations qui appartiennent à l'état seront exercés par l'administration des ponts et chaussées ; les fonds en provenant seront versés au trésor public par l'inter-	

INSTRUCTIONS GÉNÉRALES. N.os	DATES.	OBJETS.	EXTRAIT DÉTAILLÉ DES INSTRUCTIONS.	OBSERVATIONS.
			médiaire des droits réunis. (*Décret impérial du 23 décembre* 1810.) La perception du produit des pêches dans les rivières et fleuves, ainsi que des revenus qui en dépendent, doit continuer de rester dans les attributions de l'administration. (*Décis. du Ministre des finances du 7 mai* 1811.)	
523	28 mai 1811.	DÉLITS DE CHASSE. -- GRATIFICATION.	Les préfets sont autorisés à faire payer une gratification de trois francs à chacun des gardes forestiers ou champêtres par chaque condamnation rendue sur le procès-verbal pour délits de chasse et de port d'armes. Ce paiement a lieu sur mandat du préfet visé par le directeur. (*Décret impérial du 8 mai* 1811.)	*V. l'instruction générale ci-après n.° 616.*
»	24 juin 1811.	COUPES DE BOIS POUR 1812.	Adjudication des coupes de bois pour l'exercice 1812. Changemens apportés au cahier des charges. -- État à fournir.	
557	24 décemb. 1811.	RECOUVREMENT DES AMENDES. -- GARDES COLLECT.s - ACTES. -- ENREGISTREMENT etc.	Les gardes collecteurs sont chargés du recouvrement des amendes et autres condamnations pécuniaires concernant les forêts, la chasse et la pêche, pour des délits dont l'administration des forêts suit la répression ou à la requête du ministère public dans les intérêts de cette administration. — Les extraits de jugemens que les greffiers remettent aux agens forestiers ne sont point soumis au timbre. -- Doivent être timbrés et payer les droits d'enregistrement, les significations et commandemens des gardes pour le recouvrement des condamnations. -- Les frais pour avances et remboursement de papier timbré, impression de sommiers etc. seront payés par l'administration sur des états approuvés par le directeur général et visés par le ministre des finances. -- Les frais dûs aux greffiers pour extraits et expéditions de jugemens et tous autres frais pour la poursuite des délits forestiers se paieront comme le prescrit l'instruction, n.° 147. (*Décisions du Ministre des finances des 14 brumaire an 14 et 12 décembre* 1811.)	
»	10 septemb. 1812.	PORTS DE LETTRES ET PAQUETS.	Les lettres et paquets adressés par les agens forestiers aux employés de l'administration doivent être affranchis.	
»	28 septemb. 1812.	COUPES DE BOIS DE 1813.	Envoi du cahier des charges pour les adjudications des coupes de bois de l'empire de 1813. -- Nouveau modèle des traites etc.	
»	30 dudit.	PÊCHE. -- BAUX. -- RECOUVREMENT.	Recouvrement du prix des baux de pêche et des licences dont la plus grande partie expire en 1812. État à fournir.	
»	14 décemb. 1812.	LIQUIDATION DE LA REMISE ACCORDÉE AUX AGENS FORESTIERS.	La remise proportionnelle accordée aux agens forestiers sur le produit des amendes, par le décret impérial du 2 février 1812 doit être calculée sur le montant des versemens faits aux receveurs de l'administration, soit par les gardes collecteurs, soit par les condamnés directement, à la déduction seulement des sommes payées sur les frais liquidés par les jugemens et du décime pour franc. Ne doivent pas être compris dans la déduction, les frais tombés en non-valeur ni la remise du receveur de l'administration.	
616	16 décemb. 1812.	DÉLITS DE CHASSE. -- GRATIFICATION.	La gratification de trois francs accordée pour délits de chasse et de port d'armes, est due au garde forestier ou champêtre qui a rapporté le procès-verbal, autant de fois qu'il y a de condamnés collectivement. — Dans le cas d'une seule condamnation, chacun des gardes qui a concouru à la formation du procès-verbal reçoit la gratification de trois francs. (*Décision du Ministre des finances.*)	

BOIS ET FORÊTS.

INSTRUCTIONS GÉNÉRALES.		OBJETS.	EXTRAIT DÉTAILLÉ DES INSTRUCTIONS.	OBSERVATIONS.
N.os	DATES.			

BOIS ET FORÊTS.

INSTRUCTIONS GÉNÉRALES.		OBJETS.	EXTRAIT DÉTAILLÉ DES INSTRUCTIONS.	OBSERVATIONS.
N.os	DATES.			

BOIS ET FORÊTS.

INSTRUCTIONS GÉNÉRALES.		OBJETS.	EXTRAIT DÉTAILLÉ DES INSTRUCTIONS.	OBSERVATIONS.
N.os	DATES.			

INSTRUCTIONS GÉNÉRALES.		OBJETS.	EXTRAIT DÉTAILLÉ DES INSTRUCTIONS.	*OBSERVATIONS.*
N.os	DATES.			

INSTRUCTIONS GÉNÉRALES.		OBJETS.	EXTRAIT DÉTAILLÉ DES INSTRUCTIONS.	*OBSERVATIONS.*
N.os	DATES.			

INSTRUCTIONS GÉNÉRALES.		OBJETS.	EXTRAIT DÉTAILLÉ DES INSTRUCTIONS.	*OBSERVATIONS.*
N.os	DATES.			

INSTRUCTIONS GÉNÉRALES.		OBJETS.	EXTRAIT DÉTAILLÉ DES INSTRUCTIONS.	*OBSERVATIONS.*
N.os	DATES.			

CAISSE D'AMORTISSEMENT.

INSTRUCTIONS GÉNÉRALES. N.os	DATES.	OBJETS.	EXTRAIT DÉTAILLÉ DES INSTRUCTIONS.	OBSERVATIONS.
»	29 prairial an 11.	CAISSE D'AMORTISSEMENT. -- RENTES. -- RECOUVREMENT.	Le recouvrement des arrérages de rentes transférées à la caisse d'amortissement, doit être suivi sur une contrainte du directeur des domaines visée par le président du tribunal de l'arrondissement du bureau où la rente est due.	
140	3 messidor an 11.	*Idem.* SOURCES MINÉRALES.	Les préposés de l'administration doivent surveiller le versement dans la caisse du receveur général pour le compte de la caisse d'amortissement, de l'excédant du produit des baux des sources minérales, sur ce qu'il est nécessaire de prélever pour frais d'entretien, réparations et améliorations. (*Arrêtés du Gouvernement des* 3 *floréal an* 8 *et* 6 *nivôse an* 11.)	
»	22 fructidor an 11.	*Idem* NÉGOCIATION DE 10,000,000 EN RESCRIPTIONS.	La caisse d'amortissement est chargée de négocier pour le compte du trésor public dix millions en rescriptions sur capitaux de rentes nationales déclarées aliénables par la loi du 21 nivôse an 8, à imputer seulement sur les départemens qui paraissent ne plus présenter de capitaux de rentes disponibles. (*Arrêté du Gouvernement du* 19 *messidor an* 11.) Ordre de seconder l'agent de cette caisse.	
167	5.e compl. an 11.	LÉGION D'HONNEUR.	Les receveurs prendront possession sans délai des biens formant la dotation de la légion d'honneur. -- Mode d'administration de ces biens.	
177	8 brumaire an 12.	SÉNAT.	Prise de possession par les agens du sénat des biens affectés à sa dotation, à celle des sénatoreries, et des bâtimens désignés comme maisons d' habitation aux sénatoreries.	
»	11 dudit.	LÉGION D'HONNEUR. -- TENUE DU REGISTRE DE RECETTE.	Les receveurs chargés provisoirement de la recette des revenus appartenant à la légion, dresseront un registre particulier qu'ils feront côter et parapher par le maire du lieu de leur résidence, et se feront rembourser de leurs avances par le trésorier de la cohorte.	
»	9 nivôse an 12.	CAISSE D'AMORTISSEMENT. -- RENTES NATIONALES.	Les porteurs de rescriptions sur capitaux de rentes nationales dont la négociation a été confiée à la caisse d'amortissement, conserveront pour leur admission la priorité que leur assure la date de l'enregistrement de leur rescription, seulement sur les rentes découvertes au 19 messidor an 11. -- Ils ne pourront exercer cette priorité sur les rentes découvertes depuis cette époque, qu'après l'épuisement total de celles connues avant le 19 messidor an 11. (*Décision du Ministre des finances du* 30 *frimaire an* 12.)	
»	9 pluviôse an 12.	*Idem* RENTES NON SERVIES.	La caisse d'amortissement est autorisée à rechercher les titres des rentes non servies dans tous les départemens non fermés. Ces rentes sont celles non servies, celles dont les préposés de l'administration n'ont par les titres, et dont ils ignorent l'existence. (*Lettre du Ministre des finances du* 28 *nivôse an* 12.)	
»	14 dudit.	REVENUS DE LA LÉGION.	Ordre de faire verser sans délai entre les mains du receveur général, à la disposition du directeur général de la caisse d'amortissement, les revenus des biens affectés à la dotation de la légion d'honneur.	
»	17 ventôse an 12.	LÉGION D'HONNEUR. -- BAUX.	Les receveurs de l'administration doivent rendre compte des baux des biens de la légion d'honneur à renouveller, et des réparations urgentes à faire; ils proposeront leurs vues sur la durée, les charges et les conditions du bail, et on ne procédera aux uns et aux autres sans avoir auparavant obtenu l'autorisation du grand-chancelier.	
»	17 germinal an 12.	CAISSE D'AMORTISSEMENT. -- CRÉDIT EN RESCRIPT.s	Crédit de 2,000,000, ouvert à la caisse d'amortissement en rescriptions admissibles en paiement tant des sommes dues sur le prix de domaines vendus antérieurement aux lois des 15	

CAISSE D'AMORTISSEMENT.

INSTRUCTIONS GÉNÉRALES. N.os	DATES.	OBJETS.	EXTRAIT DÉTAILLÉ DES INSTRUCTIONS.	OBSERVATIONS.
			et 16 floréal an 10, que de celles dues pour solde définitif de décomptes. (*Arrêté du 28 ventôse an 12.*)	
"	24 germinal an 12.	LÉGION D'HONNEUR. -- PRIX DE COUPES DE BOIS.	Les receveurs de l'administration devront provisoirement verser dans la caisse des receveurs d'arrondissement, les produits des coupes de bois compris dans la dotation de la légion d'honneur, comme les autres revenus des biens de sa dotation. -- On percevra le décime pour franc sur le prix de ces ventes. -- Lorsque les cohortes seront organisées, ce produit sera versé dans la caisse de la cohorte à laquelle ces bois sont assignés. (*Arrêté du Gouvernement du 28 ventôse an 12 et lettre du Ministre des finances du 16 germinal suivant.*)	
"	11 floréal an 12.	CAISSE D'AMORTISSEMENT. -- RESCRIPTIONS - TRANSFERTS.	Les directeurs doivent sans délai effectuer le transfert des rescriptions, dont ils sont dépositaires, pour rentes nationales. -- Le droit de priorité assuré aux porteurs de ces rescriptions par la date de l'enregistrement de leurs rescriptions sur les rentes découvertes au 19 messidor an 11, et même sur celles découvertes depuis cette époque, est limité à un mois pour ceux qui n'auraient pas présenté leurs titres, ou qui se seraient bornés à les faire enregistrer. (*Décision du Ministre des finances.*)	
223	15 dudit.	*Idem* RESCRIPTIONS.	Seront admis en paiement des quatre derniers termes du prix des domaines vendus en exécution des lois des 15 et 16 floréal an 10, dix millions de rescriptions que la caisse d'amortissement a été autorisée à négocier par arrêté du gouvernement du 28 ventôse an 12.	
"	27 floréal an 12.	*Idem.*	Les rescriptions délivrées par la caisse d'amortissement sous le nom de RICHARD MONTJOYEUX, sont admissibles en paiement de domaines nationaux comme les précédentes, conformément aux dispositions des arrêtés du gouvernement du 21 vendémiaire et 28 ventôse an 12.	
"	23 thermid. an 12.	LÉGION D'HONNEUR. -- RENSEIGNEMENS.	Invitation aux receveurs de seconder, autant qu'il est en eux, les chanceliers et trésoriers des cohortes pour leur entrée en fonctions. -- Les directeurs et receveurs des domaines continueront d'administrer les biens de la légion, jusqu'à sa parfaite organisation.	
"	19 fructidor an 12.	*Idem.* LISTE DES CHANCELIERS ET TRÉSORIERS.	Envoi de la liste des chanceliers et trésoriers des cohortes de la légion avec lesquels les directeurs et receveurs auront à correspondre pour l'administration des biens.	
"	6 frimaire an 13.	CAISSE D'AMORTISSEMENT. -- RENTES PROVENANT DE FABRIQUES.	Les rentes provenant de fabriques dont le gouvernement a disposé en faveur de la caisse d'amortissement antérieurement au 7 thermidor an 11, ne sont pas restituables à ces établissemens. (*Décision du Ministre des finances du 26 brum. an 13.*)	
270	17 pluviôse an 13.	*Idem* DÉLÉGATION.	Délégation à la caisse d'amortissement d'une somme de 26,859,751 fr. 75 c. à prendre sur ce qui était à recouvrer au 1.er vendémiaire an 13 du prix des ventes des domaines nationaux faites antérieurement à cette dernière époque d'après les lois des 15 et 16 floréal an 10 et 5 ventôse an 12. (*Décret impérial du 3 nivôse an 13.*)	
"	1 ventôse an 13.	*Idem* PRIX DE VENTE D'IMMEUBLES. -- RECOUVREMENT.	C'est aux receveurs des domaines et non aux agens de la caisse d'amortissement, à recouvrer des acquéreurs, le prix de vente des immeubles délégués à cette caisse par le décret impérial du 3 nivôse an 13.	
"	12 germinal an 13.	*Idem* RECOUVREMENT.	Les receveurs de l'administration doivent adresser directement à la caisse d'amortissement et dans les vingt-quatre heures de la date de l'enregistrement, le relevé des reconnais-	*V. l'instruction n.° 272 au titre* Timbre.

CAISSE D'AMORTISSEMENT.

INSTRUCTIONS GÉNÉRALES. N.os	DATES.	OBJETS.	EXTRAIT DÉTAILLÉ DES INSTRUCTIONS.	OBSERVATIONS.
			sances délivrées par les préposés de cette caisse, conformément à l'art. 3 de la loi du 28 nivôse an 13. (*Décision du Ministre des finances du 18 pluviôse an 13.*)	
»	27 germinal an 13.	CAISSE D'AMORTISSEMENT. -- DÉLÉGATION.	Délégation de 10,000,000 fr., faite à la caisse d'amortissement sur le prix des ventes faites en vertu de la loi du 5 ventôse an 12 postérieurement au 1.er vendémiaire an 13. (*Décret impérial du 8 germinal an 13.*)	
284	27 floréal an 13.	*Idem* ANTICIPATION DE PAIEMENT.	Les acquéreurs des domaines nationaux aliénés pour le compte de la caisse d'amortissement sont autorisés à se libérer par anticipation, moyennant une remise qui ne pourra excéder demi pour cent par mois des sommes dont le paiement sera anticipé. (*Décision du Ministre des fin. du 21 germinal an 13.*)	*V. la circulaire du 24 vendémiaire an 14 ci-après.*
»	4 vendém. an 14.	LÉGION D'HONNEUR. --- RÉGIE DES BIENS.	Les employés de l'administration continueront provisoirement la régie des biens à vendre affectés à la légion d'honneur; ceux qui font partie de la dotation définitive seront administrés par les chanceliers de la cohorte.	
»	10 dudit.	*Idem.* DOTATION.	Les receveurs de l'administration cesseront de concourir à l'administration des biens formant la dotation définitive de la légion d'honneur dans l'ancienne france; ils continueront à administrer provisoirement ceux qui n'y sont pas compris.	
»	24 dudit.	CAISSE D'AMORTISSEMENT. - PAIEMENT ANTICIPÉ.	La bonification de demi pour cent par mois à faire sur le prix de ventes en vertu de la loi du 5 ventôse an 12 de biens aliénés pour le compte de la caisse d'amortissement, sera liquidée à l'avenir sur le capital et intérêts réunis du paiement anticipé. (*Décision du Ministre des finances.*)	*V. la circulaire du 8 décembre 1809 qui rapporte une partie de ces dispositions.*
«	3 brumaire an 14.	*Idem* CONSIGNATIONS. --DROIT DE GARDE.	Les consignations faites à la caisse d'amortissement en exécution de la loi du 28 nivôse an 13 ne sont plus soumises au droit de garde de deux pour cent qui se percevait en vertu de celle du 23 septembre 1793; il continuera d'être perçu jusqu'à nouvel ordre sur les revenus des biens saisis réellement, en conformité de cette dernière loi.	
,,	20 février 1806.	SÉNAT ET LÉGION. -- VACATIONS DES AGENS FORESTIERS.	Le sénat et la légion d'honneur sont tenus, comme les communes, de payer aux receveurs des domaines les vacations des agens forestiers pour le balivage et le martelage des coupes ordinaires de bois délivrés en nature, ainsi que le décime pour franc en cas de vente de ces mêmes coupes. (*Décision du Ministre des finances du 11 fév. 1806.*)	
,,	12 mars 1806.	LÉGION D'HONNEUR. -- BAUX. -- DÉLAI.	Le délai pour l'enregistrement des baux des biens de la légion d'honneur ne court que du jour de la notification faite au preneur de la ratification du grand-chancelier. (*Décision du Ministre des finances du 14 janvier 1806.*)	
,,	1 avril 1806.	SÉNAT. -- ACTES. - ENREGISTREMENT	Les actes de vente d'immeubles par le sénat ne sont soumis qu'au droit de 2 pour cent; ceux d'acquisition et d'échange doivent être enregistrés gratis comme le sont ceux concernant l'empire. -- Les baux sont assujettis au droit ordinaire. (*Décision du Ministre des finances du 28 mars 1806.*)	
,,	16 mai 1806.	*Idem.* COUPES DE BOIS.	Les coupes de bois des sénatoreries sont sujettes aux vacations et au décime pour franc comme celles du sénat et de la légion d'honneur. (*Décision du Ministre des finances du 3 mai 1806.*)	
,,	14 juin 1806.	CAISSE D'AMORTISSEMENT. -- RENTES IGNORÉES.	Le traité conclu par la caisse d'amortissement avec diverses compagnies pour la recherche des rentes ignorées etc. qui lui ont été cédées, doit se borner à la seule découverte des titres des rentes ignorées ou abandonnées. -- La mise en possessio	

CAISSE D'AMORTISSEMENT.

INSTRUCTIONS GÉNÉRALES. N.os	DATES.	OBJETS.	EXTRAIT DÉTAILLÉ DES INSTRUCTIONS.	OBSERVATIONS.
			des rentes, le recouvrement des arrérages échus, les poursuites nécessaires pour en obtenir le paiement, appartiennent aux employés de l'administration. (*Décision du Ministre des finances du 24 avril 1806.*)	
"	6 novemb. 1806.	CAISSE D'AMORTISS.NT -- PRIX DE VENTE D'IMMEUBL.S	Les receveurs doivent verser pour le compte de la caisse d'amortissement, jusqu'à nouvel ordre, le produit de toutes les ventes faites et à faire en exécution de la loi du 5 ventôse an 12.	
"	25 dudit.	*Idem* RÉPARATIONS.	Les réparations des biens cédés à la caisse d'amortissement, lorsqu'elles seront urgentes, et celles à faire par économie parcequ'elles n'excéderont pas 150 fr., seront autorisées et les mandats de paiement délivrés par les préfets. -- A l'égard des réparations excédant 150 fr., elles doivent être autorisées, soit par le directeur général de cette caisse, soit par le ministre des finances. -- La délivrance des mandats de paiement par les préfets sera autorisée par l'une ou l'autre de ces autorités. (*Décision du Min. des finances du 8 novembre 1806.*)	
"	29 dudit.	*Idem* CORRESPONDANCE.	La correspondance relative à la régie et à la vente des biens cédés à la caisse d'amortissement, ne concerne plus l'administration centrale de l'enregistrement; elle se fera à l'avenir directement par le directeur général de cette caisse, avec les préposés des départemens.	
"	20 décemb. 1806.	*Idem* ARBRES ABATTUS.	Le prix de vente des arbres abattus par les propriétaires riverains des routes doit être versé à la caisse d'amortissement. -- Mode de cette comptabilité.	
"	2 janvier 1807.	*Idem.*	Les receveurs sont dispensés d'adresser au directeur général de la caisse d'amortissement le double de leur bordereau de versement du prix de vente des arbres abattus sur les propriétés riveraines des routes; il devra être joint à l'état de mois, et le directeur à la vue de ce bordereau en formera un général qu'il joindra à son état des produits du dernier mois du trimestre.	
"	27 dudit.	*Idem* DÉLÉGATION.	Nouvelle délégation à la caisse d'amortissement de dix millions en rescriptions admissibles en paiement de domaines vendus antérieurement aux lois des 15 et 16 floréal an 10. (*Déc. imp. du 14 février 1806.*) Mode de liquidation des intérêts postérieurs au 30 frimaire an 11.	
"	13 février 1807.	*Idem.*	Jusqu'à ce que le ministre ait approuvé parmi les biens immeubles disponibles au 1.er avril 1806 le choix d'une quantité suffisante pour remplir la caisse d'amortissement des 21 millions, qui lui ont été délégués par la loi du 24 avril 1806, ces biens restent provisoirement sous la main de l'administration des domaines. -- Mode de cette comptabilité.	
"	30 avril 1807.	*Idem* EFFETS DES MILITAIRES DÉCÉDÉS DANS LES HÔPITAUX.	Le prix de vente des effets des militaires décédés dans les hôpitaux ou les prisons, ou qui s'en seraient évadés, sera versé à la caisse d'amortissement par l'intermédiaire des caisses de l'administration. -- Mode de cette comptabilité. (*Décret imp. du 23 septembre 1806.*)	*V. ci-après l'instruction générale n.o* 391.
"	29 janvier 1808.	*Idem* RENTES DÉCOUVERTES.	Découvertes de rentes nationales faites par les agens de la caisse d'amortissement. -- Règles à suivre pour la vérification de ces découvertes, pour la mise en possession au nom de la caisse d'amortissement, et pour les poursuites à diriger contre les débiteurs.	
"	9 février 1808.	*Idem* COMPAGNIE *DUMAREST.*	Mesures à prendre et mode à suivre pour parvenir à la vérification et à l'apurement des comptes à rendre par la compagnie Dumarest, chargée de la découverte des rentes nationales. Traité passé avec cette compagnie.	

CAISSE D'AMORTISSEMENT.

INSTRUCTIONS GÉNÉRALES. N.os	DATES.	OBJETS.	EXTRAIT DÉTAILLÉ DES INSTRUCTIONS.	OBSERVATIONS.
»	15 avril 1808.	CAISSE D'AMORTISSEMENT. -- DÉLÉGATION.	Délégation de 6,645,000 fr., faite à la caisse d'amortissement pour le compte de la grande armée, à prendre dans le restant dû au 1.er janvier 1808, sur les décomptes. -- Les sommes, autres que celles en tiers consolidé restant dues sur les décomptes, doivent être payées en numéraire effectif. -- Les dispositions de la circulaire du directeur général de cette caisse, jointe à celle du directeur général de l'administration du 27 janvier 1807 sont sans objet. -- Mode de comptabilité.	
»	20 mai 1808.	*Idem.*	Addition à la circulaire ci-dessus concernant la délégation de 6,645,000 fr., faite à la caisse d'amortissement.	
591	4 août 1808.	*Idem* MILITAIRES DÉCÉDÉS DANS LES HOSPICES etc.	La vente des effets des militaires décédés dans les hôpitaux ou les prisons, ou qui s'en sont évadés, sera exclusivement faite par les commissaires des guerres. -- Le produit de ces ventes sera versé à la caisse d'amortissement par l'intermédiaire de celles de l'administration des domaines, déduction faite de la remise des receveurs. (*Instruction du Directeur Ministre de la guerre, du 2 mai* 1808.)	
»	25 novemb. 1808.	*Idem* CESSION DES DOMAINES AU DE-LÀ DES ALPES.	Cession à la caisse d'amortissement de tous les domaines situés dans les départemens au de-là des alpes pour complément de la délégation qui lui a été faite de 21,000,000 fr., par la loi du 24 avril 1806 et pour remplacement du domaine de Lucedio. (*Décision du Ministre des finances du* 16 *novembre* 1808.)	
»	*Idem.*	*Idem* PRISE DE POSSESSION.	Ordre de prendre possession au nom de la caisse d'amortissement de tous les biens nationaux qui lui ont été cédés au de-là des alpes. -- Modèle du procès-verbal.	
»	15 mars 1809.	*Idem* BIENS RURAUX DE LA LÉGION. --- ECHANGE.	Cession à la caisse d'amortissement des biens ruraux de la légion d'honneur en échange d'une inscription sur le grand-livre, et réunion des ses forêts au sol forestier. (*Décret impérial du* 28 *février* 1809.)	
»	18 septemb. 1809.	*Idem* DÉLÉGATION. -- RÉGIE DES BIENS.	La caisse d'amortissement prendra la régie entière des biens qui lui ont été délégués, soit par dotation, soit par la loi du 24 avril 1806; cette régie devient étrangère à l'administration des domaines. (*Décision du Ministre des finances du* 17 *août* 1809.)	
»	23 octobre 1809.	*Idem* COMPTE A RENDRE.	Compte à rendre des recettes faites pour le compte direct de la caisse d'amortissement, d'abord, jusqu'au 31 décembre 1809. et ensuite d'année en année. -- Les inspecteurs chargés d'arrêter ces comptes.	
»	29 novemb. 1809.	*Idem* RESTITUTION DES REVENUS.	Mode de restitution à faire à la caisse d'amortissement des sommes qui ont été portées mal à propos dans les comptes de l'administration. -- Sont declarées définitives les cessions provisoirement faites à cette caisse, des domaines pour la remplir de la délégation du 24 avril 1806. (*Décr. imp. du* 20 *septembre* 1809.)	
»	8 décemb. 1809.	*Idem* ESCOMPTE D'ANTICIPATION.	A dater du 1.er janvier 1810, il ne sera plus alloué d'escomptes d'anticipation aux acquéreurs de domaines dont le prix a été cédé à la caisse d'amortissement. (*Décision du Ministre des finances du* 16 *germinal an* 13.)	
»	11 janvier 1810.	*Idem* ADJUDICATION DES RENTES.	Le procès-verbal d'adjudication des rentes appartenant à la caisse d'amortissement, doit être sur papier timbré et est sujet au droit d'enregistrement d'un franc. -- Mode de l'adjudication. (*Décret impérial du* 9 *décembre* 1809.)	
»	14 février 1810.	*Idem* VERSEMENS.	Ordre aux receveurs de ne plus verser pour le compte de la caisse d'amortissement, des recettes faites depuis le	

INSTRUCTIONS GÉNÉRALES. N.os	DATES.	OBJETS.	EXTRAIT DÉTAILLÉ DES INSTRUCTIONS.	OBSERVATIONS.
			premier janvier 1810, sur des revenus des biens qui n'ont pas été cédés à cette caisse.	
467	9 mars 1810.	CAISSE D'AMORTISSEMENT. -- SUCCESSIONS VACANTES	Les sommes provenant des successions vacantes doivent être consignées à la caisse d'amortissement, qui en cette partie a nommé pour ses agens les receveurs généraux et particuliers. -- Mode de la remise de cette régie par les receveurs des domaines qui en étaient précédemment chargés. (*Avis du Conseil d'état du 13 octobre 1809.*)	
"	12 juin 1810.	*Idem* DÉLÉGATION.	Délégation à la caisse d'amortissement de quinze millions dans les sommes à recouvrer sur le produit des décomptes des domaines nationaux. (*Décret impérial du 3 février 1810.*)	
"	17 octobre 1810.	*Idem* REVENUS.	Les revenus des biens donnés en remplacement à la caisse d'amortissement, qui n'ont pas été perçus lors de la mise en possession de cette caisse, lui appartiennent ; elle doit également payer les dépenses qui n'étaient pas acquittées à cette époque. (*Déc. du Min. des fin. du 24 août 1810.*)	
"	25 mars 1811.	*Idem* COMPAGNIE *DUMAREST.*	Ordre à la compagnie Dumarest de verser dans quinze jours le montant des arrérages recouvrés sur les rentes transférées à la caisse d'amortissement et le produit des capitaux qu'elle a négociés; défense faite à ladite compagnie de prendre le titre et la qualité d'agens de la caisse d'amortissement etc. Il ne doit y avoir désormais aucuns rapports entre les préposés de l'administration, le sieur Mariette et la compagnie Dumarest. (*Décret impérial du 20 février 1811.*)	
"	15 avril 1811.	*Idem* VENTE.	Les biens nouvellement attribués à la caisse d'amortissement et ceux disponibles, situés dans les départemens en deçà des alpes, seront vendus pour son compte et régis jusqu'à la vente pour le compte du trésor public.	
"	29 dudit.	*Idem* DÉLÉGATION.	Nouvelle délégation à la caisse d'amortissement de 30,000,000 sur le produit des décomptes des ventes de domaines. (*Décret impérial du 18 avril 1811.*)	
"	8 juillet 1811.	*Idem* DÉCHÉANCE.	La recette des fruits et amendes à réclamer contre les acquéreurs déchus, appartient à l'administration lorsque la vente a été faite pour le compte du trésor impérial, et à la caisse d'amortissement lorsque la vente a été faite pour le compte de cette caisse. (*Décision du Ministre des finances du 22 juin 1811.*)	
554	17 décemb. 1811.	*Idem* CAUTIONNEMENT POUR LA LIBERTÉ DES PRÉVENUS.	Les receveurs de l'administration sont chargés de faire la recette des cautionnemens fournis pour obtenir la liberté provisoire des prévenus de délits en police correctionnelle, sauf à en faire le versement pour le compte de la caisse d'amortissement.	
"	20 mars 1812.	*Idem* BIENS SÉQUESTRÉS SUR LES ESPAGNOLS.	Les biens séquestrés sur les espagnols en vertu du décret impérial du 24 septembre 1808, font partie du domaine extraordinaire de la couronne à partir du premier janvier 1812, et régis au nom et d'après les ordres de M.r le ministre d'état intendant général de ce domaine. -- Le produit de ces biens ne doit plus figurer dans les comptes de l'administration à dater du premier janvier 1812. (*Décret imp. du 24 janvier 1812.*)	
"	22 août 1812.	*Idem* ALIÉNATION.	Les biens disponibles dans les départemens en deçà des alpes cesseront d'être vendus, à dater du premier octobre 1812, pour le compte de la caisse d'amortissement ; ils le seront pour le compte du trésor impérial. (*Décision du Ministre des finances du 8 août 1812.*)	

CAISSE D'AMORTISSEMENT.

INSTRUCTIONS GÉNÉRALES.		OBJETS.	EXTRAIT DÉTAILLÉ DES INSTRUCTIONS.	OBSERVATIONS.
N.os	DATES.			

CAISSE D'AMORTISSEMENT.

INSTRUCTIONS GÉNÉRALES.		OBJETS.	EXTRAIT DÉTAILLÉ DES INSTRUCTIONS.	OBSERVATIONS.
N.os	DATES.			

INSTRUCTIONS GÉNÉRALES.		OBJETS.	EXTRAIT DÉTAILLÉ DES INSTRUCTIONS.	*OBSERVATIONS.*
N.os	DATES.			

INSTRUCTIONS GÉNÉRALES.		OBJETS.	EXTRAIT DÉTAILLÉ DES INSTRUCTIONS.	*OBSERVATIONS.*
N.os	DATES.			

INSTRUCTIONS GÉNÉRALES.		OBJETS.	EXTRAIT DÉTAILLÉ DES INSTRUCTIONS.	OBSERVATIONS.
N.os	DATES.			

INSTRUCTIONS GÉNÉRALES.		OBJETS.	EXTRAIT DÉTAILLÉ DES INSTRUCTIONS.	*OBSERVATIONS.*
N.os	DATES.			

CAUTIONNEMENT.

INSTRUCTIONS GÉNÉRALES. N.os	DATES.	OBJETS.	EXTRAIT DÉTAILLÉ DES INSTRUCTIONS.	OBSERVATIONS.
153	5 fructidor an 11.	AFFECTATION DU CAUTIONNEMENT.	Le cautionnement en numéraire des employés est affecté à la sûreté de leurs recettes ordinaires et subséquemment à celle de tous dépôts ou recettes dont ils sont chargés pour le compte du gouvernement.	*V. la circulaire de l'administ.on num.* 1859.
"	7 germinal an 13.	NOTAIRES, GREFFIERS etc.	Les préposés de l'administration n'auront point à s'occuper de la rédaction des états de supplément de cautionnement que doivent fournir les notaires, greffiers, avoués etc.	
277	19 dudit.	REMBOURSEMENT. -- OPPOSITIONS.	Le remboursement des cautionnemens ne pourra plus être fait que par la caisse d'amortissement. --Formalités pour l'obtenir en cas de retraite ou de changement d'emploi. -- Les directeurs feront former des oppositions sur les cautionnemens des employés de l'administration réliquataires et sur ceux des notaires, huissiers etc. pour droits et amendes dont le paiement doit être fait aux caisses de l'administration et qui auront été prononcés par des jugemens. (*Exécution des lois des 25 nivôse et 6 ventôse an* 13.)	
"	10 mai 1806.	SUPPLÉMENT.	Les receveurs fourniront un supplément de cautionnement en numéraire. -- Le cautionnement total de chaque receveur est fixé au double du montant des remises d'une année entière, d'après les produits de l'an 13 ou d'après ceux de l'année courante pour les départemens nouvellement réunis. (*Loi du 24 avril* 1806.)	
307	13 juin 1806	INSTALLATION. -- REMBOURSEMENT. -- OPPOSITIONS.	Mode d'exécution du titre 4 de la loi du 24 avril 1806, concernant le cautionnement des receveurs de l'administration. -- A l'avenir aucun préposé ne sera installé dans l'emploi dont il aura été pourvu, qu'après avoir versé la totalité de son cautionnement et en avoir justifié. -- Pour obtenir le remboursement du trop payé ou le remploi d'un précédent cautionnement, on adressera au directeur le récépissé avec un certificat du greffier du tribunal de l'arrondissement, sur papier timbré, enregistré au droit fixe d'un franc, et visé par le président du tribunal, constatant qu'il n'existe au greffe aucune opposition. -- Les directeurs pour ces divers objets correspondront directement avec M.r le conseiller d'état directeur général de la caisse d'amortissement.	
312	26 juillet 1806.	CHANGEMENT DANS LA COMPOSITION DES BUREAUX. -- LIQUIDATION.	Toutes les fois que la composition des bureaux sera changée, leur cautionnement le sera aussi. -- On liquidera la remise de chaque bureau conservé ou établi, sur le produit de ses attributions, d'après l'année précédente ou d'après l'année courante pour les départemens nouvellement réunis, jusqu'à ce que le produit d'une année entière soit connu; cette remise sera doublée et le doublement formera le cautionnement du bureau. (*Décision du Ministre des finances du* 1.er *juillet* 1806.)	
313	1.er août 1806.	PRÉPOSÉS RÉLIQUATAIRES. -- NOTAIRES etc.	Mode à suivre pour faire verser dans les caisses de l'administration les cautionnemens des préposés réliquataires, des notaires etc., en paiement des sommes qu'ils doivent au trésor public. Comptabilité relative à cet objet.	
"	11 décemb. 1806.	CERTIFICATS DE NON OPPOSITION. -- REMBOURSEMENT. -- HÉRITIERS.	Les certificats de non opposition au remboursement des cautionnemens doivent être écrits sur du papier a 25.c et payer le droit fixe d'un franc. -- Ils ne sont assujettis ni au droit de transcription ni d'expédition. (*Décision du Ministre des finances du 21 octobre* 1806.) Mode de remboursement, par la caisse d'amortissement, des cautionnemens en numéraire, soit aux héritiers soit aux ayans-droit des titulaires interdits ou décédés. (*Décret impérial du 18 septembre* 1806.)	
"	10 mars 1807.	INSCRIPTION DÉFINITIVE.	Pour obtenir les certificats d'inscription définitive des cautionnemens en numéraire fournis par les employés de l'adminis-	

INSTRUCTIONS GÉNÉRALES. N.os	DATES.	OBJETS.	EXTRAIT DÉTAILLÉ DES INSTRUCTIONS.	OBSERVATIONS.
			tration, les directeurs doivent envoyer avec les obligations acquittées, les quittances du supplément et les récépissés du cautionnement primitif. -- Jusqu'à la conversion générale, les receveurs passant d'un bureau dans un autre, se pourvoiront d'un certificat du directeur portant qu'ils ont payé pour le cautionnement du bureau qu'ils quittent la somme de . . . et si elle est insuffisante pour le nouveau cautionnement, ils ne pourront être installés qu'après avoir acquitté l'excédant.	
450	19 mai 1809.	Versement. -- Intérêt.	Les préposés de l'administration ont la faculté de verser le montant de leur cautionnement soit dans la caisse des receveurs généraux dans les départemens, soit directement à *paris* à la caisse d'amortissement. -- Mode de liquidation des intérêts dûs sur ces cautionnemens dans l'un et l'autre cas ou lorsqu'ils sont versés pour le compte du trésor public. -- Les directeurs peuvent ordonner l'installation d'un receveur sur le vu et la remise faite par lui, d'un mandat sur la caisse de service, du montant de son cautionnement, délivré par le receveur général.	

CAUTIONNEMENT.

INSTRUCTIONS GÉNÉRALES.		OBJETS.	EXTRAIT DÉTAILLÉ DES INSTRUCTIONS.	*OBSERVATIONS.*
N.os	DATES.			

CAUTIONNEMENT.

INSTRUCTIONS GÉNÉRALES.		OBJETS.	EXTRAIT DÉTAILLÉ DES INSTRUCTIONS.	*OBSERVATIONS.*
N.os	DATES.			

COMPTABILITÉ.

INSTRUCTIONS GÉNÉRALES. N.os	DATES.	OBJETS.	EXTRAIT DÉTAILLÉ DES INSTRUCTIONS.	OBSERVATIONS.
8	14 brumaire an 10.	DÉPENSES DU SÉNAT, DE LA DIRECTION DES CONTRIBUTIONS DIRECTES etc.	Les dépenses du sénat conservateur, de la direction des contributions directes, celles des bureaux établis près les préfets pour les domaines nationaux et celles de l'administration générale de l'enregistrement ne doivent plus être acquittées par les caisses de l'administration.	
52	6 nivôse an 10.	VERSEMENS.	Recommandation aux receveurs de l'administration de verser sans délai dans les caisses des receveurs de la trésorerie, les bons pour l'équipement des conscrits.	
56	21 dudit.	DÉPENSES INDUEMENT ACQUITTÉES.	Mode de rétablissement dans les caisses de l'administration du montant des dépenses induement acquittées par ses receveurs, pendant le premier trimestre de l'an 10.	
»	29 pluviôse an 10.	ENVOI DES COMPTES	Les directeurs enverront à l'avenir leurs comptes et les pièces à l'appui à l'administration, dans le courant de la deuxième quinzaine du deuxième mois de chaque trimestre.	
50	28 ventôse an 10.	VERSEMENS.	Les versemens ne devront à l'avenir se faire que dans la forme du bordereau indiquée par cette instruction et avec les distinctions de recettes y énoncées.	
»	19 prairial. an 10.	MEMBRES DU CORPS LÉGISLATIF. -- TRAITEMENT.	Ordre de faire payer le traitement des membres du corps législatif qui retournent dans leur département.	
57	25 prairial an 10.	MONNAIE FAUSSE.	Mode de comptabilité des pièces de monnaie fausses, déposées dans les greffes et conciergeries des tribunaux.	*V. la circulaire de l'administration, n.* 1644.
60	3 messidor an 10.	SUPPLÉMENT D'ÉTAPES.	Les receveurs de l'administration ne doivent plus faire d'avance pour supplément d'étapes aux troupes voyageant dans l'intérieur. (*Arrêté des Consuls du 13 brumaire an* 10.)	
63	21 dudit.	DROITS DE PÊCHE.	Les receveurs des domaines sont chargés de recevoir les droits de pêche et de percevoir les amendes de contravention à la loi du 14 floréal an 10 qui les prononce.	
»	3 thermid. an 10.	VERSEMENS. -- ÉPOQUES OÙ ILS DOIVENT ÊTRE FAITS.	Les versemens doivent comprendre tous les produits dont les receveurs sont comptables, et ils doivent être effectués de la part des receveurs de chef-lieu d'arrondissement tous les cinq jours, et le dernier jour de chaque mois par les autres, indépendamment des versemens intermédiaires qui continueront d'avoir lieu toutes les fois qu'il existera en caisse une somme de 5000 fr.	*V. l'instruction générale n.* 95 *et les circulaires des* 5 *thermidor et* 6 *fructidor an* 13 *ci-après*
»	12 dudit.	CRÉANCIERS DE RENTES VIAGÈRES.	Les créanciers directs de rentes viagères sur l'état qui sont en même temps ses débiteurs, sont autorisés à se libérer avec leurs inscriptions viagères. (*Décision du Conseil d'état du* 5 *prairial an* 10, *approuvée le* 6.)	
»	17 thermid. an 10.	OBLIGATIONS POUR ACQUISITION DE DOMAINES.	Les obligations acquittées avec le produit de la revente sur folle-enchère d'un domaine national, doivent être remises à l'inspecteur comme pièces de dépense et non point être versées à la caisse du receveur général.	*V. la circulaire de l'administration n.*° 2057.
»	30 fructidor an 10.	RESTITUTION DE FRUITS ET REVENUS	Il ne doit être fait désormais aucune restitution de fruits et revenus de biens sous le séquestre, que sur ordonnance du ministre des finances. (*Décision du Ministre des finances.*)	*V. ci-après les instructions num.* 428 *et* 440.
75	4 complém. an 10.	MATIÈRES D'OR ET D'ARGENT.	Les receveurs des domaines n'ont droit à la remise sur le montant des matières d'or et d'argent, qu'autant qu'ils en font le recouvrement ou la recette et l'envoi à l'administration des monnaies.	*V. les circulaires de l'administration n.* 884 *et* 1644
87	1.er brum. an 11.	DÉCIME POUR FRANC.	Le décime pour franc doit être perçu sur tous les droits recouvrés depuis la loi 6 prairial an 7, même sur les amendes prononcées antérieurement. (*Décision du Ministre des finances du* 20 *fructidor an* 10.)	

COMPTABILITÉ.

INSTRUCTIONS GÉNÉRALES. N.os	DATES.	OBJETS.	EXTRAIT DÉTAILLÉ DES INSTRUCTIONS.	OBSERVATIONS.
95	15 brumaire an 11.	VERSEMENS. -- RÉDACTION DES BORDEREAUX.	Distinction de recettes à faire dans les bordereaux de versement. Les receveurs de chefs-lieux devront verser tous les cinq jours; les autres, le dernier jour du mois, indépendamment des versemens qu'ils feront quand ils auront plus de 5000 fr. en caisse.	
108	1.er nivôse an 11.	PIÈCES ROGNÉES.	Les pièces rognées ne doivent plus être reçues dans les caisses de l'administration que comme lingots; ordre de les verser avec un bordereau particulier.	
117	29 dudit.	DISTINCTION D'EXERCICE.	On doit faire distinction de l'exercice dans les bordereaux de versement. -- L'année dans laquelle est faite la recette, détermine l'exercice auquel appartient le versement, quelle que soit l'origine de la recette et à quelqu'année qu'elle se rapporte.	
»	3 pluviôse an 11.	RESCRIPTIONS.	Mode de rectifier la comptabilité des receveurs, lorsqu'au lieu de rescriptions du trésor public, ils auront reçu des acquéreurs des maisons et usines, des reconnaissances de dépôt de bons de deux tiers ou de quart délivrés par la caisse d'amortissement.	
»	1.er prairial an 11.	PIÈCES ROGNÉES. TARIF.	Envoi de deux tarifs du taux du change des espèces d'or et d'argent rognées ou altérées dont la démonétisation a été prononcée par la loi du 14 germinal an 11.	
145	3 thermidor an 11.	PIÈCES D'OR ET D'ARGENT ANCIENNES, FRANÇAISES ET ÉTRANGÈRES.	Les espèces d'argent de france antérieures à la refonte ordonnée en 1726, celles étrangères et autres matières d'argent; les espèces d'or de france, antérieures à la refonte ordonnée en 1785, celles étrangères et autres matières d'or, seront payées au change conformément aux tarifs annexés à l'instruction. (*Arrêté du Gouvernement du 17 prairial an 11.*) Les pièces d'or de 24 et de 48 livres fabriquées en vertu de la décision du 30 octobre 1785, qui ont conservé leur poids, sont les seules admissibles pour leur valeur nominale. -- Celles rognées ou altérées ne peuvent être reçues que pour leur poids au prix fixé par le tarif. -- Les écus de 6 livres seront admis pour leur valeur nominale, lorsque la diminution du poids ne sera causée que par le frai. -- Ceux rognés ne seront reçus qu'au poids et au prix fixé par le tarif. -- Les pièces d'argent qui n'auront aucune empreinte légale ou qui n'auront conservé aucune trace de celles qu'elles ont pu avoir, ne seront pas reçues dans les caisses. -- Il ne sera reçu aucune division d'écus en paquet, toutes les pièces seront comptées.	*V. ci-après l'instruction générale num.* 317 *et la circulaire du* 11 *juin* 1807.
163	30 fructidor an 11.	RÉCÉPISSÉS A VÉRIFIER ET A RELEVER PAR LES INSPECTEURS.	Les inspecteurs vérifieront tous les trois mois, chez les receveurs particuliers d'arrondissement, les récépissés délivrés aux préposés de l'administration; ils en dresseront un état triple, conforme au modèle annexé à la présente. Cet état sera signé de l'inspecteur et du receveur particulier, à qui un de ces états restera; les deux autres seront envoyés au receveur général et au directeur. -- Mode de comptabilité des rescriptions délivrées aux préposés de l'administration en remboursement de l'indemnité des législateurs, ou pour supplément d'étape ou pour frais de justice des années antérieures à l'an 11.	*V. la circulaire qui suit.*
»	29 brumaire an 12.	RÉCÉPISSÉS. -- RELEVÉS A FAIRE PAR LE RECEVEUR DU CHEF LIEU.	Les receveurs de l'enregistrement des chefs-lieux d'arrondissemens communaux feront chaque mois à la caisse du receveur particulier, le relevé que l'instruction n.° 163 chargeait les inspecteurs de faire tous les trois mois, des récépissés délivrés pendant le mois précédent aux préposés de l'administration; ils adresseront, dans les cinq premiers jours du mois, copie de cet état au directeur et au receveur général.	

COMPTABILITÉ.

INSTRUCTIONS GÉNÉRALES. N.os	DATES.	OBJETS.	EXTRAIT DÉTAILLÉ DES INSTRUCTIONS.	OBSERVATIONS.
190	6 nivôse an 12.	Récépissés.--Duplicata a envoyer	Les receveurs et les inspecteurs doivent adresser directement au directeur général, et le jour même de leur versement aux caisses du trésor, le duplicata du récépissé qui leur aura été délivré.	*V. ci-après l'instruction n.* 213.
205	1.er ventôse an 12.	Billets souscrits pour fermages.	Pour régulariser la comptabilité des billets souscrits pour fermages postérieurs à l'an 7, renvoyés aux receveurs généraux de département, le montant en sera déduit sur l'état des récépissés de chaque exercice fournis en exécution de la circulaire n.° 2003; mode de cette déduction.	
213	24 dudit.	Distinction des recettes a faire dans les bordereaux de versement.	A partir du 1.er germinal an 12 les employés devront distinguer dans leurs versemens aux caisses des receveurs généraux et particuliers, les recettes ordinaires de celles ayant une destination spéciale, et devront les accompagner de deux bordereaux séparés. Les rescriptions du trésor public et les autres valeurs admissibles, seront considérées comme pièces de dépense et admises avec inventaire dans les comptes de l'administration. Les duplicata des récépisés ne seront plus adressés au directeur général.	
249	28 thermid. an 12.	Récépissés postérieurs a l'état de mois.	Les receveurs ne comprendront point au chapitre de la dépense de leurs états de mois, des récépissés de versemens portant une date postérieure à ce mois, et n'omettront jamais de porter sur ces mêmes états les versemens de traites d'adjudicataires de coupes de bois. Ces obligations sont communes aux directeurs qui doivent en outre comprendre dans leurs états généraux, les versemens faits par les inspecteurs pendant le mois que ces états et bordereaux ont pour objet. Les employés supérieurs sont chargés de surveiller le versement, aux époques prescrites, des recettes des receveurs. --	
		État supplémentaire a l'état du mois de janvier de chaque année.	Pour éviter la confusion des recettes d'une année avec celle qui la précède, les receveurs enverront, pour le mois de janvier de chaque année, deux états, l'un dans la forme du modèle joint à l'instruction pour faire le complément de la comptabilité de l'année révolue, et l'autre rédigé dans la forme ordinaire pour présenter les recettes et dépenses relatives à la nouvelle année.	*V. ci-après la circulaire du* 17 *vendém. an* 14.
"	13 fructidor an 12.	Monnaies anciennes.	Les pièces de 3 livres, 24 sols et 12 sols ne seront désormais admises dans les paiemens qu'autant qu'elles auront conservé une empreinte suffisante pour que l'on puisse reconnaître qu'elles sont de fabrication française et de 1720 et années postérieures. (*Décret impérial du* 25 *thermidor an* 12 *et décision du Ministre des finances.*)	
"	14 dudit.	Compte du timbre du dernier trimestre de l'année.	Le compte de la débite du timbre, lors de l'arrêté des produits du dernier trimestre de l'année, ne doit comprendre que le papier distribué effectivement jusqu'au dernier jour de l'an inclusivement, et non pas jusqu'au jour de l'arrêté des produits. Les receveurs auront soin, le 31 décembre au soir, de faire un état exact des papiers restant en nature qu'ils feront certifier véritable et signer par le maire ou un adjoint de la commune; cet état restera annexé au compte arrêté entre l'inspecteur et le receveur.	
258	14 vendém. an 13.	Débets fictifs.	Les débets fictifs des receveurs des domaines provenant du remboursement fait par ceux-ci au receveur général de département du montant des traites des adjudicataires de coupes de bois revenues à protêt, seront éteints en rapportant des procès-verbaux de carence et certificats d'insolvabilité, vérifiés et attestés par leur directeur et visés par les autorités constituées des lieux de la résidence des adjudicataires. (*Décis. du Ministre du trésor du* 27 *messidor an* 12.)	

COMPTABILITÉ.

INSTRUCTIONS GÉNÉRALES. N.os	DATES.	OBJETS.	EXTRAIT DÉTAILLÉ DES INSTRUCTIONS.	OBSERVATIONS.
261	10 frimaire an 13.	Obligations des engagistes à réserver en caisse.	Les receveurs des domaines réserveront en caisse les obligations qu'ils recevront des engagistes et des débiteurs de rentes, pour en faire le recouvrement à l'échéance, et en verser ensuite le montant au receveur particulier de l'arrondissement. (*Décis. du Ministre des finances.*)	
262	16 dudit.	Retenues pour congé.	Mode de la comptabilité des retenues par suite de congés. -- Elles doivent être liquidées sur les portions de remises ou les frais de bureau alloués par trimestre et non par année.	
,,	6 nivôse an 13.	Effets et créances à convertir en rescriptions.	Les effets de la dette publique, créances des ministères etc., doivent être convertis en rescriptions du trésor public pour que leur admission dans les caisses de l'administration soit régulière.	
,,	13 ventôse an 13.	Nouvelles mesures.	Ordre de veiller à ce que l'usage effectif et exclusif des nouvelles mesures soit généralement établi pour toutes les opérations confiées à l'administration de l'enregistrement, et suivi dans tous ses actes.	
282	17 floréal an 13.	Pièces de dépense. -- Visa du directeur.	Les receveurs ne pourront acquitter à l'avenir aucune ordonnance, mandats, ni exécutoires, à l'exception des frais de justice qui se payent d'urgence, sans le visa du directeur du département. -- Les saisies-arrêts et oppositions aux paiemens à faire par les préposés de l'administration pour les objets susceptibles d'être ainsi arrêtés, ne seront valables qu'autant qu'elles auront été notifiées au directeur du département où le paiement devra être effectué. (*Décr. imp. du 13 pluv. an 13.*)	*V. ci-après les instructions générales num.* 324, 359, 412 *et* 478.
,,	5 thermid. an 13.	Versemens.	Ordre à tous les receveurs de verser exactement les recettes de chaque mois et de ne conserver en caisse que les sommes absolument indispensables pour les dépenses urgentes; indiquer dans les états de mois le montant par nature du restant en caisse, lorsqu'il n'est pas entièrement en numéraire et qu'il provient ou de débets fictifs ou de pièces de dépenses non régularisées.	
,,	6 fructidor an 13.	*Idem.*	Les versemens aux caisses du trésor public doivent comprendre la totalité des recettes, déduction faite des dépenses, et être faits aux époques prescrites; on ne doit réserver de fonds sous aucun prétexte. Le produit de la débite du timbre doit être versé avec les autres recettes, et les receveurs ne doivent jamais en garder jusqu'à l'expiration du trimestre.	
,,	17 vendém. an 14.	Exercices.	La comptabilité de l'administration se règle par année. Les produits d'une année et qui doivent être versés avec imputation sur cette année, sont tous ceux qui, pendant toute sa durée, ont été portés en recette. Règle à suivre pour régulariser la comptabilité lors du passage d'une année à l'autre; état supplémentaire à fournir à celui du dernier mois de l'année.	
294	30 brumaire an 14.	Recettes et dépenses des 100 1.ers jours de l'an 14 et de 1806.	Mode de la comptabilité des recettes et dépenses pour les cent premiers jours de l'an 14 et l'an 1806 à raison du rétablissement du calendrier grégorien.	
,,	7 nivôse an 14.	Remises des receveurs.	Addition à l'instruction num. 294 ci-dessus, relative au mode d'allocation des remises des receveurs, du 1.er vendémiaire an 14 au 1.er janvier 1806.	
,,	23 mai 1806	Mandats délivrés par les préposés du trésor.	Les receveurs ne doivent pas acquitter des mandats qui seraient tirés sur eux par des préposés du trésor public.	
315	8 août 1806.	Défense de faire des avances de fonds.	Les receveurs ne doivent faire aucun avance des fonds de leur caisse à qui que ce soit, sans l'autorisation du directeur général, à peine de rejet de la dépense dans leurs comptes.	

COMPTABILITÉ.

INSTRUCTIONS GÉNÉRALES. N.os	DATES.	OBJETS.	EXTRAIT DÉTAILLÉ DES INSTRUCTIONS.	OBSERVATIONS.
317	11 septemb. 1806.	MONNAIES ÉTRANGÈRES.	Les monnaies étrangères ne sont pas admissibles en paiement des sommes dues au trésor public.	*V. les circulaires de l'administration num.* 1053, 1162 *et* 1667.
„	13 octobre 1806.	AMENDES DES DÉSERTEURS.	Les receveurs doivent distinguer dans leurs bordereaux de versement les recettes provenant des amendes des déserteurs des troupes de terre, de celles des déserteurs de la marine.	
„	25 décemb. 1806.	RECETTES ET VERSEMENS DE LA FIN DE 1806.	Envoi de l'arrêté du directeur-général relatif à la comptabilité des recettes et versemens de la fin d'année 1806.	
„	31 janvier 1807.	COUPES DE BOIS COMMUN.x - VERSEMENT. - DÉDUCTION DE LA REMISE DU RECEVEUR.	Le versement du prix principal des coupes extraordinaires des bois communaux, doit toujours être fait sous la déduction de la remise des receveurs, soit que le paiement s'en fasse en numéraire ou en traites. -- Mode de cette déduction dans ce dernier cas.	
324	9 avril 1807.	ÉTATS DES PORTS DE LETTRES DES MAGISTRATS, NON SOUMIS AU VISA DU DIRECTEUR.	Les mandats délivrés aux magistrats, pour le remboursement de leurs frais de ports de lettres et paquets ne sont point soumis au visa du directeur. (*Décision du Grand-Juge Ministre de la justice.*)	
„	4 juin 1807.	PASSE DE SACS.	La retenue pour *passe de sacs* ne doit être faite qu'à raison de 05 cent. pour 200 francs pour les espèces de cuivre et de billon, comme pour celles d'or et d'argent. (*Lettre du Ministre du trésor public.*)	*V. ci-après l'instruction générale n.°* 446.
„	11 dudit.	MONNAIES ÉTRANGÈRES DE BILLON ET DE CUIVRE.	Les monnaies étrangères de billon et de cuivre ne sont pas admissibles dans les caisses publiques. On doit admettre pour leur valeur nominale les monnaies d'or et d'argent fabriquées dans le royaume d'Italie à l'effigie de S. M. (*Décret impérial des 24 janvier et 11 mai* 1807.)	*Addition à l'instruction générale num.* 317.
359	12 septemb. 1807.	SAISIE-ARRÊT OU OPPOSITION.	Formes à suivre pour les saisies-arrêts ou oppositions entre les mains des receveurs dépositaires ou administrateurs de caisses ou de deniers publics. (*Décret impérial du 18 août* 1807.)	
„	7 novemb. 1807.	COUPES DE BOIS. -- REMISE DES RECEVEURS.	Faire insérer dans le cahier des charges pour l'adjudication des coupes de bois, la clause qui oblige formellement les adjudicataires à payer, sur le prix de l'adjudication, la somme en numéraire nécessaire pour couvrir le trésor du montant de la remise à allouer aux receveurs.	
„	25 dudit.	GAGES DES GARDES-BOIS. -- REMISES.	Il n'est dû aucune remise aux receveurs des domaines, pour le paiement des gages des gardes bois des communes et établissemens publics dont ils peuvent être chargés. -- Ordre de faire cesser cet abus.	
„	11 mars 1808.	MONNAIE DE BILLON.	La monnaie de billon de 10 centimes, fabriquée en vertu de la loi du 15 septembre 1807, ne doit être donnée et reçue qu'à découvert et seulement pour les appoints d'un franc et au-dessous. (*Décret impérial du 21 février* 1808.)	
„	21 dudit.	NOUVELLE FORME DES BORDEREAUX DE VERSEMENT.	Nouvelle forme des bordereaux de versement. Coupure des récépissés à se faire délivrer par les receveurs du trésor lorsque le bordereau comprend des recettes versées sans destination, avec celles ayant une destination spéciale.	*V. ci-après l'instruction générale n.°* 457.
„	20 juillet 1808.	BORDEREAU MENSUEL DES VERSEMENS.	Bordereau mensuel des versemens à envoyer au ministre du trésor public.	
„	29 dudit.	COUPURES DE RÉCÉPISSÉS.	Les coupures de récépissés délivrées aux receveurs ou aux inspecteurs, doivent remplacer dans la comptabilité de 1808 les récépissés originaux, et sont seules admissibles en dépenses.	*Idem*
407	30 novemb. 1808.	CONTESTATIONS SUR INTÉRÊTS DES DEBETS.	Les contestations qui s'élèveront entre l'administration et ses préposés tant sur les demandes d'intérêts pour cause de débet,	

INSTRUCTIONS GÉNÉRALES. N.os	DATES.	OBJETS.	EXTRAIT DÉTAILLÉ DES INSTRUCTIONS.	OBSERVATIONS.
			que sur toutes autres questions relatives à leur comptabilité seront soumises à la décision du ministre des finances, sauf le recours au conseil d'état. (*Avis du Conseil d'état du 9 juillet 1808.*)	
412	5 janvier 1809.	FRAIS URGENS DE JUSTICE, PORTS DE LETTRES DES MAGISTRATS. -- VISA. REMISES DES GREFFIERS.	Les mandats, ordonnances et exécutoires qui ont pour objet les indemnités aux jurés, taxes de témoins et autres frais de justice urgens, ainsi que le remboursement des frais de ports de lettres et paquets adressés aux magistrats de l'ordre judiciaire, sont les seuls exempts du visa du directeur des domaines. Tous les autres y sont assujettis et notamment les mandats des présidens des tribunaux pour les remises des greffiers.	
,,	6 février 1809.	COMPTE D'ORDRE DE 1808.	Compte d'ordre des recettes et dépenses faites pendant l'an 1808; observations sur sa formation. L'envoi à l'administration doit être fait au 1.er mai pour tout délai.	
,,	22 mars 1809.	ENVOI DU COMPTE D'ORDRE DE 1808.	Nouveau délai prorogé jusqu'au 1.er octobre 1809 pour la formation et l'envoi du compte d'ordre de 1808.	
428	17 avril 1809.	RESTITUTIONS DE REVENUS.	Les restitutions de revenus nationaux comme celles à faire à des créanciers d'individus dont les biens sont séquestrés, soit pour secours ou provision, etc., ne peuvent être faites que sur l'approbation du ministre des finances; les mandats des préfets doivent faire mention de cette autorisation.	
431	24 mai 1809.	RÉCÉPISSÉS PARTICULIERS A CONVERTIR CHAQUE TRIM.e EN UN RÉCÉPISSÉ COLLECTIF.	Les directeurs formeront chaque trimestre un état des récépissés délivrés aux préposés pendant les trois mois précédens, et remettront tous les récépissés au receveur général qui leur en délivrera un collectif d'une valeur égale à leur montant. Ce récépissé collectif n'est pas sujet au visa du préfet.--Il en sera fait un semblable pour les versemens étrangers à l'administration. Cet état, fait à double, sera l'un envoyé au ministre du trésor, l'autre joint à la comptabilité.	
440	18 juillet 1809.	RESTITUTIONS DE REVENUS.	La décision du ministre des finances relative aux restitutions est applicable aux restitutions de toute nature; il n'y a d'exceptées que celles qui ont pour objet les remboursemens de loyers et fermages aux acquéreurs qui ont soldé. (*Décision du Ministre des finances du 7 juillet 1809.*)	
446	11 août 1809.	PASSE DE SACS.	La retenue usitée sous la dénomination de passe de sacs qui a lieu dans les paiemens, ne pourra avoir lieu que dans les paiemens en pièces d'argent de 500 francs et au-dessus, pour lesquels le débiteur fournit le sac et la ficelle. Chaque sac devra contenir au moins 1000 francs et sera payé sur le pied de 15 centimes. (*Déc. impérial du 1.er juillet 1809.*)	
457	14 décemb. 1809.	RÉCÉPISSÉS DE VERSEMENT. --- COUPURES SUPPRIMÉES.	Nouvelles explications pour assurer l'exécution des mesures indiquées par l'instruction n. 431 relative aux récépissés de versement. Ordre de verser séparément les recettes appartenant à l'administration et celles qui lui sont étrangères.--On ne délivrera plus à l'avenir de coupures de récépissés.	*V. la circulaire du 8 août 1810 ci-après.*
478	15 juin 1810.	PAIEMENT EN CAS D'OPPOSITION OU DE SAISIE-ARRÊT.	Formes à suivre relativement aux paiemens à faire par les préposés de l'administration lorsqu'il y a opposition ou saisie-arrêt.	
479	20 dudit.	REMISES DES RECEVEURS. -- NOUVELLE FIXATION.	Nouvelle fixation des remises des receveurs de l'administration à compter du 1.er janvier 1810, laquelle entr'autres dispositions, fait cesser la stagnation que produisait leur liquidation d'après la loi du 14 août 1793, et fixe le *minimum* à 600 francs. (*Décret impérial du 25 mai 1810.*)	
485	17 juillet 1810.	DÉBETS EN ASSIGNATS ET MANDATS.	On continuera de se conformer, pour la réduction en numéraire des débets et des avances en assignats et mandats, aux circulaires de l'administration, numéros 1054 et 1064.	

COMPTABILITÉ.

INSTRUCTIONS GÉNÉRALES. N.os	DATES.	OBJETS.	EXTRAIT DÉTAILLÉ DES INSTRUCTIONS.	OBSERVATIONS.
„	27 juillet 1810.	CORPORATIONS RELIGIEUSES. - ÉTATS ROMAINS.	Paiement aux membres des corporations religieuses supprimées dans les états romains, du montant de leurs pensions jusqu'au 1.er octobre 1810. (*Décret impérial du* 6 *juillet* 1810.) Mode de ce paiement.	
„	8 août 1810.	RÉCÉPISSÉS DE VERSEMENT.	Explications pour l'exécution de l'instruction n.° 457, relative aux récépissés de versement.	
„	4 septemb. 1810.	MONNAIE DE CUIVRE.	Décret impérial du 18 août 1810, qui ordonne au ministre du trésor de retirer de la circulation toutes les pièces de monnaie de cuivre actuellement existantes dans les caisses publiques; la monnaie de cuivre de fabrication française ne pourra être employée que pour l'appoint de la pièce de 5 francs; réduction de la valeur des pièces de 6, 12 et 24 sols à 25 centimes 50 cent. et 1 franc.	
„	19 dudit.	PIÈCES D'OR ET D'ARGENT.	Réduction de la valeur en francs des pièces d'or de 48 et 24 liv. tournois, et des pièces d'argent de 6 livres et 3 livres tournois. (*Décret impérial du* 12 *septembre* 1810.)	
„	12 octobre 1810.	MONNAIES RÉDUITES. -- VERSEMENT	Versement à faire des espèces réduites par les décrets impériaux des 18 août et 12 septembre 1810. Mode d'admission en dépense de la différence entre la valeur de ces pièces au moment où elles ont été reçues et celles résultant de la réduction ordonnée par ces décrets.	
505	18 janvier 1811.	COMPTES D'ORDRE DE 1809.	Mode à suivre pour la formation du compte d'ordre de 1809.	
„	25 fév. 1811	DIRECTION GÉNÉRALE DE LA CONSCRIPTION.	Les comptes de l'administration ne devront plus présenter de débets pour avances faites par elle pour frais de poursuites ou frais de justice à la charge de la direction générale de la conscription; il ne sera plus alloué dans les comptes des frais d'expropriation forcée poursuivie au nom de cette direction, même lorsque les biens ont été adjugés à l'état.	
514	18 avril 1811.	TERRAINS DES FORTIFICATIONS. -- HÔTEL DES INVALIDES	Mode de comptabilité des revenus des terrains dépendans des places fortes; affectation de ces revenus à l'hôtel impérial des invalides. (*Décret impérial du* 25 *mars* 1811.)	
523	28 mai 1811.	PORT D'ARMES -- DÉLITS. -- GRATIFICATION.	La gratification de 3 francs accordée aux agens qui ont constaté des contraventions en matière de délits de chasse et de port d'armes ne sera acquittée qu'ensuite d'une condamnation et sur mandat du préfet visé par le directeur. (*Décision du Ministre des finances du* 11 *juillet* 1810.) Cette dépense sera classée sur les états de mois et bordereaux de compte avec celle des passe-ports et permis de port d'armes.	*V. l'instruction générale n.* 543. § 3, *au titre* timbre.
524	29 dudit.	PASSEPORTS A L'INTÉRIEUR.	Voir l'instruction sous ce n.° au titre *Timbre*.	
567	16 mars 1812.	DISTINCTION DES FONDS GÉNÉRAUX ET SPÉCIAUX.	A dater du 1.er janvier 1812 la comptabilité est divisée en fonds généraux et fonds spéciaux. Formation de nouveaux comptes et états de mois.	
571	6 avril 1812.	ÉTATS DE VERSEMENT — RECEVEURS GÉNÉRAUX. -- CERTIFICAT.	Modèle du certificat à apposer par les directeurs sur les états de versement que les receveurs généraux produisent à l'appui de leurs comptes.	
586	26 juin 1812.	RESCRIPTIONS POUR ASSIGNATS ET MANDATS.	A dater du 1.er janvier 1812 les recettes provenant de rescriptions pour assignats et mandats, sont regardées comme une simple régularisation, et ne sont plus passibles de la remise ordinaire fixée par le décret du 25 mai 1810. (*Décision du Ministre des finances du* 19 *mai* 1812.)	
589	13 juillet 1812.	FRAIS DE JUSTICE. -- PAIEMENT. -- OPPOSITION.	Lorsqu'il y aura opposition au paiement d'un mandat pour frais de justice, le receveur chargé de l'acquitter versera le	

INSTRUCTIONS GÉNÉRALES. N.os	DATES.	OBJETS.	EXTRAIT DÉTAILLÉ DES INSTRUCTIONS.	OBSERVATIONS.
			montant de la portion saisie, entre les mains des receveurs généraux ou particuliers pour le compte de la caisse d'amortissement et à titre de dépôt, et ceux-ci en donneront quittance au pied du mandat même. Ce mandat, ainsi quittancé par la partie et par le receveur général, sera admis pour sa valeur totale dans les comptes de l'administration (*Décis. du Grand-Juge et du Ministre des finances.*) Avis à donner à la caisse d'amortissement du paiement fait à son agent.	
611	16 novemb. 1812.	PRIX DES PASSE-PORTS A L'INTÉRIEUR. -- VERSEMENS.	A compter du 1.er janvier 1813, les percepteurs des contributions verseront directement à la caisse du receveur de l'enregistrement du chef-lieu de leur arrondissement, la recette du prix des passe-ports à l'intérieur qui auront été délivrés dans le mois, déduction de leur remise de 3 pour cent. Mesures prescrites pour s'assurer de l'exactitude des percepteurs ou, à défaut, pour les contraindre au versement du prix des passe-ports dont ils seraient débiteurs. (*Décision des Ministres des finances et du trésor, du 6 novembre 1812.*)	
612	18 dudit.	RÉCÉPISSÉS A CONVERTIR A LA FIN DE CHAQUE ANNÉE EN UN RÉCÉPISSÉ DÉFINITIF.	Il sera délivré dans les premiers jours de décembre de chaque année, par le receveur général du département au receveur des domaines, un récépissé spécial et définitif en échange 1.° des récépissés à talon pour versement des traites des adjudicataires des coupes de bois échéant le 31 décembre ; 2.° de numéraire en remboursement d'erreurs relevées, et 3.° en remplacement de pièces de dépenses rejetées des comptes antérieurs. (*Décisions des Ministres des finances et du trésor.*)	

INSTRUCTIONS GÉNÉRALES.		OBJETS.	EXTRAIT DÉTAILLÉ DES INSTRUCTIONS.	*OBSERVATIONS.*
N.os	DATES.			

INSTRUCTIONS GÉNÉRALES.		OBJETS.	EXTRAIT DÉTAILLÉ DES INSTRUCTIONS.	*OBSERVATIONS.*
N.os	DATES.			

INSTRUCTIONS GÉNÉRALES.		OBJETS.	EXTRAIT DÉTAILLÉ DES INSTRUCTIONS.	*OBSERVATIONS.*
N.os	DATES.			

INSTRUCTIONS GÉNÉRALES.		OBJETS.	EXTRAIT DÉTAILLÉ DES INSTRUCTIONS.	*OBSERVATIONS.*
N.os	DATES.			

DOMAINES. -- Aliénations et Décomptes.

INSTRUCTIONS GÉNÉRALES: N.os	DATES.	OBJETS.	EXTRAIT DÉTAILLÉ DES INSTRUCTIONS.	OBSERVATIONS.
22	21 frimaire an 10.	Bons pour l'habillement et l'armement des conscrits.	Les bons pour l'habillement et l'armement des conscrits ne seront plus admis immédiatement en paiement de domaines nationaux. (*Arrêté des Consuls du 5 frimaire an 10.*)	
29	29 dudit.	Dépossession.	Ordre de surseoir à la dépossession des acquéreurs de maisons et usines qui n'ont pas soldé leur acquisition. (*Lettre du Ministre des finances du 27 frimaire an 10.*)	
,,	9 ventôse an 10.	Rescriptions en tiers provisoire.	Les rescriptions du trésor public en tiers provisoire, continueront d'être admissibles en paiement de domaines nationaux aliénés en vertu des lois qui autorisaient les acquéreurs à se libérer avec ces valeurs avant la loi du 11 frimaire an 8.	*V. la circulaire de l'administ.on num. 1716.*
45	18 dudit.	Déchéance.	Les acquéreurs de maisons et usines nationales payables en bons *deux tiers* qui n'ont pas acquitté le premier sixième du prix de leur acquisition, sont définitivement déchus. --- Ceux qui ont payé ce sixième et qui sont redevables du surplus du prix, sont autorisés à en verser la valeur en numéraire au cours du mois de leur adjudication. -- A défaut de paiement, l'administration de l'enregistrement prendra de suite possession de tous les biens compris dans les dernières adjudications, en conformité de la loi du 30 ventôse an 9. (*Arrêté des Consuls du 3 ventôse an 10.*)	
»	25 dudit.	Décompte.-- Déchéance.	Le mode du décompte à faire avec les acquéreurs de maisons et usines qui ont encouru la déchéance, pour les paiemens à compte qu'ils auront pu faire sur leur adjudication, sera déterminé d'après les dispositions de la loi du 11 frimaire an 8.	
54	18 floréal an 10.	Cédules des acquéreurs de domaines.	L'administration de l'enregistrement est chargée de recouvrer le montant des cédules non acquittées des acquéreurs de domaines nationaux -- Mode de ce recouvrement et de la comptabilité de ces effets.	
59	2 messidor an 10.	Rescriptions et billets du syndicat.	Les rescriptions de la trésorerie pour titres de délégations et pour billets du syndicat, seront reçues indistinctement par les receveurs des domaines en paiement du prix des domaines ruraux aliénés en exécution de la loi du 26 vendémiaire an 7 et des ventes plus anciennes, lorsque l'adjudicataire devra se libérer en numéraire et qu'il n'aura pas souscrit de cédules. (*Arrêté des Consuls du 13 pluviôse an 10.*) -- Ces dispositions ne s'appliquent pas aux ventes faites en exécution de la loi du 27 brumaire an 7.	*V. les circulaires de l'administr.on numéros 1746 et 1808.*
,,	5 messidor an 10.	Rescriptions.	La date de la rescription de la trésorerie pour titre de délégation et pour billets du syndicat, doit être considérée comme la véritable époque du paiement et de la libération de l'acquéreur (*Décision du Ministre des finances.*)	
61	6 dudit.	Lois des 15 et 16 floréal an 10.	Envoi des lois des 15 et 16 floréal an 10 sur la vente des domaines nationaux. -- Instruction pour son exécution.	
,,	11 messidor an 10.	Sommiers des ventes.	Sommiers ou comptes ouverts pour les domaines vendus en exécution des lois des 15 et 16 floréal an 10, à tenir dans chaque division de correspondance de l'administration centrale. -- Errata à corriger dans l'instruction n.° 61.	
64	27 dudit.	Paiemens en assignats ou mandats.	Les paiemens faits en assignats ou mandats par des acquéreurs de domaines, pour des ventes antérieures à la loi du 28 ventôse an 4, valeur nominale, tant que ces papiers ont été en circulation, sont déclarés valables. (*Arrêté des Consuls du 22 prairial an 10.*)	
,,	17 thermid. an 10.	Obligations d'acquéreurs.	Les obligations acquittées avec le produit de la revente sur folle enchère doivent être remises comme pièces de dépense à l'inspecteur et non point être versées à la caisse du receveur général.	*V. la circulaire de l'administration num. 2057.*

DOMAINES. -- Aliénations et Décomptes.

Instructions générales. N.os	Dates.	Objets.	Extrait détaillé des instructions.	Observations.
»	17 thermid. an 10.	Déchéance.	Les acquéreurs de domaines en exécution des lois des 26 vendémiaire an 7 et 11 frimaire an 8, qui n'auront pas acquitté, avant le premier frimaire an 11, les termes échus de leur adjudication soit en numéraire soit en valeurs représentatives, sont définitivement déchus. (*Décision des Consuls.*)	
»	17 fructidor an 10.	Acquéreurs de maisons et usines.	Les acquéreurs de maisons et usines payables en bons *deux tiers* en exécution de la loi du 27 brumaire an 7, ont pu se libérer du prix de leur acquisition en versant des rescriptions pour bons *deux tiers* d'une date antérieure à l'arrêté des consuls du 3 ventôse an 10.	
»	28 fructidor an 10.	Mandats et assignats.	L'époque à laquelle les mandats et assignats ont été retirés de la circulation a été fixée au premier germinal an 5; en conséquence, les acquéreurs de domaines, antérieurs à la loi du 28 ventôse an 4, ont pu valablement se libérer jusqu'à cette époque en valeur nominale. (*Décision du Ministre des finances du 25 fructidor an 10.*)	
79	20 vendém. an 11.	Acquéreurs de maisons et usines.	Les receveurs des domaines ne recevront plus des acquéreurs des maisons et usines autorisés à se libérer en bons *deux tiers*, des reconnaissances de dépôt de ces effets, mais seulement des rescriptions du trésor public ou du numéraire. -- Ordre de regarder comme non avenus les ordres contenus dans la circulaire de l'administration n.° 2026.	
80	20 dudit.	Obligations non acquittées. -- Intérêts.	Les acquéreurs de domaines qui n'ont pas acquitté à leur échéance les obligations par eux souscrites, doivent des intérêts jusqu'au jour du payement, soit que ces obligations aient été ou non protestées (*Décision du Ministre des finances du 9 vendémiaire an 11.*)	
84	27 dudit.	Prix d'adjudication. -- Intérêts.	Les acquéreurs de domaines nationaux qui n'ont pas acquitté les termes du prix de leur adjudication à l'échéance, doivent payer les intérêts des intérêts, sans distinction entre les aliénations. (*Décision du Ministre des finances du 16 vendémiaire an 11.*)	
86	29 dudit.	Acquéreurs de maisons et usines. -- Intérêts.	Les acquéreurs de maisons et usines nationales, en exécution de la loi du 27 brumaire an 7, doivent les intérêts des sommes qu'ils n'ont pas acquittées à l'échéance; le montant n'en peut être payé à la caisse du receveur des domaines qu'en rescriptions du trésor public. (*Décision du Ministre des finances du 7 vendémiaire an 11.*)	
»	7 frimaire an 11.	Déchéance.	Les acquéreurs de domaines vendus avant le 15 floréal an 10 qui ne se seraient point libérés, soit en numéraire soit en rescriptions expédiées en leur nom, antérieurement au premier frimaire an 11, sont définitivement déchus. -- Ordre de reprendre possession des biens.	
109	5 nivôse an 11.	*Idem.*	Ordre de prendre de suite possession des maisons et usines dont les acquéreurs ont encouru la déchéance depuis le premier vendémiaire an 11. (*Lettre du Ministre des finances du 26 frimaire an 11.*)	
»	17 ventôse an 11.	Liquidation.	L'administration continue depuis la suppression du bureau de liquidation établi près d'elle, d'arrêter les décomptes des acquéreurs de domaines.	
»	23 dudit.	Rescriptions *Montjoyeux.*	Les receveurs admettront en payement des domaines vendus en exécution des lois des 26 vendémiaire an 7 et 11 frimaire an 8, des rescriptions signées *Richard Montjoyeux*, pour lesquelles ils n'exigeront point d'intérêts au de-là du 30 frimaire an 11. (*Lettre du Ministre des finances du 21 nivôse an 11.*)	

INSTRUCTIONS GÉNÉRALES. N.os	DATES.	OBJETS.	EXTRAIT DÉTAILLÉ DES INSTRUCTIONS.	OBSERVATIONS.
»	22 pluviôse an 11.	Reventes a folle enchère.	Les reventes à la folle enchère des acquéreurs déchus ne peuvent avoir lieu que pour les domaines à raison desquels il a été souscrit des cédules; les reventes doivent être faites purement et simplement dans le cas contraire, ou lorsque les cédules ne sont pas sorties des mains des receveurs des domaines ou de celles des receveurs généraux. (*Décision du Ministre des finances.*)	
»	8 floréal an 11.	Distinction des valeurs.	Les décomptes des acquéreurs de domaines nationaux et les bordereaux de restitution doivent distinguer dans la portion payable en numéraire, celle qui aura été payée en valeurs admises comme numéraire.	
»	26 dudit.	Reventes a folle enchère.	Les reventes doivent être faites à la folle enchère lorsque les cédules ont été retirées des caisses de la trésorerie à *paris* et recouvrées par les receveurs de l'administration pour son compte direct.	
155	21 floréal an 11.	Effets a recouvrer pour le compte du trésor public.	État à adresser par les directeurs, chaque mois, des rentrées effectuées par les receveurs de l'administration sur le montant des effets qu'ils auront été chargés de recouvrer pour le compte du trésor public. -- Distinction à faire sur les bordereaux de compte et de versement des intérêts courus sur ces effets -- Mode de leur comptabilité.	
»	16 prairial an 11.	Arrérages d'inscriptions.	Le montant des retenues d'arrérages d'inscriptions données en payement de domaines nationaux doit, dans les décomptes, être imputé sur les intérêts à la charge des adjudicataires.	
»	22 messidor an 11.	Biens non susceptibles d'être vendus.	Biens nationaux non susceptibles d'être vendus à raison de leur nature ou de leur affectation. Ordre de suivre avec activité la vente des domaines en exécution des lois des 15 et 16 floréal an 10.	
161	23 fructidor an 11.	Acquéreurs de batimens et usines.	Les acquéreurs de bâtimens et usines qui n'avaient pas soldé le prix de leur acquisition le premier vendémiaire an 11, sont en déchéance. -- Tous les anciens acquéreurs en vertu des lois des 28 vendémiaire an 7 et 11 frimaire an 8, qui n'ont pas soldé le prix de leur acquisition le premier frimaire an 11, sont également déchus. Ordre de provoquer l'arrêté de déchéance et la reprise de possession.	
»	30 dudit.	Acquéreurs en déchéance.	Les acquéreurs en déchéance pourront être admis à s'acquitter soit en numéraire, soit en rescriptions *Richard Montjoyeux*, pourvu qu'ils soldent la totalité des sommes exigibles en principal, intérêts et frais, avant que leurs biens aient été compris dans l'affiche approuvée par le préfet pour parvenir à la revente. (*Décision du Ministre des finances.*)	
»	8 frimaire an 12.	*Idem.*	Les acquéreurs de domaines en retard, admis à s'acquitter en vertu de la décision portée par la circulaire du 30 fructidor an 11, ne le pourront qu'en justifiant par certificat des préfets, que les biens par eux acquis ne sont ni affectés à un service public ni compris dans une affiche approuvée par le préfet pour parvenir à la revente.	
»	14 frimaire an 12.	*Idem.*	Les receveurs des domaines ne devront admettre les rescriptions présentées par les acquéreurs en retard, qu'autant qu'au jour de la présentation à leur caisse, les biens dont elles doivent acquitter le prix, ne feront partie d'aucune affiche de vente ni d'aucun état de réserve. (*Lettre du Ministre des finances du 10 frimaire an 12.*)	
165	24 dudit.	Décomptes - Remises.	Les décomptes des acquéreurs de domaines seront arrêtés définitivement par les directeurs de l'enregistrement. Compte à rendre de leurs opérations. -- Remise accordée aux direc-	

DOMAINES. -- Aliénations et Décomptes.

Instructions générales N.os	Dates.	Objets.	Extrait détaillé des instructions.	Observations.
			ecteurs et aux receveurs sur les rentrées qu'ils feront effectuer. (*Arrêté du Gouvernement du 4 thermidor an 11.*)	
,,	24 pluviôse an 12.	Émigrés rayés ou éliminés. -- Restitution.	Ne peuvent être restitués aux émigrés, rayés, éliminés ou amnistiés, les biens vendus sur eux et rentrés sous le séquestre par déchéance; les acquereurs des portions indivises de biens d'émigrés auxquels on a restitué les sommes payées sur le prix de la vente qui leur en a été passée, sont admis à suivre l'effet de leur contrat, s'ils en ont consigné le montant en capital et intérêts, et si les biens n'ont pas été compris, depuis la déchéance, dans les affiches de reventes ou dans les états de réserve. (*Décision du Ministre des finances du 20 pluviôse an 12.*)	
,,	6 ventôse an 12.	Restitutions.	Il n'y a pas lieu de rembourser les sommes payées par les acquéreurs de domaines nationaux antérieurement à l'arrêté du 22 prairial an 10, au de-là de celles prétendues par eux seulement exigibles d'après ses dispositions; les cédules souscrites avant cet arrêté doivent être acquittées. (*Arrêté du Gouvernement du 21 pluviôse an 12.*)	
210	17 dudit.	Acquéreurs. -- Créances sur émigrés.	Les employés de l'administration n'exerceront désormais de poursuites contre les acquéreurs de domaines qui ont donné en paiement provisoire des créances sur des individus frappés de confiscation, que dans le cas où à défaut de justifier de leur liquidation définitive, ils ne pourraient représenter un certificat du préfet, constatant le dépôt de leurs titres etc. (*Décision du Ministre des finances du 27 pluviôse an 12.*)	
212	19 ventôse an 12.	Acquéreurs en retard. -- Intérêts des intérêts.	Les acquéreurs de domaines nationaux en retard de payer les termes échus du prix de leur adjudication, doivent les intérêts des intérêts, lorsque la dernière échéance de paiement est arrivée. (*Décision du Ministre des finances du 11 ventôse an 12.*)	
215	28 dudit.	Vente des domaines dans les départemens du Piémont.	Loi du 5 ventôse an 12 sur la vente des domaines nationaux dans les départemens de la doire, de la sesia, du pô, de la stura et du tanaro, jusqu'à concurrence de 40,000,000f Mode de cette vente. Modification apportée par cette loi sur la mise à prix des autres domaines nationaux à vendre.	
,,	22 germinal an 12.	Acquéreurs d'églises.	Les acquéreurs d'églises ne doivent pas jouir de la prime accordée par la loi du 13 thermidor an 4 aux acquéreurs de maisons d'habitation. (*Décision du Ministre des finances du 9 germinal an 12.*)	*V. ci-après la circulaire du 13 messidor an 12.*
222	8 floréal an 12	Poursuites. -- Sursis.	Le sursis aux poursuites autorisé en faveur des acquéreurs de domaines nationaux vendus antérieurement au 28 ventôse an 4, par la décision du ministre des finances du 27 pluviôse an 12 (*instruction générale n.° 210.*), s'applique aux acquéreurs en vertu des lois des 9 vendémiaire et 24 frimaire an 6. (*Lettre du Ministre des finances du 23 germinal an 12.*)	*V. les circulaires de l'administration n.os 1129, 1178 et 1229.*
223	15 floréal an 12.	Rescriptions. -- Caisse d'amortissement.	Seront admis en paiement des quatre derniers termes du prix des domaines vendus en exécution des lois des 15 et 16 floréal an 10, dix millions de rescriptions que la caisse d'amortissement a été autorisée à négocier par arrêté du gouvernement du 28 ventôse an 12.	
226	9 prairial an 12.	Paiement anticipé. -- Prime.	Il y a lieu d'allouer la prime de 18 pour cent, accordée par la loi du 13 thermidor an 4, à tout acquéreur qui en exécution de cette loi a soldé, dans le mois de sa publication, le paiement total de son acquisition, et sur les paiemens faits dans cet intervalle, lors même que l'acquisition ne serait pas	

INSTRUCTIONS GÉNÉRALES. N.os	DATES.	OBJETS.	EXTRAIT DÉTAILLÉ DES INSTRUCTIONS.	OBSERVATIONS.
			soldée, pourvu qu'il justifie par une quittance du receveur qu'il en a eu l'intention. Elle sera aussi allouée sur les sommes provenant du règlement du décompte, en justifiant qu'on leur a restitué un excédant ou qu'il a été induit en erreur par le mode vicieux suivi par le receveur pour la formation des décomptes. (*Décision du Ministre des finances, du 28 floréal an 12.*)	
235	11 messid. an 12.	Acquéreurs déchus. -- Amende du 10.e du prix.	Les acquéreurs de domaines nationaux d'après les lois des 15 et 16 floréal an 10, en retard de paiement, ne peuvent être relevés de la déchéance qu'en acquittant l'amende du dixième du prix de l'adjudication et les intérêts sur les termes échus. (*Lettre du Ministre des finances du 24 prairial an 12.*)	
„	13 dudit.	Acquéreurs d'églises.	Les acquéreurs d'églises ne jouissent pas de la prime accordée par la loi du 13 thermidor an 4 aux acquéreurs de maisons d'habitation. (*Décret impérial du 11 prairial an 12, confirmatif de la décision du ministre du 9 germinal an 12*)	
242	6 thermidor an 12.	Acquéreurs déchus.-Restitut.on des à-comptes.	Les acquéreurs, d'après les lois des 15 et 16 floréal an 10, qui sont déchus, ont droit au remboursement des sommes payées à compte, lorsqu'ils ont acquitté l'amende et rapporté les fruits perçus, mais ce remboursement ne peut être fait qu'en vertu d'une décision du ministre des finances. -- Les acquéreurs déchus ne peuvent être admis à de nouvelles enchères, qu'en justifiant du paiement de l'amende et du rapport des fruits, et qu'en fournissant bonne et suffisante caution. (*Décision du Ministre des finances du 24 messidor an 12.*)	
250	30 dudit.	Acquéreurs antérieurs à la loi du 28 septembre 1791.	Les acquéreurs de domaines vendus antérieurement à la loi du 28 septembre 1791 qui ont soldé le prix de leur acquisition et obtenu leur quittance définitive, sont bien libérés, quoiqu'ils n'aient point retiré les annuités qu'ils avaient souscrites. (*Décision du Ministre des finances du 15 thermidor an 12.*)	
„	7 fructidor an 12.	Acquéreurs en exécution de la loi du 28 ventôse an 4. -- Réintégration.	Les acquéreurs en exécution de la loi du 28 ventôse an 4 qui, après avoir retiré leurs consignations par suite de quelque opposition ou les avoir imputées sur d'autres adjudications, les auront réintégrées postérieurement à la loi du 20 fructidor an 4, doivent être maintenus dans leur acquisition, et il y a lieu d'en régler le décompte. La même mesure devra être suivie pour tous les acquéreurs qui se trouveront dans le même cas. (*Décision du Ministre des finances du 22 thermidor an 12.*)	
„	11 brumaire an 13.	Liquidation.	Les décomptes d'adjudications comprenant, avec des bois, moulins et usines payables en deux ans et dix mois, d'autres biens nationaux payables dans un plus long espace de tems, seront réglés d'après la lettre même des contrats, sans égard aux différens délais relativement à la nature des biens. (*Décision du Ministre des finances du 4 brumaire an 13.*)	
„	8 nivôse an 13.	Prix de vente. -- Intérêts.	Les intérêts des quatre derniers termes du prix des ventes faites en exécution de la loi du 5 ventôse an 12, ne sont dûs qu'à partir de l'échéance du premier. (*Décision du Ministre des finances du premier nivôse an 13.*)	
270	17 pluviôse an 13.	Caisse d'amortissement. -- Délégation.	Délégation à la caisse d'amortissement, d'une somme de 26,859,751. 75 à prendre sur ce qui était à recouvrer au premier vendémiaire an 13 du prix des ventes des domaines nationaux faites antérieurement à cette dernière époque, d'après les lois des 15 et 16 floréal an 10 et 5 ventôse an 12. (*Décret impérial du 3 nivôse an 12.*)	
„	29 ventôse an 13.	Imputation.-Mandats. - Assignats.	Il n'y a pas lieu à imputation dans les décomptes, sur le prix d'une seconde vente, d'un excédant de solde résultant de	

INSTRUCTIONS GÉNÉRALES. N.os	DATES.	OBJETS.	EXTRAIT DÉTAILLÉ DES INSTRUCTIONS.	OBSERVATIONS.
			l'arrêté du 22 prairial an 10, attendu que l'imputation serait un mode indirect de restitution, défendu par celui du 21 pluviôse an 12. -- Les mandats donnés en paiement du prix d'une vente payable en assignats, ne peuvent être reçus que pour leur valeur nominale. (*Décision du Ministre des fin.*)	
»	25 germinal an 13.	Prytanée.	La vente des domaines formant aujourd'hui la dotation du prytanée français établi à S.t Cyr, sera faite dans la forme prescrite pour l'aliénation des domaines nationaux et aux conditions portées dans la loi du 5 ventose an 12. (*Loi du 8 pluviôse an 13.*)	
279	25 dudit.	Compensation. -- Capital.	Les débiteurs de l'état, autres que ceux dont la dette a pour cause une recette de deniers publics, et qui sont en même tems ses créanciers, sont admis à la compensation pour l'intégralité de leurs créances dans les proportions et valeurs déterminées par l'art. 85 de la loi du 24 frimaire an 6, pourvu que la dette et la créance soient antérieures à la loi du 24 août 1793. (*Avis du Conseil d'état du 28 frimaire an 12.*)	
289	24 messidor an 13.	Modèles des décomptes.	Instruction sur le mode de décompte des acquéreurs de domaines nationaux en exécution des diverses lois qui ont ordonné leur aliénation.	
»	24 vendém. an 14.	Caisse d'amortissem.t -- Prime.	La bonification de demi pour cent par mois à faire sur le prix de vente d'immeubles aliénés pour le compte de la caisse d'amortissement en vertu de la loi du 5 ventose an 12, se liquidera à l'avenir sur le capital et les intérêts réunis, dont le paiement sera anticipé. (*Décision du Ministre des finances.*)	
»	29 dudit.	Intérêts. - Compensation.	Les intérêts des créances admises en compensation d'une dette sur l'état, doivent, comme le capital, entrer dans la compensation, pourvu que la créance et la dette soient antérieures à la loi du 24 août 1793. (*Décision du Ministre des finances du 8 vendémiaire an 14.*)	
»	26 frimaire an 14.	Prytanée.	La mise à prix des biens provenant de la dotation du prytanée dont l'aliénation a été ordonnée par la loi du 8 pluviôse an 13, sera établie par experts sans égard au montant des baux. (*Décision du Ministre des finances du 15 frimaire an 14.*)	
»	19 mai 1806.	État des recettes sur les décomptes.	État à fournir chaque mois et chaque trimestre de la recette faite sur les décomptes d'acquéreurs de domaines nationaux.	
309	5 juillet 1806.	Restitution de trop payé.	Les restitutions de trop payé en écus par des acquéreurs de domaines nationaux sur le prix de leur adjudication, seront faites par les caisses de l'administration des domaines sur ordonnances du ministre des finances. Les bordereaux et décomptes continueront d'être visés par l'administrateur de la division. Pièce à joindre aux ordres de restitution. Le montant devra en être déduit des produits susceptibles de remise.	
»	14 août 1806.	Acquéreurs au département de la haute vienne.	Les paiemens faits par des acquéreurs de domaines au département de la haute-vienne, pour le prix de cheptels et autres mobiliers, sont déclarés bons et valables. (*Décret impérial du 18 juillet 1806.*)	
»	9 septemb. 1806.	Compétence. -- Difficultés.	Les préfets sont seuls compétens pour connaître des difficultés qui s'élèvent sur le résultat des décomptes, sauf le recours au ministre des finances. (*Arrêté du Gouvernement du 4 thermidor an 11.*)	
»	8 novemb. 1806.	Arrêtés des préfets exécutoires par provision.	Les arrêtés des préfets relatifs aux décomptes des acquéreurs de domaines nationaux, doivent être exécutés par pro-	

INSTRUCTIONS GÉNÉRALES. N.os	DATES.	OBJETS.	EXTRAIT DÉTAILLÉ DES INSTRUCTIONS.	OBSERVATIONS.
			vision, sauf aux acquéreurs à se pourvoir à l'autorité supérieure. (*Décision du Ministre des finances, du 3 octobre 1806.*)	
»	23 décemb. 1806.	DÉCOMPTES. -- RECETTES.	Demande d'un état des recettes faites sur les décomptes pendant les 100 jours de l'an 14.	
»	16 janvier 1807.	COMPENSATION.	Il n'y a pas lieu d'admettre en compensation les sommes payées de trop avant l'an 9 sur le prix de vente des domaines nationaux. Elles doivent être remboursées aux acquéreurs, d'après la liquidation en rentes, conformément à la loi du 30 ventôse an 9. (*Décision du Ministre des finances du 2 janvier 1807.*)	
»	21 dudit.	COMPENSATION. -- ÉMIGRÉS.	Les émigrés rayés ou éliminés et débiteurs envers l'état de tout ou partie du prix de domaines nationaux acquis, ne peuvent pas compenser cette dette avec le montant des créances qu'ils ont sur l'état. (*Décision du Ministre des finances du 16 janvier 1807.*)	
»	7 février 1807.	MAISONS CANONIALES.	Les titulaires de maisons canoniales ou leurs héritiers possesseurs de ces maisons doivent, pour en acquérir la propriété incommutable, payer le sixième de leur valeur, conformément à la loi du 24 juillet 1790.	
»	17 mars 1807.	ADJUDICATION SUR FOLLE ENCHÈRE. -- ANTICIPATION. -- PRIME.	L'adjudicataire sur folle enchère dans le cas d'anticipation de portions du prix non échu de la vente qui lui a été consentie, a droit à la prime au même titre qu'un acquéreur primitif. (*Décision du Ministre des finances.*) Régler en conformité de cette décision les décomptes auxquels elle s'applique.	
»	21 dudit.	DÉCOMPTES. -- REMISES.	Il est accordé 5 pour cent aux directeurs et 1 pour cent aux receveurs à titre de remise particulière sur les recettes effectuées dans les caisses du trésor public provenant des décomptes; cette remise leur sera payée en entier au fur et à mesure des rentrées. (*Décision du Ministre du 25 janvier 1807.*)	
529	25 mai 1807.	SOUSCRIPTEURS DE CÉDULES.	Les souscripteurs de cédules pour acquisition de domaines peuvent être relevés de la déchéance et conserver les domaines par eux acquis, même après l'insertion dans les affiches de revente et avant qu'elle ne soit consommée, en payant toutefois le principal, les intérêts et les frais. (*Décision du Ministre des finances du premier mai 1807.*)	
»	10 juillet 1807.	PAIEMENS EN MANDATS.	Les prix de vente de domaines sur lesquels il a été fait des paiemens en mandats dans l'intervalle de la publication de la loi du 15 germinal an 4 à celle de la loi du 29 messidor suivant, et qui étaient payables en assignats, ne sont pas susceptibles de réduction dans la formation des décomptes. (*Décision du Ministre des finances du 20 juin 1806.*)	
531	13 dudit.	BIENS CONCÉDÉS PAR L'ANCIEN GOUVERNEMENT.	Il y a lieu de mettre en vente les biens concédés par l'ancien gouvernement à vie ou par baux emphitéotiques, d'après le principe consacré par la loi du 18 messidor an 7, et suivant les formes réglées par celle du 5 ventôse an 12, en exceptant ceux desdits biens qui font partie de la liste civile ou affectés à un service public. (*Avis du Conseil d'état du 7 juin 1806.*)	
532	14 dudit.	TIMBRE DES DÉCOMPTES.	Les décomptes du prix d'acquisition de domaines, délivrés par les directeurs de l'administration, doivent être sur papier timbré. (*Décision du Ministre des finances du 23 juin 1807.*)	
»	8 septemb. 1807.	CAISSE D'AMORTISSEMENT. -- TRÉSOR-PUBLIC.	Les directeurs doivent faire concourir dans une proportion égale, les ventes des biens appartenant à la caisse d'amortissement avec celles du restant des domaines disponibles.	

DOMAINES. -- Aliénations et Décomptes.

INSTRUCTIONS GÉNÉRALES. N.os	DATES.	OBJETS.	EXTRAIT DÉTAILLÉ DES INSTRUCTIONS.	OBSERVATIONS.
»	13 novemb. 1807.	Contrainte a signifier.	Ordre de faire exactement signifier aux acquéreurs de domaines en retard de payer aux termes fixés par la loi, la contrainte qui doit précéder la déclaration de déchéance.	
»	5 avril 1808.	Délégation.	Délégation à la caisse d'amortissement de 6,645,000f. à prendre dans le restant à recouvrer au premier janvier 1808 sur les décomptes des acquéreurs de domaines. (*Décret impérial du 4 mars* 1808.)	
379	20 mai 1808.	Aliénations pour utilité publique.	Les biens et domaines nationaux sont, comme les propriétés particulières, susceptibles d'être aliénés pour utilité publique au prix d'estimation par expert. Les estimations pour être définitives doivent être approuvées par le ministre des finances.	
»	25 juin 1808	Remise. -- Retenue. -- Décomptes.	La remise extraordinaire sur le produit des décomptes n'est point passible de la retenue pour la caisse des pensions. (*Décision du Ministre des finances du 7 juin* 1808.)	
»	5 octobre 1808.	Maisons canoniales.	Le sixième de l'estimation des maisons canoniales dans le cas de l'art. 27 de la loi du 24 juillet 1790 n'est dû qu'au décès du chanoine titulaire ou lors de l'aliénation par lui de la maison. (*Décision du comité ecclésiastique de l'assemblée constituante du 8 février* 1791.)	
404	4 novemb. 1808.	Décret imp. du 22 octobre 1808.	Décret impérial du 22 octobre 1808 relatif aux décomptes des acquéreurs de domaines nationaux.	
»	*Idem.*	Remises. -- Décomptes.	Augmentation de remise sur les décomptes, accordée par une décision impériale du 22 octobre 1808 aux directeurs et receveurs de l'administration.	
418	4 mars 1809.	Inscriptions hypothécaires.	Il n'y a pas lieu de renouveler ou de prendre des inscriptions hypothécaires pour assurer le paiement des biens de l'état vendus, ou des cédules souscrites par suite de ventes, excepté dans le cas où il s'agirait d'inscriptions relatives à des immeubles affectés aux cautionnemens ou à d'autres biens des acquéreurs par suite des clauses des adjudications ou à raison de dégradations. (*Décision du Ministre des finances du 17 février* 1809.)	
422	17 dudit.	Adjudications de domaines. -- Abus a prévenir.	Pour réprimer les abus commis par les adjudicataires de domaines nationaux, on insérera dans le cahier des charges pour les adjudications, 1.° que la faculté d'élire des amis ou commands ne pourra être exercée qu'au profit d'un seul individu; 2.° que l'art. 22 de la loi du 16 brumaire an 5 qui défend aux acquéreurs de maisons, usines etc. de faire aucune coupe ou démolition avant d'avoir soldé le prix entier de la vente, est applicable aux acquéreurs de biens où se trouvent des tourbes et charbons de terre; 3.° que dans le cas de déchéance, l'administration ne sera pas tenue de maintenir les baux consentis par les acquéreurs à un prix inférieur à celui des baux précédens. (*Avis du Conseil d'état du 24 décembre* 1808.)	
439	10 juillet 1809.	Poursuites.	Les poursuites contre les acquéreurs de domaines nationaux et leurs cessionnaires, doivent être dirigées administrativement. Faute par eux de solder ce dont ils sont redevables, d'après les décomptes dressés conformément au décret impérial du 22 octobre 1808, l'administration provoquera leur dépossession. (*Décret impérial du 17 mai* 1809.)	
441	19 dudit.	Paiemens anticipés.	Les paiemens par anticipation sur le prix de vente des domaines nationaux seront faits à l'avenir dans les caisses des receveurs des contributions directes. Il sera délivré à ces acquéreurs des récepissés qu'ils remettront aux receveurs de l'administration. Ordre de restituer dans les caisses du trésor	

INSTRUCTIONS GÉNÉRALES. N.os	DATES.	OBJETS.	EXTRAIT DÉTAILLÉ DES INSTRUCTIONS.	OBSERVATIONS.
			public les sommes que les préposés de l'administration pourraient avoir reçues sur cet objet, depuis la publication de l'avis du conseil d'état du 25 avril 1809.	
»	8 décemb. 1809.	Escomptes d'anticipation.	Il n'y a pas lieu d'allouer l'escompte d'anticipation aux acquéreurs de domaines nationaux dont le prix doit être versé au compte du trésor public, pour les ventes faites dans l'intervalle du 1.er juin 1808 à la réception de la décision du 16 novembre suivant et postérieurement à la décision du 17 août 1809, et pour celles qui auront lieu à l'avenir, même avant le 1.er janvier 1810. (*Décision du Ministre des finances du 7 septembre* 1809.)	
»	12 juin 1810.	Délégations.	Délégation à la caisse d'amortissement de 15,000,000f. sur les sommes à recouvrer du produit des décomptes d'acquéreurs de domaines nationaux. (*Décret impérial du 3 février* 1810.)	
483	13 juillet 1810.	Terrains contigus aux forêts impériales.	Les terrains contigus aux forêts impériales ou compris dans leur enclave, ne pourront à l'avenir être aliénés qu'en suite d'un rapport fait par le directeur des domaines et après que les agens forestiers auront été entendus. -- Les terrains rendus au sol forestier et ceux donnés à temps pour être ensemencés en bois, seront exempts de la contribution. (*Décision du Ministre des finances du 2 juillet* 1810.)	
489	18 septemb. 1810.	Semences, foins, pailles etc.	A moins d'une réserve expresse dans les adjudications et ventes de domaines nationaux, il ne doit être fait aucune réclamation contre les acquéreurs pour raison de semences, foins, pailles, fumiers etc. destinés à l'exploitation de ces biens lorsqu'ils y existaient à l'époque des aliénations. (*Décision du Ministre des finances du 27 juillet* 1810.)	
,,	5 décemb. 1810.	Biens appartenant à des anglais	Les biens situés en france, appartenant à des anglais, seront sans délai mis en vente. -- État à en fournir.	
,,	8 juillet 1811.	Fruits et amendes.	La recette des fruits et amendes à réclamer contre les acquéreurs déchus appartient à l'administration, lorsque la vente a été faite pour le compte du trésor impérial, et à la caisse d'amortissement lorsque la vente a été faite pour le compte de cette caisse. (*Décision du Ministre des finances du 22 juin* 1811.)	
595	8 août 1812.	Biens des communes.	Les biens des communes réunis au domaine de l'état et dont il est actuellement en possession, sont aliénables comme les autres domaines nationaux, à l'exception des édifices consacrés à un service public ou qui ont été cédés par les décrets des 23 avril 1810, 9 avril 1811, etc. (*Décret impérial du 28 mai* 1812.)	
,,	22 dudit.	Biens disponibles.	Les biens disponibles dans les départemens de l'ancienne france seront vendus pour le compte du trésor impérial à dater du 1.er octobre 1812. (*Décision du Ministre des finances du 8 août* 1812.)	
615	15 décemb. 1812.	Recouvrement de reliquats. -- Poursuites.	Le recouvrement de reliquats résultant de décomptes ne peut être poursuivi que par la contrainte et la déchéance, conformément à l'arrêté du gouvernement du 4 thermidor an 11. On ne peut employer la voie de la saisie arrêt ou exécution, quelque faible que soit le débet. (*Décision du Ministre des finances.*) Les frais de poursuites, autres que ceux de la contrainte et de la signification du décompte qui ont pû être faits contre des acquéreurs en retard de se libérer, seront alloués en dépense comme frais tombés en non valeur. (*Décision du Ministre des finances du 25 novembre* 1812.)	

DOMAINES. — ALIÉNATIONS ET DÉCOMPTES.

INSTRUCTIONS GÉNÉRALES.		OBJETS.	EXTRAIT DÉTAILLÉ DES INSTRUCTIONS.	*OBSERVATIONS.*
N.os	DATES.			

DOMAINES. — ALIÉNATIONS ET DÉCOMPTES.

INSTRUCTIONS GÉNÉRALES.		OBJETS.	EXTRAIT DÉTAILLÉ DES INSTRUCTIONS.	OBSERVATIONS.
N.os	DATES.			

DOMAINES. -- ALIÉNATIONS ET DÉCOMPTES.

INSTRUCTIONS GÉNÉRALES.		OBJETS.	EXTRAIT DÉTAILLÉ DES INSTRUCTIONS.	*OBSERVATIONS.*
N.os	DATES.			

INSTRUCTIONS GÉNÉRALES.		OBJETS.	EXTRAIT DÉTAILLÉ DES INSTRUCTIONS.	*OBSERVATIONS.*
N.os	DATES.			

INSTRUCTIONS GÉNÉRALES.		OBJETS.	EXTRAIT DÉTAILLÉ DES INSTRUCTIONS.	*OBSERVATIONS.*
N.os	DATES.			

INSTRUCTIONS GÉNÉRALES.		OBJETS.	EXTRAIT DÉTAILLÉ DES INSTRUCTIONS.	*OBSERVATIONS.*
N.os	DATES.			

INSTRUCTIONS GÉNÉRALES.		OBJETS.	EXTRAIT DÉTAILLÉ DES INSTRUCTIONS.	*OBSERVATIONS.*
N.os	DATES.			

DOMAINES. -- Consistance.

INSTRUCTIONS GÉNÉRALES. N.os	DATES.	OBJETS.	EXTRAIT DÉTAILLÉ DES INSTRUCTIONS.	OBSERVATIONS.
»	21 messidor an 10.	État des domaines au 1.er thermidor an 10.	Demande des états *au vrai* de consistance des domaines dont le gouvernement est en possession, le 1 thermidor an 10. -- Modèles de ces états.	
»	5 thermid. an 10.	Casernemens etc. Affectation de bâtimens.	Les préposés de l'administration doivent être consultés sur la désignation des édifices et établissemens propres aux casernemens, magasins, etc., nécessaires au service de la guerre. (*Arrêté du 13 messidor an 10.*) A dater de la publication de cet arrêté, nul édifice national ne pourra, même sous prétexte d'urgence, être mis à la disposition d'aucun ministre, qu'en exécution d'un arrêté du gouvernement (*art.* 5.)	
»	17 frimaire an 11.	Églises et presbytères.	Les églises et les presbytères qui ne seront pas employés dans la circonscription des paroisses et des succursales, ne peuvent être mis en vente que d'après l'autorisation du ministre des finances. (*Délibération des Consuls du 28 brumaire an 11.*)	
»	28 pluviôse an 11.	Logement des officiers supérieurs militaires.	Bâtimens nationaux affectés au logement des officiers supérieurs commandant les divisions militaires, les départemens et les places de guerre. (*Arrêté des Consuls du 6 nivôse an 11.*)	
״	28 ventôse an 11.	*Idem.*	Demande des observations des directeurs sur l'affectation des bâtimens nationaux au logement des généraux et officiers commandant les divisions, les départemens et les places de guerre.	
״	6 floréal an 11.	Églises et presbytères.	Les églises et presbytères non employés dans la circonscription des paroisses et succursales, et qui ne sont pas susceptibles de location, seront mis en vente. (*Décision du Ministre des finances du 15 germinal an 11.*)	
״	5 messidor an 11.	*Idem.*	Les églises et presbytères qui n'auront point été affectés à un service public ni à la dotation de quelques institutions nationales, et qui ne sont susceptibles ni d'une location avantageuse, ni d'un rétablissement peu couteux, devront être aliénés. (*Lettre du Ministre des finances du 28 prairial an 11.*)	
144	30 messidor an 11.	Dotation des collèges anglais, irlandais et écos.	Rentrée des collèges anglais, irlandais et écossais en possession des biens invendus, composant leur dotation. (*Arrêté du Gouvernement du 3 messidor an 11.*)	
״	18 floréal an 12.	États à fournir.	Nouveaux états de consistance de domaines à fournir. Modèle de ces états, recommandation d'apporter dans leur formation la plus grande exactitude.	
״	11 fructidor an 12.	Temporel des cures.	Les acquéreurs du temporel des cures, sous la réserve d'un demi arpent de terrain pour l'enclos ou le jardin des curés établis par la constitution civile du clergé, et qui sont restés en jouissance de ces terrains, doivent la restitution des fruits indûment perçus depuis leur entrée en jouissance, jusqu'à l'époque de l'installation des curés actuels. (*Décision du Ministre des finances du 29 thermidor an 12.*)	
״	15 ventôse an 13.	Églises et presbytères	Les églises et presbytères abandonnés aux communes, en exécution de la loi du 18 germinal an 10 doivent être considérés comme propriétés communales. (*Avis du Conseil d'état du 2 pluviôse an 13, approuvé le 6.*)	
»	17 dudit.	Maisons canoniales.	L'exception contenue dans la loi du 24 août 1790, concernant les maisons canoniales, n'est point applicable aux vignes canoniales. (*Avis du Conseil d'état du 25 pluviôse an 13, approuvé le 25.*)	
»	7 floréal an 13.	Domaines au 1.er prairial an 13.	État de consistance à fournir des domaines de toute nature, existant au 1 prairial an 13, qui peuvent être aliénés pour le compte du trésor public.	

INSTRUCTIONS GÉNÉRALES. N.os	DATES.	OBJETS.	EXTRAIT DÉTAILLÉ DES INSTRUCTIONS.	OBSERVATIONS.
„	11 floréal an 13.	FRÈRES ET SŒURS DES ÉCOLES CHRÉTIENNES.	Les maisons qui ont servi à l'institution des frères et sœurs des écoles chrétiennes, sont exceptées de celles à aliéner, attendu le rétablissement de cette institution. (*Décision du Gouvernement du 30 ventôse an 13.*)	
„	11 prairial an 13.	JARDIN DES CURÉS.	Les curés seront remis en possession du demi arpent de terre réservé pour leur jardin par décret du 18 octobre 1790, et dont les acquéreurs des biens curiaux se seraient emparés. Répétition contre ces acquéreurs, des fruits dont ils ont indument joui. - Aliénation des biens des cures et succursales supprimées. (*Décision du Ministre des finances.*)	
„	19 dudit.	LOGEMENT DES CURÉS DANS LES COUVENS SUPPRIM.s	Les curés doivent jouir, dans les couvens supprimés non aliénés et auxquels leur cure était réunie, d'une partie de bâtiment et de terrain destiné à former leur presbytère et leur jardin.	
„	25 fructidor an 13.	AFFECTATION DE BATIMENS POUR PRESBYTÈRE.	Il n'y a pas lieu d'autoriser par une décision générale la distraction d'un corps de logis, ni d'un demi arpent de jardin pour service de presbytère dans les couvens, etc., non aliénés. Il sera statué sur des affectations de ce genre, par des rapports et des arrêtés particuliers. (*Avis du Conseil d'état du 15 thermidor an 13, approuvé le 25 dudit.*)	
„	30 avril 1806.	DOMAINES AU 1.er AVRIL 1806.	État de consistance à former des domaines nationaux disponibles au 1 avril 1806. -- Modèle de ces états.	
308	25 juin 1806.	HALLES DES COMMUNES.	Les halles dont la régie des domaines est en possession, seront abandonnées aux communes, d'après estimation contradictoire de leur valeur par deux experts. Les communes payeront la rente à 5 pour cent, sans retenue, du montant de l'estimation, jusqu'à ce qu'elles aient soldé le capital. (*Décret impérial du 26 mars 1806.*)	*V. ci-après la circulaire du* 18 *novembre* 1806.
„	28 juin 1806.	ARCHIVES DOMANIALES.	Renseignemens à donner pour faire connaître dans quel état sont les archives du département en ce qui est relatif à la partie domaniale.	
„	8 août 1806.	DOMAINES AU 1.er AVRIL 1806.	Nouveaux états à adresser à l'administration, de ce qui reste au vrai de disponible de domaines au 1 avril 1806, ou certificats à délivrer par les directeurs que ceux adressés en exécution de la lettre du directeur général du 30 avril contiennent tout ce qui existait de domaines au 1 dudit mois.	
„	14 août 1806.	ILES, ILOTS etc.	État à fournir des îles, ilots dans les fleuves, les rivières navigables et flottables.	
„	26 septemb. 1806.	BIENS VACANTS PAR SUITE D'OPÉRATIONS DU CADASTRE.	Les biens restés vacans et sans propriétaire connu, par suite des opérations du cadastre, seront régis par l'administration des domaines, sauf, si en définitif ils ne sont pas réclamés, à être réunis au domaine de l'état comme biens vacans et sans maître, conformément à l'art. 539 du code civil. (*Lettre du Ministre des finances du 18 septembre 1806.*)	*V. ci-après l'instruction n°.* 447.
320	6 novemb. 1806.	RÉPARATIONS.	Il ne sera fait à l'avenir aucune réparation qu'elle n'ait été auparavant autorisée. Celles que les devis porteront à la somme de 500 fr. et au-dessous, seront autorisées par l'administration. Celles au-dessus le seront par le ministre des finances. Les ordres de paiement seront également délivrés ou par l'administration ou par le ministre; dans l'un ou l'autre cas ci-dessus, les réparations de 150 fr. pourront être faites sans adjudication. Celles au-dessus seront mises en adjudication. En cas d'une extrême urgence constatée, on pourra faire faire les réparations sans autorisation, mais le paiement n'en sera effectué que de la manière prescrite ci-dessus. (*Décret impérial du 5 septembre 1806.*)	

INSTRUCTIONS GÉNÉRALES. N.os	DATES.	OBJETS.	EXTRAIT DÉTAILLÉ DES INSTRUCTIONS.	OBSERVATIONS.
»	18 novemb. 1806.	HALLES DANS LES COMMUNES.	L'estimation des halles à abandonner aux communes, doit être faite d'après la valeur réelle des halles à l'époque de l'opération des experts, et non pas sur un capital au denier 12, comme il est prescrit pour les domaines nationaux. (*Décision du Ministre des finances du 27 octobre 1806.*)	
»	12 décemb. 1806.	JOURNÉE DES OUVRIERS.	La journée des ouvriers de bâtimens est fixée de 5 heures du matin à sept heures du soir en été, et de 6 heures du matin à 5 heures du soir en hyver. (*Arrêté du Ministre de l'intérieur du 9 août 1806.*) N.a Cette disposition doit être consultée lorsqu'il s'agit de travaux à faire pour le compte du gouvernement.	
»	29 décemb. 1806.	RÉPARATIONS.	Les réparations autorisées par les préfets antérieurement au décret impérial du 5 novembre 1806, seront payées d'après l'autorisation spéciale et isolée qu'ils en demanderont. (*Décis. du Ministre des finances du 24 décembre 1806.*)	
»	26 février 1807.	BATIMENS AFFECTÉS A LA TAXE D'ENTRETIEN DES ROUTES.	Les bâtimens nationaux qui ont été momentanément affectés à la taxe d'entretien des routes, doivent rentrer sous la main de l'administration, depuis la suppression de cette taxe. (*Lettre du Ministre des finances du 13 février 1807.*)	
»	27 février 1807.	BATIMENS AFFECTÉS A DES SERVICES PUBLICS.	État de consistance des maisons et bâtimens nationaux employés à des services publics.	
»	9 avril 1807.	ILES, ILOTS etc.	Il n'y a pas lieu de procéder, dans ce moment, à la vente des îles, ilots, terrains, vagues etc. (*Décision du Ministre des finances.*)	
343	24 septemb. 1807.	BIENS CONTESTÉS. -- COMPÉTENCE.	Les préfets sont seuls compétens pour intenter les actions relatives à la propriété des biens meubles et immeubles contestés à l'état. (*Décision du Grand-Juge ministre de la justice.*)	
»	27 octobre 1807.	PALAIS DE JUSTICE, PRISONS etc.	Les anciens palais de justice, ainsi que les prisons tant à Paris que dans les départemens qui continuent d'être employés au service auquel ils sont destinés, cesseront d'être régis par l'administration. (*Décision du Ministre des finances du 19 octobre 1807.*)	
»	22 mars 1808.	ÉTATS DE CONSISTANCE. -- VÉRIFICATIONS A FAIRE PAR LES INSPECTEURS.	Les inspecteurs doivent se faire représenter dans leur prochaine tournée, les états de consistance des domaines, en vérifier l'exactitude sur les sommiers, relever les erreurs, omissions etc., et en adresser directement le résultat au directeur général.	
»	11 janvier 1809.	UNIVERSITÉ IMPÉRIALE.	Donation à l'université impériale des biens ayant appartenus aux universités, académies et collèges qui ne sont pas aliénés ou affectés à un service public par un décret spécial. (*Décret impérial du 11 décembre 1808.*)	
»	23 janvier 1809.	*Idem* PRYTANÉE.	Les biens du prytanée ne sont pas compris dans la cession faite à l'université impériale par le décret impérial du 11 décembre 1808. -- Se conformer pour la prise de possession de ces biens, à ce qui est prescrit par l'instruction num. 334. -- Titres à réunir de toutes ces propriétés, pour en faire la remise et en retirer une décharge. (*Lettre du Ministre des fin. du 18 janvier 1809.*)	
447	14 août 1809.	BIENS VACANTS ET SANS MAÎTRE.	Les préposés de l'administration doivent régir les biens vacans et sans maître dont la découverte provient de la confection du cadastre; précautions à prendre pour qu'il ne soit régi que des biens qui appartiennent à l'état, ou qui sont sans maître. -- Les contrôleurs des contributions doivent veiller à ce que ces biens ne soient pas surtaxés dans la répartition	

INSTRUCTIONS GÉNÉRALES. N.os	DATES.	OBJETS.	EXTRAIT DÉTAILLÉ DES INSTRUCTIONS.	OBSERVATIONS.
			des contributions, et qu'ils soient classés au cadastre de manière à ce qu'ils jouissent, comme tous les autres contribuables, de l'égalité proportionnelle. (*Lettre du Ministre des finances, du 16 juin 1809.*)	
492	25 septemb. 1810.	ÉTABLISSEMENS ÉTRANGERS.	Réunion au domaine de l'état, des biens situés en france, provenant des établissemens religieux étrangers, du moment de la suppression de ces établissemens. (*Décret impérial du 14 septembre 1810.*) État de consistance à fournir de ces biens.	
„	22 octobre 1810.	BIENS DISPONIBLES AU 1.er NOVEMBRE 1810.	Demande de deux états de tous les domaines nationaux disponibles au 1 novembre 1810.	
„	5 décemb. 1810.	BIENS DES ANGLAIS.	Les biens situés en france, appartenant à des sujets de l'angleterre, seront mis en vente sans délai. -- État à fournir.	
519	13 mai 1811.	CONCESSION AUX DÉPARTEMENS, ARRONDISSEMENS, ET COMMUNES.	Concession gratuite aux départemens, arrondissemens et communes, de la pleine propriété des édifices et bâtimens nationaux actuellement occupés pour le service de l'administration, des cours et tribunaux et de l'instruction publique. -- Défense aux autorités de disposer à l'avenir des édifices nationaux en faveur d'un établissement public, qu'en vertu d'un décret impérial. (*Décret impérial du 9 avril 1811.*) État à adresser à l'administration.	*V. ci-après la circulaire du 30 juin 1812.*
„	9 août 1811.	MINES, MINIÈRES ET CARRIÈRES.	État à fournir des mines, minières et carrières.	
569	30 mars 1812.	AFFECTATION D'ÉDIFICES NATIONAUX	Il ne peut être fait d'affectations d'édifices nationaux en faveur d'établissemens publics, sans qu'elles aient été autorisées par des décrets impériaux. -- Représentation à adresser à MM. les préfets dans le cas où de nouvelles affectations seraient faites contre les dispositions du décret impérial du 9 avril 1811. (*Lettre du Ministre des finances aux préfets, du 12 mars 1812.*) Informer l'administration du résultat des démarches faites.	
„	30 juin 1812.	LOGEMENT DES SOUS-PRÉFETS.	Il n'y a pas lieu de réclamer des sous-préfets, le loyer des édifices qu'ils occupaient dans des bâtimens nationaux dont la concession gratuite a été faite aux départemens et arrondissemens par le décret impérial du 9 avril 1811. (*Décision du Ministre des finances du 28 mai 1812.*)	
„	22 août 1812.	CRÉANCES HYPOTHÉQUÉES SUR BIENS ADJUGÉS À L'ÉTAT. - DIRECTION GÉNÉRALE DE LA CONSCRIPTION.	Les créances hypothéquées sur les biens adjugés à l'état d'après les poursuites de la direction générale de la conscription, sont payables par l'administration, en vertu d'un jugement d'ordre: c'est à l'administration à provoquer la revente des biens si elle est avantageuse à l'état, et le prix en provenant doit être versé, comme le produit des ventes des autres biens de l'état, pour le compte du trésor impérial.	
614	12 décemb. 1812.	ENTRETIEN DES FOSSÉS DES GRANDES ROUTES.	Les travaux d'entretien des fossés des grandes routes correspondant à des propriétés qui sont aux mains de l'administration de l'enregistrement, seront exécutés à la diligence et par les soins des employés de l'administration, conformément aux articles 109 et 110 du décret impérial du 16 décembre 1811. L'exécution de ces articles ne concerne l'administration que relativement aux propriétés dont ses préposés font la régie en son nom, et dont le produit est porté sur ses registres, soit que ces propriétés appartiennent irrévocablement à l'état ou qu'il ne les possède que provisoirement ou qu'il n'en jouisse qu'à titre de séquestre.	

INSTRUCTIONS GÉNÉRALES.		OBJETS.	EXTRAIT DÉTAILLÉ DES INSTRUCTIONS.	*OBSERVATIONS.*
N.os	DATES.			

INSTRUCTIONS GÉNÉRALES.		OBJETS.	EXTRAIT DÉTAILLÉ DES INSTRUCTIONS.	OBSERVATIONS.
N.os	DATES.			

INSTRUCTIONS GÉNÉRALES.		OBJETS.	EXTRAIT DÉTAILLÉ DES INSTRUCTIONS.	OBSERVATIONS.
N.os	DATES.			

INSTRUCTIONS GÉNÉRALES.		OBJETS.	EXTRAIT DÉTAILLÉ DES INSTRUCTIONS.	OBSERVATIONS.
N.os	DATES.			

DOMAINES. -- CONTRIBUTIONS.

INSTRUCTIONS GÉNÉRALES. N.os	DATES.	OBJETS.	EXTRAIT DÉTAILLÉ DES INSTRUCTIONS.	OBSERVATIONS.
10	22 brumaire an 10.	Bois nationaux.	Suspension de tout paiement sur les contributions des bois nationaux.	*V. la circul. de l'admin. n.* 1937.
37	25 nivôse an 10.	*Idem.*	Mode de paiement de la contribution foncière des bois nationaux, prélèvement fait des dégrèvemens qui auraient pu ou pourraient être accordés par les conseils de préfecture.	
85	26 vendém. an 11.	Bacs sur les rivières.	Les bacs sur les fleuves et rivières sont soumis à la contribution foncière, et les receveurs des domaines chargés de l'acquitter, conformément à la circulaire de l'administration num. 1874.	*V. la circulaire de l'administration num.* 1874.
»	5 brumaire an 12.	Dégrèvement.	Les employés de l'administration ne doivent pas perdre un moment pour examiner les cotes nationales et se pourvoir en dégrèvement contre celles excessives.	
»	27 nivôse an 12.	Mode de paiement.	Les contributions des domaines nationaux ne doivent pas être acquittées en masse, afin que l'état ne soit pas exposé à supporter celles des biens qui seraient aliénés ou restitués. -- Elles doivent être payées à raison d'un douzième par mois. -- Les fermiers ou locataires doivent en faire l'avance quoiqu'ils n'en soient pas chargés par leur bail, sauf au receveur à acquitter celles des biens taxés sous une seule cote, lorsqu'ils sont affermés à plusieurs fermiers ou locataires. -- Dans le cas de vente ou de main-levée de séquestre, il y a lieu d'exercer contre les nouveaux acquéreurs ou les propriétaires réintégrés, le recours en remboursement du prorata à leur charge. -- Ordre d'émarger à cet effet le sommier des contributions. -- Aucun motif ne peut autoriser les receveurs à acquitter chaque mois au-delà du douzième échu des cotes des biens de leur arrondissement.	*Voir les circulaires de l'administration, numéros* 1874, 1999 *et* 2016.
»	5 pluviôse an 12.	Certificats de possession.	Les certificats de possession remis par les receveurs des domaines aux percepteurs, en paiement des contributions des années 5, 6, 7 et 8, ne seront pas versés au trésor public par les receveurs de département; il en sera formé des bordereaux qui seront soumis à la vérification des directeurs et qui seront déposés par eux à la préfecture. (*Arrêté du Gouvernement du 17 nivôse an 12.*)	
»	18 dudit.	*Idem*	Par la vérification prescrite aux directeurs, des bordereaux et certificats de possession, ils doivent surtout s'assurer que ces derniers sont revêtus de toutes les formalités prescrites, qu'ils ne comprennent que le principal des contributions, et que les certificats délivrés pour à-compte sont réunis à ceux délivrés pour solde.	*Addition à la précédente.*
387	7 juillet 1808.	Réparation ou reconstruction de digues, curage de canaux etc.	Les rôles de répartition des sommes nécessaires au paiement des réparations ou reconstructions des ouvrages propres à contenir les eaux des fleuves dans leurs limites, ou concernant le curage des canaux et rivières et l'entretien des digues, seront dressés sous la surveillance du préfet, rendus exécutoires par lui, et le recouvrement s'en opérera de la même manière que celui des contributions publiques. (*Loi du 14 floréal an 11. Décret impérial du 4 prairial an 13.*)	
421	16 mars 1809.	Baux emphytéotiques.	Les contributions imposées sur les propriétés tenues à bail emphytéotique doivent être à la charge de l'emphytéote, lors même qu'il n'a point été astreint à ce paiement par l'acte de bail. -- L'emphytéote est autorisé à la retenue du cinquième sur le montant de sa redevance, pour représenter la contribution due par le bailleur, à moins que le contraire n'ait été expressément stipulé. (*Avis du Cons. d'état du 21 janvier 1809.*)	

INSTRUCTIONS GÉNÉRALES. N.os	DATES.	OBJETS.	EXTRAIT DÉTAILLÉ DES INSTRUCTIONS.	OBSERVATIONS.
"	24 novemb. 1809.	CERTIFICATS DE POSSESSION.	Il n'y a pas lieu d'excepter les receveurs de l'enregistrement de la poursuite à exercer pour le recouvrement du montant des remises induement reçues par les percepteurs, pour les cotes nationales payées en certificats de possession pour les années antérieures à l'an. 7. (*Avis du Conseil d'état du 25 juillet* 1809.)	
456	5 décemb. 1809.	DESSÉCHEMENT DE MARAIS.	Les sommes dues à l'état en exécution de la loi sur le desséchement des marais, du 16 septembre 1807, seront recouvrées par l'administration des domaines et versées comme fonds généraux aux caisses des receveurs généraux. -- Les directeurs devront se faire remettre des extraits des rôles rendus exécutoires, portant fixation des sommes dues en exécution de la loi précitée. -- Transcription à faire au bureau des hypothèques pour assurer à l'état son privilège sur la plus value des biens. (*Décisions des Ministres des finances et du trésor des 12 sep. et 14 novembre* 1809.)	

DOMAINES. -- CONTRIBUTIONS.

INSTRUCTIONS GÉNÉRALES.		OBJETS.	EXTRAIT DÉTAILLÉ DES INSTRUCTIONS.	*OBSERVATIONS.*
N.os	DATES.			

INSTRUCTIONS GÉNÉRALES.		OBJETS.	EXTRAIT DÉTAILLÉ DES INSTRUCTIONS.	OBSERVATIONS.
N.os	DATES.			

DOMAINES -- ENGAGÉS.

INSTRUCTIONS GÉNÉRALES. N.os	DATES.	OBJETS.	EXTRAIT DÉTAILLÉ DES INSTRUCTIONS.	OBSERVATIONS.
43	4 ventôse an 10.	ENGAGISTES DÉPOSSÉDÉS. - SURSIS. -- VENTE.	Les engagistes qui n'auront pas payé le quart et réalisé leurs soumissions dans le délai déterminé par la loi du 14 ventôse an 7, doivent être assimilés aux engagistes qui n'ont fait ni déclaration ni soumission, et comme tels dans le cas d'être dépossédés. (*Décision du Ministre des finances du 29 frimaire an 10.*) Le sursis à la vente des domaines nationaux ordonnée par l'arrêté des consuls du 9 floréal an 9, n'est pas applicable aux domaines engagés. (*Décision du Ministre des finances du 5 frimaire an 10.*)	
85	28 vendém. an 11.	BIENS ENGAGÉS POUR UN TEMS LIMITÉ.	Les biens engagés par l'ancien gouvernement pour un tems limité, ne peuvent être mis en vente quant à présent : il faut attendre la nouvelle loi qui doit fixer le sort des engagemens de cette nature.	
112	8 nivôse an 11.	EXÉCUTION DE LA LOI DU 14 VENTOSE AN 7. -- ÉTAT A FOURNIR.	Demande d'un état indiquant la situation au 1.er nivôse an 11 de l'exécution de la loi du 14 ventôse an 7, sur les domaines engagés, et ordre de le fournir, par la suite, à l'expiration de chaque trimestre.	
221	28 germinal an 12.	CONCESSIONS DE BOIS ET FORÊTS RÉVOQUÉES. -- DÉPÔT DE TITRES.	Les engagistes, échangistes ou autres concessionnaires à titre que ce soit, des bois et forêts dont les concessions sont révoquées par les lois des 3 septembre 1792 et 14 ventôse an 7, seront tenus de déposer dans les trois mois de la publication de la loi du 11 pluviôse an 12, au secrétariat de la préfecture du département de la situation des bois et forêts, leurs titres de concession, etc. -- Mode d'exécution de la loi du 11 pluviôse an 12 sur cet objet.	
224	18 floréal an 12.	CONCESSIONNAIRES DE BOIS ET FORÊTS DÉPOSSÉDÉS.	Les engagistes, etc., des bois et forêts, qui n'auront pas déposé leurs titres dans les trois mois accordés par la loi du 11 pluviôse an 12, seront dépossédés à l'expiration de ce délai ; ceux qui auront satisfait à la loi dans ce délai, ne pourront l'être qu'après avoir reçu l'avis de la liquidation de leur indemnité, etc. Les frais d'expertise seront supportés par moitié par les détenteurs et l'administration. -- L'échangiste sera remis en possession des biens qu'il aurait pu donner en contre-échange dans le cas où le gouvernement les aurait aliénés. La valeur en entrera alors en liquidation au profit de l'échangiste. Ce dernier pourra demander un domaine national en remplacement. Précautions à prendre pour que les intérêts de l'état ne soient point lésés.	
259	30 brumaire an 13.	EXÉCUTION DE LA LOI DU 11 PLUVIÔSE AN 12.	Compte à rendre par les directeurs, de l'exécution de la loi du 11 pluviôse an 12 sur les engagemens et échanges de bois nationaux. Etat à fournir.	
»	19 messidor an 13.	EXPERTISE DES BOIS AU-DESSUS DE 150 HECTARES.	L'expertise des bois au-dessous de 150 hectares, dont les engagistes sont autorisés par la loi du 11 pluviôse an 12, à se faire déclarer propriétaires, doit indiquer le prix, 1° du quart de la valeur du taillis ; 2.° de la totalité de la futaie. (*Avis du Conseil d'état, du 3 floréal an 13.*)	
"	7 brumaire an 14.	DÉTENTEURS A CHARGE D'UNE RENTE.	Les détenteurs de domaines engagés à la charge d'une rente, en payant le quart de la valeur de ces biens, ne sont plus tenus au paiement de cette rente. (*Décision du Conseil d'état du 22 fructidor an 13.*)	
»	29 frimaire an 14.	CESSIONNAIRE D'UNE RENTE D'ENGAGEMENT.	Le cessionnaire d'une rente d'engagement dont il ne peut jouir d'après l'avis du conseil d'état du 22 fructidor an 13, est autorisé à se pourvoir pour obtenir une autre rente en remplacement, et dans le cas où ce remplacement ne pourrait avoir lieu, il sera remboursé suivant le cours du jour du dépôt de la rescription. (*Décision du Ministre des finances du 17 vendémiaire an 14.*)	

INSTRUCTIONS GÉNÉRALES. N.os	DATES.	OBJETS.	EXTRAIT DÉTAILLÉ DES INSTRUCTIONS.	OBSERVATIONS.
304	28 mai 1806.	PRIX D'ADJUDICATION. -- ÉPOQUE DE SON VERSEMENT.	Les acquéreurs de domaines engagés, vendus en exécution de la loi du 14 ventôse an 7, sont tenus de verser, dans le mois de la publication du décret impérial ci-dessous cité, la partie du prix de leur adjudication dont ils peuvent être débiteurs, à peine d'encourir la déchéance. (*Décret impérial du 23 janvier* 1806.)	
»	11 juillet 1806.	ARRÉRAGES. -- RESTITUTION.	Il n'y a pas lieu à la restitution d'arrérages de rente d'engagemens, payés antérieurement à l'avis du conseil d'état du 22 fructidor an 13. (*Décret impérial du 23 juin* 1806.)	
»	13 février 1808.	EXÉCUTION DES LOIS DES 14 VENTÔSE AN 7 ET 11 PLUVIÔSE AN 12.	Compte à rendre de la situation au 1.er janvier 1808, de l'exécution des lois des 14 ventôse an 7 et 11 pluviôse an 12, concernant les domaines engagés et les bois nationaux provenant d'engagemens ou d'échanges.	
465	15 février 1810.	RESTITUTION PAR LES DÉTENTEURS. -- MISE A PRIX DES BIENS A VENDRE.	Les receveurs des domaines de la situation des biens, sont chargés du recouvrement des revenus à restituer par les détenteurs de domaines engagés. -- La première mise à prix pour la vente de ces biens doit être faite ainsi qu'il est prescrit par l'art. 103 de la loi du 5 ventôse an 12. (*Décision du Ministre des finances du 23 janvier* 1810.)	

DOMAINES -- ENGAGÉS.

INSTRUCTIONS GÉNÉRALES.		OBJETS.	EXTRAIT DÉTAILLÉ DES INSTRUCTIONS.	*OBSERVATIONS.*
N.os	DATES.			

DOMAINES -- ENGAGÉS.

INSTRUCTIONS GÉNÉRALES.		OBJETS.	EXTRAIT DÉTAILLÉ DES INSTRUCTIONS.	OBSERVATIONS.
N.os	DATES.			

DOMAINES. -- Épaves et Deshérences.

INSTRUCTIONS GÉNÉRALES. N.os	DATES.	OBJETS.	EXTRAIT DÉTAILLÉ DES INSTRUCTIONS.	OBSERVATIONS.
219	24 germinal an 12.	Distinction des successions vacantes et de celles en deshérence.	Distinction à faire entre les successions tombées en deshérence, d'avec les successions vacantes. Mode d'administration des unes et des autres conformément aux articles 767, 768, etc. du code Napoléon. Compte ouvert à tenir des recettes et dépenses de ces successions. Obligations imposées aux curateurs des successions vacantes.	
267	6 pluviôse an 13.	Successions vacantes.-Prix d'immeubles aliénés.	Il ne doit être versé dans la caisse du receveur des domaines, sur le prix de ventes d'immeubles provenant des successions vacantes et aliénés par suite d'expropriation forcée, que l'excédant restant entre les mains de l'adjudicataire, après l'acquittement des bordereaux de collocation. (*Décisions des Minist. de la justice et des finances, des* 10 *et* 15 *nivôse an* 13.)	
273	23 *id.*	Successions vacantes. -- Frais d'apposition et levée de scellés etc.	Le Receveur des domaines établi près le tribunal de première instance, dans le ressort duquel une succession devenue vacante est ouverte, est autorisé à acquitter les frais d'apposition et levée de scellés, de nomination de curateur et de ceux d'inventaire et vente du mobilier, jusqu'à due concurrence du produit effectif de chaque succession, sur simples mémoires quittancés par les parties prenantes, certifiés par le curateur à la succession et ordonnancés par le juge de paix du canton, sauf à faire régulariser son avance par une ordonnance générale du tribunal de première instance.	
300	5 mars 1806.	Successions en deshérence, diverses des successions vacantes. -- Administration.	Distinction des successions en deshérence et des successions vacantes. Mode d'administration de celles ouvertes depuis le code civil, et de rectification des erreurs dans l'administration des successions en deshérence, régies mal à propos comme successions vacantes. Les successions vacantes, ouvertes avant le code Napoléon, doivent aussi être administrées conformément à ces dispositions.	
467	9 mars 1810.	Successions vacantes. -- Caisse d'amortissement.	Les objets confiés aux entrepreneurs de roulage ou de messageries, lorsqu'ils n'auront pas été réclamés dans le délai de six mois, seront vendus par voie d'enchère publique à la diligence de la régie de l'enregistrement. (*Décr. imp. du* 15 *août* 1810.)	
493	29 septemb. 1810.	Objets confiés aux entrepreneurs de messageries.	Les sommes provenant des *successions vacantes* doivent être consignées à la caisse d'amortissement qui a nommé en cette partie pour ses agens les receveurs généraux et particuliers. Mode de la remise à faire de cette régie, par les receveurs des domaines qui en étaient chargés.	
»	25 janvier 1811.	Droits d'aubaine. -- Sujets de l'Autriche.	Le droit d'aubaine ne sera exercé ni sur la succession du sieur Vay-de-Vaya gentilhomme hongrois, ni sur celle d'aucun sujet de l'autriche, mort en france pendant la guerre. (*Décret impérial du* 20 *décembre* 1810.)	
517	6 mai 1811.	Successions en deshérence. --- Administration.	Mode d'administration des successions en *deshérence.* -- Les dépenses et les dettes de ces successions, lorsque l'envoi en possession a été prononcé, sont payables sur mandats des préfets, visés par les directeurs. -- Les ventes des biens en provenant, doivent être faites devant les tribunaux. (*Décision du Ministre des finances et du Grand-Juge, du* 7 *février* 1811.)	
„	10 *id.*	Objets confiés aux messageries.	Les entrepreneurs des messageries, rue N. D. des victoires à Paris, sont autorisés à retenir dans cette ville les effets non réclamés dont le transport leur a été confié, pour y être vendus conformément au décret impérial du 13 août 1810. (*Décision du Ministre des finances du* 16 *avril* 1811.)	
541	3 septemb. 1811.	Droit d'aubaine. — Sujets du royaume d'Italie et des principautés de Lucques et Piombino.	Les sujets de l'empire français sont affranchis, dans le royaume d'italie, du droit d'aubaine, et réciproquement ceux du royaume d'italie, en france. Les sujets des principautés de	

INSTRUCTIONS GÉNÉRALES. N.os	DATES.	OBJETS.	EXTRAIT DÉTAILLÉ DES INSTRUCTIONS.	OBSERVATIONS.
			Lucques et de Piombino jouissent, dans les deux états, des mêmes avantages. (*Décrets impériaux des* 19 *février* 1806 *et* 6 *août* 1811.) Les préposés de l'administration s'abstiendront en conséquence de toute démarche pour obtenir la mise en possession de biens situés en france, transmis par décès à des sujets du royaume d'italie ou des principautés de Lucques et de Piombino.	
552	5. décemb. 1811.	SUCCESSIONS EN DESHÉRENCE. --- ALIÉNATION DES IMMEUBLES.	Les ventes de biens provenant des successions en deshérence ne peuvent être faites que devant les tribunaux et d'après les formes prescrites par le code Napoléon, et elles ne peuvent être poursuivies par l'administration que dans le cas où le dépérissement des immeubles rend cette mesure indispensable. (*Décision des Ministres de la justice et des finances du* 16 *novembre* 1811.)	
556	23 idem.	DROIT D'AUBAINE. --- SUJETS PRUSSIENS.	Le droit d'aubaine ne sera point exercé en france à l'égard des sujets de S. M. Prussienne; il ne sera perçu aucun droit de détraction sur les héritages et legs échus et à écheoir dans l'empire à des sujets prussiens. (*Décr. imp. du* 2 *déc.* 1811.)	
584	22 juin 1812.	*Idem.* -- SUJETS DU GRAND-DUC DE FRANCFORT.	Le droit d'aubaine ne sera point exercé en france à l'égard des sujets de S. A. R. le Grand-Duc de Francfort. (*Décret imp. du* 25 *avril* 1812.)	

DOMAINES. -- ÉPAVES ET DESHÉRENCES.

INSTRUCTIONS GÉNÉRALES.		OBJETS.	EXTRAIT DÉTAILLÉ DES INSTRUCTIONS.	OBSERVATIONS.
N.os	DATES.			

DOMAINES. — ÉPAVES ET DESHÉRENCES.

INSTRUCTIONS GÉNÉRALES.		OBJETS.	EXTRAIT DÉTAILLÉ DES INSTRUCTIONS.	OBSERVATIONS.
N.os	DATES.			

DOMAINES. — FABRIQUES.

INSTRUCTIONS GÉNÉRALES. N.os	DATES.	OBJETS.	EXTRAIT DÉTAILLÉ DES INSTRUCTIONS.	OBSERVATIONS.
»	7 prairial an 11.	IMMEUBLES NON ALIÉNÉS.	La vente des immeubles provenant des fabriques et qui ne seraient point encore aliénés, est suspendue. (*Arrêté du Gouvernement du 8 pluviôse an 11.*)	
155	15 fructidor an 11.	BIENS RENDUS A LEUR DESTINATION.	Les biens des fabriques non aliénés, ainsi que les rentes dont elles jouissaient et dont le transfert n'a pas été fait, sont rendus à leur destination. (*Arrêté du Gouvernement du 7 thermidor an 11.*)	
167	5 compl.e an 11.	BIENS NON RESTITUABLES.	Les biens des fabriques compris dans les états de ceux réservés en l'an 9, ne sont pas dans le cas d'être restitués. (*Décision du Ministre des finances du 30 fructidor an 11.*)	
181	24 brumaire an 12.	BIENS A RESTITUER.	Doivent être rendus aux fabriques, en exécution de l'arrêté du gouvernement du 7 thermidor an 11, 1.° les biens non aliénés; 2.° ceux vendus qui se trouveraient actuellement dans les mains de l'état par suite de la déchéance des acquéreurs, pourvu qu'il n'ait pas été souscrit de cédules; 3.° les rentes dont elles jouissaient, pourvu que le transfert n'en ait pas été fait. (*Décisions du Ministre des finances des 14 et 25 vendémiaire an 12.*) En leur rendant leurs biens disponibles, il n'y a pas lieu d'excepter les arrérages dus, non plus que les capitaux exigibles et non recouvrés.	
189	2 nivôse an 12.	REVENU. — ÉTAT.	Demande d'un état détaillé du revenu tant en rentes qu'en propriétés foncières, des fabriques et églises de l'arrondissement de chaque bureau.	
200	6 pluviôse an 12.	BIENS CHARGÉS DE MESSES ET FONDATIONS.	Les différens biens, rentes et fondations chargés de messes anniversaires et services religieux, fesant partie des revenus des églises, et qui n'ont point été aliénés ni transférés, sont rendus à leur première destination, aux termes des dispositions de l'arrêté du 7 thermidor an 11. (*Arrêté du Gouvernement du 28 frimaire an 12.*)	
»	20 *id.*	ARRÉRAGES DE RENTES ET FERMAGES.	Les arrérages de rentes et fermages non recouvrés à l'époque du 7 thermidor an 11, date du décret impérial qui a rendu aux fabriques leurs biens non aliénés, doivent leur être restitués, soit que ces arrérages proviennent de biens aliénés ou non aliénés. (*Décision du Ministre des finances du 17 pluviôse an 12.*)	
217	9 germinal an 12.	FONDATIONS AUX CURÉS etc.	La décision du gouvernement du 28 frimaire an 12, qui rend aux fabriques les différens biens, rentes et fondations, chargés de messes et services religieux, s'applique également aux fondations faites aux curés, vicaires, chapelains etc. (*Décision du Ministre du 30 ventôse an 12.*)	
»	6 frimaire an 13.	RENTES. — CAISSE D'AMORTISSEMENT.	Les rentes provenant de fabriques et dont le gouvernement a disposé en faveur de la caisse d'amortissement avant l'arrêté du 7 thermidor an 11, ne sont plus restituables à ces établissemens. (*Décision du Ministre des fin. du 26 brum. an 13.*)	
270	25 germinal an 13.	MÉTROPOLES ET CATHÉDRALES.	Les biens et rentes non aliénés, provenant des fabriques des métropoles et cathédrales des ci-devant chapitres métropolitains et diocesains et des collégiales, sont rendus à leur destination primitive. (*Décret impérial du 15 ventôse an 13.*)	
»	7 floréal an 13.	MÉTROPOLES, CATHÉDRALES ET COLLÉGIALES.	État à fournir des biens et rentes non aliénés, provenant des fabriques des métropoles, cathédrales et collégiales, rendus à leur destination par décret impérial du 15 ventôse an 13.	
»	5 vendém. an. 14.	CONFRÉRIES. — EGLISES PAROISSIALES.	Les biens non aliénés et les rentes non transférées qui proviennent des confréries établies précédemment dans les églises paroissiales, appartiendront aux fabriques. (*Décret impérial du 28 messidor an 13.*)	

DOMAINES. -- FABRIQUES.

INSTRUCTIONS GÉNÉRALES. N.os	DATES.	OBJETS.	EXTRAIT DÉTAILLÉ DES INSTRUCTIONS.	OBSERVATIONS.
534	22 juillet 1807.	MISE EN POSSESSION. -- ARRÊTÉS DES PRÉFETS. --- SOLUT.s DIVERSES.	Les fabriques, les curés ou desservans autorisés à posséder des immeubles, ne doivent se mettre en possession d'aucun objet qu'en vertu d'arrêtés spéciaux des préfets. État à fournir. (*Avis du Conseil d'état du 23 décembre 1806.*) Cette instruction contient les paragraphes suivans : 1.° rentes dues aux fabriques par des établissemens supprimés, par des émigrés ou par des fabriques ; 2.° biens des fabriques vendus, mais dont les acquéreurs ont été déchus ; 3.° églises et presbytères supprimés par suite de l'organisation ecclésiastique ; 4.° les biens de fabriques des églises supprimées appartiennent aux fabriques des églises auxquelles elles sont réunies ; 5.° biens et rentes des fabriques découverts par les hospices.	
”	5 janvier 1808.	BIENS DE TOUTE NATURE. -- ÉTAT A FOURNIR.	Ordre de fournir de nouveaux états des immeubles, rentes et créances appartenant aux fabriques. -- Se concerter avec les préfets pour le modèle des états à adresser par les marguilliers, pour en assurer l'uniformité.	
”	27 juillet 1808.	RENTRÉE EN POSSESSION.	Si les fabriques sont rentrées en possession, avant le 6 juin 1806, des biens aliénés, mais dont les acquéreurs ont encouru la déchéance, il n'y a pas à revenir sur ces rentrées en possession : il n'y a qu'une exception pour le cas où les acquéreurs auraient réclamé en tems utile.	
”	16 septemb. 1808.	CAPITAUX RENDUS PAR LA CAISSE D'AMORTISSEMENT.	Les capitaux de rentes provenant de fabriques et qui sont rendus au domaine par la caisse d'amortissement, sont restituables aux fabriques.	
504	19 janvier 1811.	REGISTRES. -- TIMBRE. -- ENREGISTREMENT.	Les registres des fabriques seront sur papier non timbré. Les dons et legs qui leur seraient faits, ne supporteront que le droit fixe d'enregistrement d'un franc. (*Décret impérial du 30 décembre 1809.*)	

DOMAINES. -- Fabriques.

INSTRUCTIONS GÉNÉRALES. N.os	DATES.	OBJETS.	EXTRAIT DÉTAILLÉ DES INSTRUCTIONS.	OBSERVATIONS.

DOMAINES. — FABRIQUES.

INSTRUCTIONS GÉNÉRALES.		OBJETS.	EXTRAIT DÉTAILLÉ DES INSTRUCTIONS.	*OBSERVATIONS.*
N.os	DATES.			

DOMAINES. -- Fermages et Loyers.

Instructions générales N.os	Dates.	Objets.	Extrait détaillé des instructions.	Observations.
„	19 nivôse an 10.	Fermages exigibles en l'an 10.	Demande d'un état du montant des fermages et locations exigibles en l'an 10.	
„	6 *idem.*	État des fermages et locations.	Changement à faire dans le modèle d'état, du montant des fermages et locations, fourni en exécution de la circulaire du 2 frimaire an 9, n.° 1919.	
65	5 thermid. an 10.	Fermages arriérés.	Les fermages arriérés des biens nationaux, dûs par les fermiers qui n'ont pas profité du bénéfice des lois qui les autorisaient à demander la réduction de leurs baux, seront liquidés conformément aux dispositions de l'art. 10 de la loi du 6 messidor an 6. (*Arrêté des Consuls du 6 messidor an 10.*)	
74	4.e compl.e an 10.	Fermages de biens vendus.	Les fermages de biens vendus, seront partagés entre l'état et les acquéreurs, à compter du jour de l'entrée en jouissance du fermier, et ils seront acquis aux adjudicataires proportionnellement et à compter du jour de l'adjudication. (*Arrêtés des Consuls des 16 thermidor an 8 et 15 vendémiaire an 10.*)	
118	5 pluviôse an 11.	Baux a complant ou a portion de fruits.	Les bailleurs des baux à complant ou à portion de fruits, sont maintenus dans la propriété des biens concédés sous ce titre, ainsi que dans le droit d'exiger la portion de fruits réservée par l'acte, sans que les preneurs puissent forcer les bailleurs à en recevoir le rachat. (*Avis du Conseil d'état du 21 ventôse an 10.*)	
„	20 thermid. an 11.	Obligations pour fermages.	Les directeurs se concerteront avec les receveurs généraux, pour retirer de leurs mains les obligations pour fermages postérieurs à l'an 7.	
„	24 floréal an 12.	Prescription.	Les fermages se prescrivent par cinq ans dans le ressort du ci-devant parlement de Paris, comme dans celui des autres parlemens où l'ordonnance de 1629 avait été promulguée et enregistrée. (*Cour de cassation, 15 germinal an 12.*) art. 2277 du code civil.	
„	7 nivôse an 14.	État des fermages et locations.	Les états joints à la circulaire n.° 1919 doivent comprendre, savoir; le 1.er, les fermages de toutes les années antérieures à celle dans laquelle on se trouve; le 2.e, les fermages de l'année courante.	
»	17 mars 1806.	Restitution de revenus.	Les restitutions de revenus de biens nationaux recouvrés par les caisses des domaines depuis le 1.er vendémiaire an 5, jusques et compris le dernier jour de l'an 8, ne pourront être faites qu'en rentes sur l'état, à 5 pour cent.	
314	2 août 1806.	Intérêts des intérêts.	L'administration a le droit d'invoquer les dispositions du code civil, concernant les intérêts ou intérêts d'intérêts, pour les créances et revenus nationaux; elle ne peut poursuivre par voie de contrainte, le paiement de ces intérêts que lorqu'ils sont stipulés par une convention ou exigibles de plein droit; dans le cas contraire, elle doit obtenir un jugement, mais il ne doit être formé de demande judiciaire que dans le cas d'opposition à la contrainte de la part du redevable ou lorsque, s'agissant d'actions considérables, le ministre des finances y aura autorisé l'administration. Une réclamation ne suspend point le cours des intérêts, ni leur demande en justice; s'il y a lieu de la former, le sursis accordé par l'autorité supérieure suspend la demande judiciaire; si elle est formée, c'est aux tribunaux à y avoir égard. Le sursis n'arrête pas le cours des intérêts stipulés par convention ou exigibles de plein droit. (*Décision du Ministre des finances, du 5 mai 1806.*)	
„	20 octobre 1806.	Corps administratifs et judiciaires. -- Loyers	Il n'y a lieu de réclamer auprès des corps administratifs et judiciaires que les loyers échus pour l'an 5 et années posté-	*V. la circulaire du 31 juin 1812.*

INSTRUCTIONS GÉNÉRALES. N.os	DATES.	OBJETS.	EXTRAIT DÉTAILLÉ DES INSTRUCTIONS.	OBSERVATIONS.
			rieures des bâtimens nationaux qu'ils occupent. (*Décision du Ministre des finances du* 9 *octobre* 1806.)	
"	14 septemb. 1807.	Liquidation de fermages.	Ordre aux receveurs de reviser toutes les liquidations par eux faites du prorata de fermages appartenant à l'état sur les biens vendus, et aux employés supérieurs d'en faire la vérification la plus exacte.	
343	24 *id.*	Actions à intenter. -- Compétence.	Compétence des tribunaux ou des conseils de préfecture en matière de fermages de biens nationaux; celle des préfets pour intenter les actions relatives à la propriété des biens meubles et immeubles contestés à l'état.	
»	31 juin 1812.	Corps administratifs et judiciaires. - Loyers.	Les départemens, arrondissemens et communes n'ont rien à payer pour loyers non perçus des édifices et bâtimens qui leur ont été concédés gratuitement. (*Décision du Ministre des finances du* 5 *mai* 1811.)	

DOMAINES -- Fermages et Loyers.

Instructions générales.		Objets.	Extrait détaillé des instructions.	*Observations.*
N.os	Dates.			

DOMAINES — Fermages et Loyers.

INSTRUCTIONS GÉNÉRALES.		OBJETS.	EXTRAIT DÉTAILLÉ DES INSTRUCTIONS.	OBSERVATIONS.
N.os	DATES.			

DOMAINES -- Rentes et Créances.

INSTRUCTIONS GÉNÉRALES. N.os	DATES.	OBJETS.	EXTRAIT DÉTAILLÉ DES INSTRUCTIONS.	OBSERVATIONS.
„	30 brumaire an 11.	Rentes disponibles.	Demande d'un état exact des capitaux des rentes disponibles, et recommandation de le dresser de manière à ce qu'on ne soit pas obligé de réassigner les rescriptions délivrées aux créanciers du gouvernement : modèle d'état y joint. Cet état ne dispensera pas le directeur de fournir ceux prescrits par la circulaire n.° 1925.	
110	8 nivôse an 11.	Obligations pour rachat de rentes.	Le recouvrement des obligations souscrites pour rachat de rentes nationales, sera poursuivi pour le compte du trésor public par les receveurs des domaines aux bureaux desquels les rentes se percevaient. Mode de poursuites, de recouvrement et de comptabilité de ces effets.	
„	24 ventôse an 11.	Prestation féodale supprimée.	Toute prestation de quelque nature qu'elle puisse être, établie par des titres constitutifs de redevances seigneuriales et droits féodaux, a été supprimée. (*Avis du Conseil d'état du 30 pluviôse an 11.*)	
„	4 floréal an 11.	Obligations pour rachat de rentes.	Les souscripteurs d'obligations pour rachat de rentes nationales non acquittées à leur échéance, ne doivent d'intérêts qu'à compter du jour où ils ont été mis en demeure.	
„	8 *id.*	Jouissance des cessionnaires.	La jouissance des cessionnaires de rentes nationales doit commencer du jour de l'enregistrement du dépôt des rescriptions. (*Décision du Ministre des finances, du 29 germ. an 11.*)	
„	14 prairial an 11.	Remboursemens en assignats et mandats.	Les remboursemens de rentes et capitaux, faits à l'état en assignats postérieurement à la loi du 25 messidor an 3 et en mandats, après celle du 29 messidor an 4, sont valides jusqu'au 1.er germinal an 5. -- Les remboursemens de l'espèce sont valides, soit que la liquidation ait été approuvée avant ou après le paiement par les corps administratifs, attendu que par le seul fait du paiement le débiteur s'est libéré. (*Décis. du Ministre des finances du 7 prairial an 11.*)	
„	22 vendém. an 12.	Rentes mélangées de cens. -- Restitution.	Il n'y a pas lieu à la restitution soit des capitaux, soit d'arrérages de rentes mélangées de cens dont le paiement aurait été fait dans les caisses de l'administration antérieurement à la publication de l'avis du Conseil d'état du 30 pluviôse an 11. (*Avis du Conseil d'état du 21 fructidor an 11.*)	
187	28 frimaire an 12.	Obligations pour rachat de rentes	Les souscripteurs d'obligations pour rachats de rentes nationales, qui ont payé des intérêts avant le protêt ou la sommation de payer, sont fondés à en demander la restitution. Mode de cette restitution.	
„	24 prairial an 12.	Rescriptions. -- Transfert.	Demande d'un état détaillé des rescriptions payables en transferts de rentes nationales.	
243	6 thermid. an 12.	*Idem*	Lorsque les rescriptions données en paiement de transferts de rentes nationales auront pour objet des rentes transférées dans plusieurs bureaux, les directeurs retiendront les rescriptions, pour être jointes à leur compte, et fourniront à chaque receveur un bon motivé de la somme dont il devra être fait recette et dépense.	
„	19 brumaire an 13.	Solidarité abolie	La solidarité pour le paiement des arrérages et le remboursement des rentes foncières et constituées dues au trésor public d'une origine antérieure à la publication de la loi du 20 août 1792, est abolie ; les effets de la solidarité, attachés à celle d'une création postérieure, doivent se déduire des dispositions des lois générales ou des statuts locaux en vigueur au moment de la création des rentes. (*Avis du Conseil d'état du 24 fructidor an 12, approuvé le 2 complémentaire suivant.*)	

INSTRUCTIONS GÉNÉRALES. N.os	DATES.	OBJETS.	EXTRAIT DÉTAILLÉ DES INSTRUCTIONS.	OBSERVATIONS.
„	15 pluviôse an 13.	JOUISSANCE DES CESSIONNAIRES.	La décision du ministre des finances du 29 germinal an 11, portant que la jouissance des cessionnaires de rentes nationales doit commencer du jour du dépôt et enregistrement des rescriptions, s'applique à la caisse d'amortissement; les arrérages perçus par les receveurs des domaines postérieurement au dépôt, doivent lui être restitués. (*Lettre du Ministre des finances du 9 pluviôse an 13.*)	
„	25 germinal an 13.	CAPITAUX DES 4 DÉPARTEMENS DE LA RIVE GAUCHE DU RHIN.	Les créances de l'empire français, connues sous le nom de *capitaux - exigibles* dans les quatre départemens de la rive gauche du rhin, seront rachetables en rescriptions de la caisse d'amortissement, pendant le délai d'une année, à compter du 15 germinal prochain. (*Décret impérial du 5 germ. an 13.*)	
„	7 nivôse an 14.	ÉTATS.	Les états de rentes joints à la circulaire num. 1925, doivent comprendre, le 1.er, les rentes de toutes les années antérieures à celle dans laquelle on se trouve; le 2.d, les rentes de l'année courante.	
„	19 février 1806.	CRÉANCES NON DÉCLARÉES. -- INDEMNITÉS.	Les ex-religieux qui mettront, dans le délai d'un an, l'administration des domaines à portée de recouvrer les dépôts de sommes ou effets nationaux faits par les couvens au moment de leur suppression, recevront à titre d'indemnité le quart des sommes ou effets déposés. (*Décret impér. du 23 janvier 1806.*)	*V. la circulaire ci-après du 19 septembre 1806.*
„	22 mars 1806.	CRÉANCES EXIGIBLES. -- ÉTAT.	État à fournir de toutes les créances nationales exigibles, échues et non payées, et de celles à échoir.	
314	2 août 1806.	INTÉRÊTS DES INTÉRÊTS.	Intérêts des intérêts des créances et revenus.	*V. l'instruction sous ce n.° au titre* fermages.
„	19 septemb. 1806.	CRÉANCES DÉCOUVERTES.	Il n'y a pas lieu d'étendre par un décret spécial en faveur de tous particuliers non ex-religieux, les dispositions de celui du 23 janvier 1806 qui leur accorde le quart des sommes et effets dont ils auront facilité la découverte. -- Cette récompense accordée aux ex-religieux peut servir de règle pour celles à accorder aux autres particuliers dont les déclarations procureront un avantage réel à l'état. (*Avis du conseil d'état du 7 juin 1806.*)	
„	26 décemb. 1806.	RENTES FONCIÈRES DANS LES 4 DÉPARTEMENS DE LA RIVE GAUCHE DU RHIN.	Les anciens percepteurs locaux des rentes foncières dans les départemens de la sarre, du rhin et moselle, de la roer et du montonnerre, sont rétablis. -- Règlement qui détermine leurs attributions, leurs obligations, le mode de leur manutention et de leur comptabilité. (*Règlement du 14 novembre 1806, arrêté par le ministre des finances.*)	
„	9 janvier 1807.	CRÉANCES NATIONALES. -- TITRES.	Les titres qui constatent les créances nationales peuvent être remis aux préposés de l'administration, et dans le cas où l'expédition ou l'extrait suffit, ils doivent leur être délivrés sans frais par le préposé aux archives. (*Lettre du Ministre des finances du 5 janvier 1807.*)	
„	22 avril 1807.	CRÉANCES SOUSTRAITES. --- DÉCLARATION. -DÉLAI	Prorogation jusqu'au 1.er janvier 1808, du délai accordé par le décret impérial du 23 janvier 1806, pour les déclarations à faire au domaine, des sommes et effets nationaux soustraits lors du séquestre des biens des corporations supprimées. (*Décret imp. du 2 mars 1807.*)	
353	21 octobre 1807.	INTÉRÊT LÉGAL ET CONVENTIONNEL	L'intérêt légal et l'intérêt conventionnel sont fixés à 5 pour cent, sans retenue. -- Les articles de recouvrement auxquels cette loi s'applique, sont les capitaux placés sans stipulation d'intérêts, et non acquittés à l'échéance. -- Ceux d'une date antérieure conservent l'intérêt tel qu'il se trouve fixé par les contrats ou obligations. (*Loi du 5 septembre 1807.*) Les	

Instructions générales N.os	Dates.	Objets.	Extrait détaillé des instructions.	Observations.
			receveurs doivent arrêter, chaque jour, leurs registres de recette des revenus et créances etc.	
»	31 octobre 1807.	Halles. -Rentes.	Les rentes provenant de l'abandon des halles aux communes, ne sont pas dans le cas d'être aliénées par la voie du transfert. (*Décision du Ministre des finances du* 19 *octobre* 1807.)	
»	28 mars 1808.	Rescriptions. -- Transfert.	Réassignations de rescriptions et remplacemens de transferts de rentes nationales, en faveur des porteurs de rescriptions et de la caisse d'amortissement. (*Décision du Ministre des finances des* 26 *novembre* 1807, *et* 8 *février* 1808.)	
580	21 mai 1808.	Féodalité.	Toute contestation sur la féodalité ou la non-féodalité des rentes nationales, soit qu'elles aient été aliénées par voie de transfert ou qu'elles soient encore entre les mains de l'état, est de la compétence des tribunaux ordinaires. (*Avis du Conseil d'état du* 8 *mars* 1808.)	
»	7 décemb. 1810.	Créances. -- Engagistes. -- Liquidation.	Établissement d'un bureau pour la liquidation des créances données en paiement de domaines nationaux et des remboursemens réclamés par les engagistes, etc.	

DOMAINES. -- RENTES ET CRÉANCES.

INSTRUCTIONS GÉNÉRALES.		OBJETS.	EXTRAIT DÉTAILLÉ DES INSTRUCTIONS.	OBSERVATIONS.
N.os	DATES.			

DOMAINES -- SÉQUESTRÉS ET CONFISQUÉS.

INSTRUCTIONS GÉNÉRALES. N.os	DATES.	OBJETS.	EXTRAIT DÉTAILLÉ DES INSTRUCTIONS.	OBSERVATIONS.
„	12 messidor an 10.	LEVÉE DE SÉQUESTRE. — BOIS. — RESTITUTION.	ARRÊTÉ des consuls du 20 prairial an 10 qui ordonne la levée du séquestre sur les bois des individus dénommés dans l'état y joint, ainsi que la restitution du produit des coupes de l'an 10.	
„	30 fructidor an 10.	RESTITUTION DE FRUITS ET REVENUS.	Il ne doit être fait désormais aucune restitution de fruits et revenus de biens sous le séquestre, que sur ordonnance du ministre des finances. (*Décision du Ministre des finances.*)	
„	13 vendém. an 11.	LEVÉE DE SÉQUESTRE.	Aucune levée de séquestre sur les biens des étrangers ne doit avoir lieu qu'après l'approbation du gouvernement, si ce n'est celle qui est la suite d'un arrêté portant radiation, élimination ou certificat d'amnistie. (*Lettres du Ministre des finances des* 30 *fructidor an* 10 *et* 9 *brumaire an* 11.)	
111	8 nivôse an 11.	PRIX DE COUPES DE BOIS SÉQUESTRÉS. -- SURSIS. -- TRAITES.	En cas de demande d'un sursis, par un étranger, sur le paiement du prix des coupes de bois séquestrés, les traites seront mises en réserve jusqu'à la décision du ministre des finances que le préfet devra consulter. (*Décision du Ministre des finances du* 21 *brumaire an* 11.)	
„	26 ventôse an 11.	BOIS RÉSERVÉS. -- LEUR CONTENANCE.	Les bois séquestrés doivent être de la contenance de 15000 ares, pour être dans la classe des bois réservés, et n'être pas séparés et éloignés de plus d'un kilomètre des autres bois et forêts de l'état. -- Cette distance d'un kilomètre des autres bois et forêts de l'état se calcule à vol d'oiseau. (*Décision du Ministre des finances du* 15 *pluviôse an* 11.)	
„	17 mars 1806.	REVENUS SÉQUESTRÉS. -- RESTITUTIONS. -- RENTES.	Les restitutions de revenus de biens séquestrés recouvrés par les caisses de l'administration depuis le premier vendémiaire an 5, jusques et compris le dernier jour de l'an 8, ne pourront être faites qu'en rentes sur l'état à 5 pour cent. (*Lettre du Ministre des finances aux préfets, du* 9 *vendémiaire an* 11.)	
„	5 septemb. 1806.	BIENS SÉQUESTRÉS. ÉTAT A EN FOURNIR.	État à fournir des biens actuellement sous le séquestre, avec les motifs qui les ont fait séquestrer. -- Faire connaître la nature ainsi que la valeur de ces biens.	
„	*Idem.* 1807.	CONTUMAX. — FAILLIS.	Les biens des contumax doivent continuer d'être régis d'après les art. 464 et 475 du code des délits et des peines jusqu'à ce qu'il ait été statué sur le véritable sens des art. 27 et 28 du code civil. -- Ceux des faillis ne doivent pas être séquestrés: ils sont le gage des créanciers.	
356	26 octobre 1807.	COMPTABLES DIRECTS DU TRÉSOR.	L'administration des domaines doit rester étrangère tant au séquestre des biens des comptables directs du trésor public constitués en débet, qu'au recouvrement des revenus et du prix de vente des immeubles; c'est à l'agent du trésor public seul à diriger et suivre toutes les opérations y relatives par l'intermédiaire des préfets et des receveurs généraux; elle n'est chargée du séquestre et de la régie des biens que pour défaut de présentation de compte. (*Décision du Ministre, du* 15 *septembre* 1807.)	
„	27 septemb. 1808.	ESPAGNOLS.	Ordre de mettre sous le séquestre les biens des espagnols qui se trouvent en france. (*Décret impérial du* 24 *sept.* 1808.)	
„	16 juin 1809.	PRINCES ET PRINCESSES DE LA MAISON D'AUTRICHE.	Tous les biens et domaines appartenant à des princes et princesses de la maison d'autriche, dans les départemens, et notamment dans ceux formés des états de toscane, seront mis sans délai sous le séquestre. (*Décret impérial du* 7 *juin* 1809.)	

DOMAINES -- SÉQUESTRÉS ET CONFISQUÉS.

INSTRUCTIONS GÉNÉRALES. N.os	DATES.	OBJETS.	EXTRAIT DÉTAILLÉ DES INSTRUCTIONS.	OBSERVATIONS.
»	5 juillet 1809.	BATIMENS ALGÉRIENS etc.	Séquestre de tous les bâtimens algériens, de tous les effets et marchandises appartenant au dey d'alger ou à des sujets algériens. (*Décret impérial du 17 février 1808.*)	
»	25 juillet 1809.	DEY D'ALGER. -- LEVÉE DU SÉQUESTRE.	Main levée du séquestre des biens situés en france, appartenant au dey d'alger et aux sujets algeriens. (*Décret impérial transmis par lettre du Ministre des finances, du 25 juillet 1809.*)	
»	28 *idem.*	ESPAGNOLS.	Les biens des espagnols, situés en france, doivent tous être séquestrés, quelque soit le domicile des propriétaires. (*Décision du Ministre des finances du 22 juillet 1809.*)	
»	28 septemb. 1809.	BIENS DU DUC DE L'INFANTADO etc. -- CONFISCATION.	Confiscation des biens situés en france, appartenant au duc de l'infantado et à neuf autres espagnols. -- Versement à faire du produit net de ces biens, pour le compte de la caisse d'amortissement. (*Décrets impériaux des 12 novembre 1808 et 5 aout 1809.*)	
»	9 décemb. 1809.	ESPAGNOLS. -- CAISSE D'AMORTISSEMENT.	Le produit net du revenu des biens séquestrés sur les espagnols doit être versé, dès l'origine, pour le compte de la caisse d'amortissement et à titre de dépôt. -- Ne pas confondre les recettes provenant du séquestre des biens des espagnols, avec celles provenant de la confiscation des biens des dix espagnols.	
462	16 janvier 1810.	CONTUMAX. -- RÉGIE DES BIENS.	On doit suivre pour la régie des biens des contumax dont le jugement est antérieur au code Napoléon, soit la loi du 16 septembre 1791, soit le code pénal du 3 brumaire an 4. -- Pour les condamnations postérieures, l'administration est tênue de faire mettre le séquestre sur tous les biens et droits des contumax pour les gérer et administrer au profit de l'état, jusqu'à l'envoi en possession en faveur des héritiers. (*Avis du Conseil d'état du 19 aout 1809.*)	
»	28 février 1810.	ESPAGNOLS.	Les biens confisqués sur les dix espagnols compris dans le décret impérial du 12 novembre 1808, et existant dans les départemens en deça des alpes, seront mis en vente à partir du premier avril 1810, et le produit en sera versé à la caisse d'amortissement. (*Décret impérial du 7 février 1810.*)	
»	30 juin 1810.	BIENS SOUS LE SÉQUESTRE AU 1.er JUILLET 1810.	État à fournir des biens existant sous le séquestre au premier juillet 1810.	
»	2 juillet 1810.	BIENS CONFISQUÉS SUR LES ESPAGNOLS --- DOMAINE EXTRAORDINAIRE.	Le produit net des recettes provenant des revenus et du prix de la vente des biens confisqués sur les dix espagnols nommés dans le décret impérial du 12 novembre 1808, doit être versé pour le compte du domaine extraordinaire. -- État et bordereaux à envoyer à M. l'intendant général de ce domaine.	
»	16 août 1810.	ANGLAIS ET FRANÇAIS RÉSIDANT EN ANGLETERRE.	Le séquestre ordonné par le décret impérial du 21 novembre 1806, s'applique aux revenus des immeubles, comme aux objets mobiliers appartenant à des anglais ou à des français qui résident dans les possessions britanniques. (*Lettre du Ministre des finances du 27 juillet 1810.*)	
490	20 septemb 1810.	FRANÇAIS QUI ONT PORTÉ LES ARMES CONTRE LA FRANCE.	Ordre de mettre le séquestre sur les biens des français qui ont porté les armes contre la france, et de ceux qui, rappelés de l'étranger, ne sont pas rentrés en france, en conformité du décret impérial du 6 avril 1809. -- Régie et vente des biens confisqués. -- Mode de comptabilité de ces produits. États de consistance des biens à fournir le 15 novembre 1810; en suite, de mois en mois.	*V. les instructions gén.es num. 544 et 565 ci-après.*
»	5 décemb. 1810.	ANGLAIS. -VENTE DE LEURS BIENS.	Les biens situés en france, appartenant à des sujets de l'angleterre, seront sans délai mis en vente. (*Lettre du Ministre des finances du 24 novembre 1810.*) --États de consistance et de ventes à fournir.	

DOMAINES -- SÉQUESTRÉS ET CONFISQUÉS.

INSTRUCTIONS GÉNÉRALES. N.os	DATES.	OBJETS.	EXTRAIT DÉTAILLÉ DES INSTRUCTIONS.	OBSERVATIONS.
»	6 décemb. 1810.	DEY D'ALGER. -- ALGÉRIENS. -- SÉQUESTRE.	Séquestre des propriétés, des marchandises et effets appartenant au dey d'alger ou à des sujets algériens. (*Décision du Ministre des finances du premier décembre* 1810.)	
508	20 février 1811.	ANCIENNES SAISIES RÉELLES. -- POURSUITES A REPRENDRE.	Reprise des poursuites des anciennes saisies réelles, et délai pour faire procéder à l'adjudication définitive des biens saisis. -- Vente à faire par l'administration des domaines des biens saisis, après le délai de six mois. (*Décret impérial du* 11 *janvier* 1811.)	
»	25 février 1811.	DÉSERTEURS DES TROUPES DE TERRE ET DE LA MARINE.	L'administration doit cesser de régir, comme biens de contumax, ceux des déserteurs des troupes de terre et de la marine, condamnés par contumace, à moins que les jugemens ne l'ordonnent.	
»	26 juin 1811.	BIENS CONFISQUÉS SUR LES ESPAGNOLS. -- DOMAINE EXTRAORDINAIRE.	La régie des biens confisqués sur les espagnols dénommés dans le décret impérial du 12 novembre 1808, sera faite au nom et d'après les ordres de M. le ministre d'état, intendant général du domaine extraordinaire. -- Les produits de ces biens ne doivent plus figurer dans les comptes de l'administration, à dater du premier janvier 1811. (*Lettre du Ministre des finances du* 18 *juin* 1811.)	
»	19 août 1811.	FRANÇAIS QUI ONT PORTÉ LES ARMES CONTRE LA FRANCE. -- DÉLAI. - AMNISTIE.	Prorogation jusqu'au premier septembre 1811, du délai accordé aux français qui ont porté les armes contre la france, pour jouir de l'amnistie prononcée par le décret impérial du 24 avril 1810. (*Décret impérial du* 15 *juillet* 1811.)	
»	9 septemb. 1811.	ALGÉRIENS. -- LEVÉE DE SÉQUESTRE.	Mainlevée du séquestre apposé en france sur les biens appartenant à des algériens et aux sujets de la régence d'alger. (*Décret impérial du* 16 *juillet* 1811.)	
»	28 septemb. 1811.	FRANÇAIS QUI ONT PORTÉ LES ARMES CONTRE LA FRANCE.	Prorogation au premier janvier 1812, du délai donné aux français qui ont porté les armes contre la france, pour jouir de l'amnistie accordée par le décret impérial du 24 avril 1810. (*Décret impérial du* 16 *août* 1811.)	
544	30 *idem.*	FRANÇAIS NATURALISÉS OU SERVANT A L'ÉTRANGER.	Les biens des français qui seront naturalisés en pays étranger ou qui entreront au service d'une puissance étrangère sans autorisation de l'empereur, seront confisqués au profit de l'état et régis par les préposés de l'administration. (*Décret impérial du* 26 *août* 1811.)	
545	1.er octobre 1811.	BELGES. -- SÉQUESTRE.	Séquestre à apposer sur les biens des belges qui, ayant fait leur déclaration de rester sujets à l'autriche, n'en ont pas effectué la vente dans le délai qui leur était accordé. (*Décret impérial du* 28 *août* 1811.)	
»	21 janvier 1812.	BIENS SÉQUESTRÉS SUR LES ESPAGNOLS.	Le décret du 24 septembre 1808, qui ordonne le séquestre des biens des espagnols, est applicable aux espagnols domiciliés ou non domiciliés en france; en sont exceptés les espagnols attachés au service des princes de la famille du roi Charles, tant qu'ils resteront à leur service et les marchandises et créances provenant de relations commerciales, dont les envois sont postérieurs à la publication dudit décret. -- Les marchandises et créances appartenant auxdits princes, seront, comme leurs biens, assujetties au séquestre et vendues par l'administration des domaines qui en recouvrera le prix. (*Décret impérial du* 23 *novembre* 1811.)	
563	20 février 1812.	FRANÇAIS NATURALISÉS OU SERVANT A L'ÉTRANGER.	Avis du conseil d'état du 14 janvier 1812 sur l'application des dispositions des décrets impériaux des 6 avril 1809 et 26 août 1811, concernant les français naturalisés étrangers ou servant en pays étranger. (*Instruction fesant suite à celles num.os* 490 *et* 544.)	

DOMAINES -- séquestrés et confisqués.

INSTRUCTIONS GÉNÉRALES. N.os	DATES.	OBJETS.	EXTRAIT DÉTAILLÉ DES INSTRUCTIONS.	OBSERVATIONS.
»	20 mars 1812.	Biens séquestrés sur les espagnols. -- Domaine extraordinaire.	Les biens séquestrés sur les espagnols en vertu du décret impérial du 24 septembre 1808, font partie du domaine extraordinaire de la couronne, à partir du premier janvier 1812. A dater de cette époque, le produit de ces biens ne doit plus figurer dans les comptes de l'administration. (*Décret impérial du 24 janvier* 1812.)	
568	24 *idem.*	Commissaires aux saisies réelles.	Les anciens commissaires aux saisies réelles, supprimés par la loi du 23 septembre 1793 et qui ne se sont pas conformés à celle du 16 germinal an 2, sont tenus dans le délai de trois mois, à dater de la publication du décret impérial du 12 février 1812, de remettre au greffe du tribunal de leur domicile les comptes qu'ils ont à rendre etc. (*Décret impérial du* 12 *février* 1812.)	

DOMAINES -- SÉQUESTRÉS ET CONFISQUÉS.

INSTRUCTIONS GÉNÉRALES.		OBJETS.	EXTRAIT DÉTAILLÉ DES INSTRUCTIONS.	*OBSERVATIONS.*
N.os	DATES.			

DOMAINES. -- SÉQUESTRÉS ET CONFISQUÉS.

INSTRUCTIONS GÉNÉRALES.		OBJETS.	EXTRAIT DÉTAILLÉ DES INSTRUCTIONS.	OBSERVATIONS.
N.os	DATES.			

DOMAINES. - Terrains de Fortifications.

Instructions générales. N.os	Instructions générales. Dates.	Objets.	Extrait détaillé des instructions.	Observations.
»	22 vendém. an 12.	Herbes des remparts et fortifications.	État à fournir du produit de la location des herbes des remparts et fortifications dans les différentes places de guerre.	
»	15 février 1811.	État de consistance à fournir.	État de consistance, article par article, des terrains et bâtimens dépendant des fortifications, à fournir à l'administration. Modèles de ces états.	
514	18 avril 1811.	Dotation de l'hôtel des invalides.	Les terrains des fortifications et de toutes les places fortes sont affectés à la dotation de l'hôtel impérial des invalides. (*Décret impérial du 25 mars* 1811.) Mode de la comptabilité de ces produits.	
536	10 août 1811.	Comptabilité.	Mode de la comptabilité des produits des terrains des fortifications, et remises à allouer sur ces produits.	
555	7 décemb. 1811.	Baux à passer.	Les baux des terrains dépendant des fortifications actuellement affectés à la dotation de l'hôtel impérial des invalides, seront passés à la diligence des agens militaires, chargés par le ministre de la guerre de prescrire les conditions relatives à la conservation des fortifications. Les receveurs des domaines doivent se borner à intervenir par leur présence dans les opérations relatives aux baux, et à faire le recouvrement de leur produit. Sont compris dans cette dotation les loyers des corps de garde, prisons, bâtimens en ruine, provenant d'établissemens militaires.	

DOMAINES -- Terrains de Fortifications.

INSTRUCTIONS GÉNÉRALES.		OBJETS.	EXTRAIT DÉTAILLÉ DES INSTRUCTIONS.	OBSERVATIONS.
N.os	DATES.			

ÉMIGRÉS ET DÉPORTÉS.

INSTRUCTIONS GÉNÉRALES. N.os	DATES.	OBJETS.	EXTRAIT DÉTAILLÉ DES INSTRUCTIONS.	OBSERVATIONS.
28	26 frimaire an 10.	PRÉVENUS D'ÉMIGRATION.	ARRÊTÉ des consuls, du 13 frimaire an 10, en faveur des prévenus d'émigration, par suite d'une inscription dans les départemens ou par le séquestre de leurs biens.	*V. les circulaires de l'administration n.os* 1351, 1660, 2019, 2028, *et* 2030.
67	12 thermid. an 10.	ASCENDANS D'ÉMIGRÉS.	Les ascendans d'émigrés, ainsi que les prévenus d'émigration n'ont droit à leurs revenus qu'à partir du jour de la radiation de leurs descendans, lorsqu'ils n'auront pas provoqué le partage; dans le cas contraire, les ascendans jouissent de tous leurs revenus, prélèvement fait de la portion héréditaire du fils prévenu d'émigration. (*Décision du Ministre des finances.*)	
,,	14 fructidor an 10.	CERTIFICAT D'AMNISTIE.	Le certificat d'amnistie délivré aux amnistiés en exécution du sénatus-consulte du 6 floréal an 10, date du jour de l'envoi qu'en fait le ministre de la justice au préfet, et c'est de cette époque qu'ils doivent entrer en possession et jouissance des biens dont la restitution est ordonnée par l'art. 17 dudit sénatus-consulte. (*Décision du Min. des finances du 9 fructidor an* 10.)	
71	21 *idem.*	BIENS PROVENANT DE PARTAGES.	Les biens obvenus à l'état par suite du partage de présuccession, fait entre lui et les ascendans d'émigrés, lui demeurent irrévocablement acquis, conformément à la loi du 9 floréal an 3. (*Avis du Conseil d'état du 5 germinal an* 10.) Sont exceptés les biens dont la restitution a été ordonnée aux ascendans d'émigrés avant le 5 germinal an 10.	
82	24 vendém. an 11.	PRIX DE COUPES DE BOIS DE L'AN 10.	Les receveurs ne doivent faire la restitution du produit des coupes de bois de l'an 10 aux individus rayés ou éliminés, que sur mandats du préfet et sous la déduction des objets indiqués par cette instruction.	
98	20 brumaire an 11.	BIENS PROVENANT DE PARTAGES.	Les biens échus à l'état par des partages de successions non encore vendus, ne doivent pas plus être rendus aux individus rayés, éliminés ou amnistiés, que ceux qui lui sont échus par des partages de présuccession. (*Arrêté des Consuls.*)	
,,	16 prairial an 11.	BIENS OBVENUS PAR SUCCESSIONS ÉCHUES.	Les biens provenant de successions échues pendant la mort civile des prévenus d'émigration, et qui auraient été rendus avant le 5 brumaire an 11, doivent demeurer aux héritiers rayés, éliminés ou amnistiés.	
,,	28 *idem.*	BIENS CÉDÉS AUX HOSPICES.	Les biens d'émigrés, désignés pour remplacer les biens aliénés des hospices, doivent être considérés comme affectés à un service public, et ne sont pas dans le cas d'être rendus aux émigrés rayés, éliminés ou amnistiés, quoiqu'ils ne soient pas vendus et que leur affectation ne soit pas définitive. (*Avis du Conseil d'état du premier floréal an* 11.)	
146	8 thermid. an 11.	BIENS ÉCHUS PAR REPRÉSENTATION.	Mode d'exécution de l'arrêté du gouvernement du 3 floréal an 11, concernant les biens échus à l'état par représentation d'émigrés, à titre de succession et en vertu de partages de présuccession.	
,,	22 *idem.*	DOTS ET DOUAIRES DES FEMMES D'ÉMIGRÉS.	Les arrêtés des administrations centrales, portant abandon de biens immeubles à des femmes d'émigrés, en paiement de leur dot et de leur douaire, ne peuvent être annullés qu'autant qu'ils n'ont pas été suivis d'exécution. (*Lettre du Ministre des finances du 3 thermidor an* 11.)	
,,	14 vendém. an 12.	SUCCESSIONS NON PARTAGÉES.	Les successions ouvertes pendant la mort civile des émigrés, sont, quoique non partagées, irrévocablement acquises à l'état. (*Arrêté du gouvernement du 24 frimaire an* 11.)	
,,	15 *idem.*	FRAIS DE VENTE DES BIENS AFFECTÉS AUX CRÉANCIERS.	Les frais de ventes de biens échus à l'état par représentation d'émigré, et affectés aux créanciers des successions, doivent être prélevés sur le prix des ventes et être portés sur le compte ouvert de chaque émigré rayé ou éliminé.	

ÉMIGRÉS ET DÉPORTÉS.

INSTRUCTIONS GÉNÉRALES. N.os	DATES.	OBJETS.	EXTRAIT DÉTAILLÉ DES INSTRUCTIONS.	OBSERVATIONS.
„	22 frimaire an 12.	JOUISSANCE D'USUFRUIT. -- SA CESSATION.	La jouissance des usufruits reposant sur la tête des émigrés, cesse à compter du premier messidor an 11 au profit de l'état, lorsque le décès de l'usufruitier est légalement prouvé. (*Décision du Conseil d'état du 9 fructidor an 11.*)	*V. ci-après la circulaire du 15 juillet* 1807.
„	24 pluviôse an 12.	BIENS VENDUS ET RENTRÉS SOUS LE SÉQUESTRE PAR DÉCHÉANCE.	Ne peuvent être restitués aux émigrés, rayés, éliminés ou amnistiés, les biens vendus sur eux et rentrés sous le séquestre par déchéance. -- Les acquéreurs de portions indivises de biens d'émigrés auxquels on a restitué les sommes payées sur le prix de la vente, sont admis à suivre l'effet de leur contrat, s'ils en ont consigné le montant en capital et intérêts, et si les biens n'ont pas été compris, depuis la déchéance, dans les affiches de revente ou dans des états de réserve. (*Décision du Ministre des finances du 20 pluviôse an* 12.)	
„	5 ventôse an 12.	REVENU PERÇU PENDANT LE SÉQUESTRE, NON RESTITUABLE. --- CELUI PERÇU PAR LES RAYÉS etc.	Le gouvernement ne restitue pas ce qu'il a touché pendant le séquestre des biens des émigrés ; ce qui est échu et non payé, appartient à l'état s'il y a eu séquestre ; ce qui a été perçu par les rayés, éliminés ou amnistiés ou héritiers, pendant leur jouissance provisoire ou lorsqu'il n'y avait pas eu de séquestre, doit leur rester, quelque soit le tems pendant lequel cette jouissance a eu lieu.	
„	14 germinal an 12.	FRAIS DE VENTE. -- REMISES.	Dans les frais de vente à prélever sur le prix recouvré des biens provenant des successions d'émigrés et de partage de présuccession, doivent être comprises les remises des receveurs. (*Décision du Ministre des finances du 9 germinal an* 12.)	
234	11 messidor an 12.	PRÊTRES DÉPORTÉS.	Les restitutions faites aux héritiers des prêtres déportés, des biens dont les acquéreurs ont encouru la déchéance, sont valides, lorsqu'elles ont été faites avant l'arrêté du 29 messidor an 8. -- Elles n'ont pu avoir lieu postérieurement à cet arrêté, lorsque les prêtres déportés se sont trouvés inscrits sur la liste des émigrés. -- S'ils n'y sont point inscrits, on ne peut leur opposer l'arrêté du 29 messidor an 8 puisqu'il ne concerne que les restitutions à faire aux propriétaires dont les noms existaient sur cette liste.) *Décision du Ministre des finances du 26 prairial an* 12.)	
„	6 nivôse an 13.	SUCCESSIONS PAR REPRÉSENTATION.-- ÉTAT.	Compte à rendre par les directeurs, de l'exécution de la loi du 16 thermidor an 7, concernant les successions échues à la république par représentation d'émigrés, pendant leur mort civile, postérieurement au 9 floréal an 5.	
297	11 janvier 1806.	ACTIF. -- CERTIFICAT.	Il ne sera délivré qu'un certificat de l'actif d'un émigré, quelque soit le nombre de ses créanciers. Ordre d'envoyer l'état des restitutions faites aux émigrés rayés, éliminés ou amnistiés.	
299	1 mars 1806.	ÉMIGRÉS ENVOYÉS EN POSSESSION.	Les émigrés rayés, éliminés ou amnistiés qui postérieurement à l'arrêté du 29 messid. an 8 ont été envoyés en possession des biens dont les acquéreurs sont tombés en déchéance, ne pourront les conserver qu'à la charge par eux de payer en capital et intérêts ce que les acquéreurs déchus auraient dû eux-mêmes acquitter s'ils avaient été relevés de la déchéance; 2.° ceux qui ont été envoyés en possession antérieurement à l'arrêté du gouvernement conservent leurs biens; 3.° ceux qui avant ou postérieurement à l'arrêté précité se sont arrangés avec les acquéreurs déchus, sans le concours de l'autorité locale, doivent être dépossédés, s'ils ne se libèrent en capital et intérêts comme aurait dû faire l'acquéreur s'il eut été relevé de la déchéance. (*Décision du Ministre des finances du 7 février* 1806.)	
„	22 octobre 1806.	ASCENDANS D'ÉMIGRÉS RAYÉS.	Les ascendans d'émigrés qui ont obtenu leur radiation définitive, conservent, comme les émigrés, les fruits qu'ils ont	

ÉMIGRÉS ET DÉPORTÉS.

INSTRUCTIONS GÉNÉRALES. N.os	DATES.	OBJETS.	EXTRAIT DÉTAILLÉ DES INSTRUCTIONS.	OBSERVATIONS.
			perçus pendant leur jouissance provisoire, ou lorsqu'il n'y a pas eu de séquestre, quelque soit le tems pendant lequel cette jouissance a eu lieu. (*Décret impérial du* 31 *août* 1806.)	
„	6 décemb. 1806.	LIQUIDATION DES DETTES.	Les états de liquidation des dettes des anciennes corporations et des émigrés, seront envoyés par les préfets au directeur général de la liquidation. L'exécution de la loi du 16 thermidor an 7 sur les dettes des successions des parens des émigrés, ouvertes depuis le 9 floréal an 3, demeure dans les attributions du département des domaines qui continuera de faire au conseil ses rapports sur les conflits entre les autorités administratives et judiciaires. (*Décret imp. du* 12 *août* 1806.)	
„	15 juillet 1807.	JOUISSANCE DU GOUVERNEMENT. -- ÉPOQUE OÙ ELLE DOIT CESSER.	La jouissance du gouvernement, relativement aux usufruits reposant sur la tête des émigrés, doit cesser à partir du jour de leur décès légalement constaté ou lorsqu'ils sont rayés ou amnistiés. (*Décret impérial du* 16 *mars* 1807.)	
337	3 septemb. 1807.	PARTAGES DE PRÉSUCCESSIONS. -- ERREURS A RECTIFIER.	Les partages de présuccession, faits entre l'état et les ascendans d'émigrés, dans lesquels il aurait été commis des erreurs, peuvent être réformés jusqu'à la radiation, l'amnistie ou l'élimination des émigrés.	*V. ci-après l'instruction générale* n.° 507.
„	15 *idem.*	BIENS SOUMISSIONNÉS EN VERTU DE LA LOI DU 28 VENTÔSE AN 4.	Il n'y a pas lieu de restituer aux émigrés les biens qui ont été soumissionnés ou vendus en vertu de la loi du 28 ventôse an 4, et qui sont rentrés dans les mains de l'état par suite de déchéance des soumissionnaires; mais il sera statué sur les réclamations par le ministre des finances, d'après les circonstances particulières. (*Décision du Ministre des finances.*)	
365	20 février 1808.	BIENS A RESTITUER.	On doit restituer aux émigrés rayés, éliminés ou amnistiés, les biens qui n'ont point été séquestrés de fait, par suite d'arrêté des corps administratifs. -- Formalités qui doivent précéder les avis des directeurs sur les demandes de cette nature.	
507	2 février 1811.	USUFRUIT EN FAVEUR DE L'ÉTAT.	Dans aucun cas la présomption de la durée de la vie des émigrés pendant cinquante années, établie en faveur de l'état, ne pourra plus être opposée à ceux qui rapporteront la preuve de leur décès. (*Décret impérial du* 29 *décembre* 1810.)	

ÉMIGRÉS ET DÉPORTÉS.

INSTRUCTIONS GÉNÉRALES.		OBJETS.	EXTRAIT DÉTAILLÉ DES INSTRUCTIONS.	*OBSERVATIONS.*
N.os	DATES.			

ENREGISTREMENT. – CIRCULAIRES DE L'ADMINISTRATION.

CIRCULAIRES DE L'ADMINISTRATION. N.os	DATES.	OBJETS.	EXTRAIT DÉTAILLÉ DES CIRCULAIRES.	OBSERVATIONS.
1450	25 frimaire an 7.	LOI DU 22 FRIM. AN 7.	ENVOI de la loi du 22 frimaire an 7, relative à une nouvelle perception des droits d'enregistrement. Elle sera exécutée du jour de sa publication au chef-lieu du département.	
1500	5 ventôse an 7.	COMMISSIONS DES EMPLOYÉS ; PRESTATIONS DE SERMENT.	Les commissions délivrées aux employés des administrations ne sont point assujetties à l'enregistrement. Les prestations de serment y sont soumises sur la minute ; le droit de 15 fr. est dû lorsqu'un employé qui a déjà prêté serment, le prête de nouveau, pour exercer ses fonctions dans un autre département. Les employés de l'administration peuvent faire cette prestation devant le juge de paix, lorsqu'ils ne résident pas dans la commune où est établi le tribunal, à la charge par eux d'envoyer expédition de l'acte au greffe du tribunal, et d'en faire faire le dépôt et acquitter le droit de 2 fr. et les droits de greffe.	*V. l'instruction n.° 269, au titre* Administration.
1546	1.er floréal an 7.	MARCHÉS-GUERRE ET MARINE.	Les marchés faits pour le service des départemens de la guerre et de la marine pour l'an 7, doivent être enregistrés moyennant le droit fixe d'un fr. (*Déc. du Min. des fin., du 9 niv. an 7.*)	
1554	9 floréal an 7.	ACTES S. S. P. ; INVENTAIRES.	Les actes s. s. p. peuvent être énoncés dans les inventaires, sans qu'on soit tenu de les faire enregistrer auparavant. (*Arrêté du Directoire exécutif, du 22 vent. an 7.*)	
1555	11 dudit.	CÉDULES DE CITATION.	Les cédules pour appeler les parties au bureau de conciliation, sont seules exemptes de l'enregistrement ; celles tendant à citer en justice, sont sujettes au droit fixe d'enregistrement d'un franc. (*Décision du Ministre des finances du 22 germinal an 7.*)	
1604	11 messidor an 7.	CERTIFICATS DE VIE.	Les certificats de vie pour recevoir des rentes ou pensions sur l'état, sont exempts de l'enregistrement, mais soumis au timbre de 25 cent. (*Loi du 22 floréal an 7.*)	
1607	14 messidor an 7.	NATIONALITÉ DES NAVIRES NEUTRALISÉS. – CAUTIONNEMENS.	Les cautionnemens fournis pour garantir la nationalité des navires neutralisés, passés devant notaires ou autres officiers publics, sont sujets, pour le timbre et l'enregistrement, aux règles établies par les lois des 13 brumaire et 22 frimaire an 7 ; ceux passés sous s. p. doivent être sur papier timbré, mais ils ne sont pas soumis à l'enregistrement. (*Décision du Ministre des finances du 22 prairial an 7.*)	
1609	16 dudit.	BAUX EMPHYTÉOTIQUES.	Le droit d'enregistrement des baux emphytéotiques temporaires doit être perçu comme pour les baux ordinaires dont la durée est limitée.	
1617	28 messidor an 7.	RÉPERTOIRE - VISA DÉPÔT.	Les officiers publics tenus d'avoir un répertoire, doivent le faire viser chaque trimestre par le receveur de l'enregistrement. -- Les notaires doivent en déposer un double chaque année, au greffe du tribunal civil. (*Lois des 29 septembre 1791 et 16 floréal an 4.*)	
1639	27 thermid. an 7.	CÉDULES DES JUGES DE PAIX.	Les cédules de citation des juges de paix sont généralement exemptes de la formalité de l'enregistrement. (*Loi du 18 thermidor an 7*), sauf le droit sur la signification.	
1655	28 fructidor an 7.	PROCÈS-VERBAUX, GARNISAIRES, EXPLOITS A ENREGISTRER *GRATIS*.	Les procès-verbaux d'établissemens de garnisaires n'opèrent qu'un seul droit d'enregistrement, mais il est dû deux droits pour les procès-verbaux de saisie-exécution. (*Décision du Ministre des finances du 2 fruct. an 7.*) Les exploits pour le recouvrement de sommes non excédant 25 fr., dues à l'état, doivent être enregistrés *gratis*.	
1665	3 vendém. an 8.	JOUISSANCE PAR BAIL.	Toute jouissance transmise à titre de bail, est assujettie au droit d'enregistrement, de même que les transmissions de propriété ou d'usufruit à vie. Si cette jouissance est prouvée de la manière indiquée par l'art. 13 de la loi du 22 frimaire,	

CIRCULAIRES DE L'ADMINISTRATION. N.os	DATES.	OBJETS.	EXTRAIT DÉTAILLÉ DES CIRCULAIRES.	OBSERVATIONS.
			on peut demander la représentation du bail, ou, à défaut, la déclaration du prix, à l'effet de régler le droit auquel elle donne lieu. La demande des droits ne doit avoir lieu que pour les transmissions postérieures à la loi du 22 frimaire an 7; à l'égard de celles antérieures, les fermiers par bail s. s. p. ne sont tenus de le faire enregistrer qu'avant d'en faire usage, soit par acte public, soit en justice, etc.	
1672	19 vend.e an 8.	ENGAGISTES-ARRÊTÉS DES PRÉFETS.	Les arrêtés des Préfets qui déclarent propriétaires incommutables les engagistes de domaines nationaux, soumissionnaires en vertu de la loi du 14 ventose an 7, sont passibles du droit d'enregistrement de 2 pour 100. Ce droit se liquide sur le montant du quart de l'estimation.	
1678	3 brumaire an 8.	ACTIONS SUR LES NAVIRES.	Les cessions d'actions sur les navires armés en course, celles pour intérêt dans des usines et manufactures et qui n'ont pour objet que le remboursement du capital des intérêts et bénéfices attachés à ces actions, ne sont assujetties qu'au droit de 50 cent. pour cent, conformément au n.° 6, §. 2, art. 69 de la loi du 22 frim. an 7. Cependant, si des actions sur les navires et autres effets de cette nature, étaient transmis par succession ou par donation entre vifs, le droit serait exigible comme il l'est pour les donations et mutations par décès des autres meubles; comme aussi si des actions donnaient aux actionnaires un droit de propriété dans les immeubles de ces établissemens, leur cession produirait alors un droit de 4 pour cent, à moins que l'acte ne contînt un prix particulier pour les objets mobiliers, et qu'ils ne fussent désignés article par article.	
1682	9 brumaire an 8.	DETTE PUBLIQUE.	Les actes s. s. p. pour parvenir à la liquidation de la dette publique, sont assujettis au timbre et à l'enregistrement. (*Lettre du Ministre des finances du 26 vend. an 8.*)	*V. la circulaire n.* 1734.
1689	23 brumaire an 8.	RETOUR LÉGAL ET CONVENTIONNEL.	Le retour légal est passible des droits d'enregistrement dûs pour les mutations par décès. Le retour conventionnel opéré en faveur du donateur, en vertu de la réserve expresse insérée dans un acte de donation, ne donne lieu à aucun droit d'enregistrement.	
1692	28 dudit.	PROMESSE DE MARIAGE. -- PROCÈS-VERBAL.- DIVORCE.	Le procès-verbal d'affiche de la promesse de mariage rédigé par l'officier de l'état civil, et l'extrait qui en est affiché, sont, ainsi que l'acte de célébration du mariage, exempts du droit d'enregistrement. -- Il est dû, d'après le n.° 8, §. 2, art. 68 de la loi du 22 frim. an 7, un droit fixe de 2 fr. pour l'expédition du procès-verbal ou de l'ordonnance de l'officier public qui indique ou proroge l'assemblée de famille préliminaire au mariage, ou qui indique ou proroge la tenue de l'assemblée des parens et amis, préliminaire au divorce. L'expédition de l'acte de divorce est passible du droit fixe de 15 francs.	
1703	9 frimaire an 8.	NOTICES DES DÉCÈS.	Les notices des actes de décès doivent être remises tous les trois mois par les maires ou secrétaires des mairies aux receveurs de leur domicile. Ces derniers inscriront au registre de recette de l'enregistrement, les noms des secrétaires qui auront satisfait à l'art. 55 de la loi du 22 frimaire, et de ceux qui y auront contrevenu.	
1704	9 frimaire an 8.	DÉCLARATION ET SIGNIFICAT.on D'APPEL.	La déclaration et signification d'appel par un seul et même exploit, est passible du droit fixe d'enregistrement de 5 francs ou de 10 francs, suivant le dégré de jurisdiction. Il est dû autant de droits qu'il y a d'appelans et d'intimés ayant des intérêts différents. -- Si la déclaration d'appel se fait au greffe ou par un acte séparé de l'exploit, indépendamment du droit qui se perçoit comme ci-dessus à raison du nombre des appelants,	

CIRCULAIRES DE L'ADMINISTRATION. N.os	DATES.	OBJETS.	EXTRAIT DÉTAILLÉ DES CIRCULAIRES.	OBSERVATIONS.
			il est dû pour l'exploit de signification un droit fixe particulier d'un franc pour chaque appelant et intimé, d'après la distinction admise par le n. 30, § 1, art. 68 de la loi du 22 frimaire an 7. -- La déclaration d'appel des jugements rendus par un tribunal correctionnel est soumise au droit fixe d'un franc à raison d'un droit pour chaque appelant. -- Celle du procureur impérial doit être enregistrée en débet, et la notification qui en est faite est exempte de la formalité. -- La perception du droit de 15 francs sur le premier acte de recours en cassation, se fait par le receveur de l'enregistrement près le tribunal de cassation, sur la requête ou mémoire, et avant son dépôt dans ce greffe. Exception à cette règle.	
1707	11 frimaire an 8.	GARDES-CHAMPÊT. NOMINATIONS.	Les délibérations des administrations municipales qui contiennent la nomination de gardes-champêtres, sont exemptes d'en.ment	
1709	12 dudit.	QUITTANCE DE DROITS LÉGITIMAIRES.	La quittance d'une somme en numéraire, donnée par des légitimaires, en paiement de ce qui leur est dû dans la succession de leurs père et mère, n'opère pas la cession tacite d'un droit immobilier, et n'est soumise qu'au droit proportionnel de 50 centimes pour cent.	
1721	2 nivôse an 8.	CONTRATS DE MARIAGE.	Les contrats de mariage, soit qu'on les passe avant ou après la célébration, sont soumis au droit fixe de 3 fr. A l'égard des donations que contiennent les contrats passés après le mariage, en faveur des époux, on ne peut les regarder comme faites en considération du mariage ni pour le déterminer, et elles ne peuvent conséquemment jouir du bénéfice de l'exception portée par les §§. 4, 6, et 8 de l'art. 69 de la loi du 22 frimaire, dont les dispositions ne s'appliquent qu'aux donations faites par contrats antérieurs à la célébration.	
1723	5 nivôse an 8.	ADJUDICATION DE COUPES DE BOIS.	Lorsque sur une adjudication de coupes de bois il a été perçu le droit proportionnel, il ne sera dû que le droit fixe d'un franc, dans le cas où il y aurait, à raison de la folle enchère, renvoi du dernier adjudicataire au précédent, et ainsi de suite, attendu qu'on ne peut voir dans ce renvoi qu'une seule et même adjudication dont le prix est payé par deux ou plusieurs enchérisseurs.	
1734	12 nivôse an 8.	DETTE PUBLIQUE.	Les actes s. s. p. tendant uniquement à la liquidation de la dette publique, et ceux des administrations et commissaires liquidateurs relativement à cette liquidation, sont dispensés de la formalité du timbre et de l'enregistrement. (*Loi du 26 frimaire an 8.*)	
1737	14 nivôse an 8.	INVENTAIRES-VACATIONS - RÉPERTOIRES.	Chaque vacation aux inventaires doit, à commencer par la première, être soumise à l'enregistrement dans le délai de 10 ou 15 jours, à compter de sa date, si l'inventaire est fait par un notaire; et dans celui de 20 jours, s'il est fait judiciairement. -- Les greffiers et notaires ne feront qu'une seule inscription sur leur répertoire des inventaires contenant plusieurs vacations.	*V. l'instruction générale n. 296 sous ce titre, et celle n. 596 au titre* Répertoire.
1740	17 nivôse an 8.	EXOINE.	L'exoine ou certificat produit par des témoins ou jurés constatant qu'ils n'ont pu se rendre ou comparaître, est exempt de l'enregistrement. (*Décis. du Ministre des fin. du 7 niv. an 8.*)	
1749	5 pluviôse an 8.	DOMMAGES-INTÉRÊTS.	Les jugements portant condamnation de dommages-intérêts en matière criminelle, correctionnelle et de police, sont seuls passibles du droit de 2 pour cent; les condamnations en dommages-intérêts en matière civile ne doivent que 50 c. pour cent.	*V. l'art. 11 de la loi du 27 ventôse an 9, inséré dans la circul. n. 1992.*
1765	22 pluviôse an 8.	DROITS DE SUCCESSION.	Moyens prescrits pour accélérer la découverte des droits résultant des successions et autres mutations par décès, et pour en assurer le recouvrement.	

CIRCULAIRES DE L'ADMINISTRATION. N.os	DATES.	OBJETS.	EXTRAIT DÉTAILLÉ DES CIRCULAIRES.	OBSERVATIONS.
1771	28 pluviôse an 8.	AFFIRMATIONS DE VOYAGE.	Les actes d'affirmation de voyage doivent être rédigés individuellement; ils sont assujettis à l'enregistrement sur la minute dans le vingt jours de leur date. Si un acte de l'espèce contenait l'affirmation de plusieurs individus, les receveurs exigeraient autant de droits fixes d'enregistrement et de droits de rédaction qu'il y aurait d'individus. (*Déc. du Min. des fin. du* 18 *niv. an* 8.)	
1798	14 germinal an 8.	PRESTATIONS DE SERMENT.	Les prestations de serment des fonctionnaires publics et employés, sont des actes individuels, pour chacun desquels il est dû un droit d'enregistrement particulier, soit qu'elles soient admises par un seul acte ou par autant d'actes qu'il y a d'individus.	
1801	22 germinal an 8.	ÉPAVES MARITIMES	Les ventes des épaves maritimes, faites par les administrateurs de la marine, ne sont pas soumises au timbre lorsque le produit est au-dessous de 10 francs, ni à l'enregistrement lorsqu'il n'excède pas 25 francs. Celles faites en mer ou dans les pays étrangers, seront, dans les cas ci-dessus, timbrées à l'extraordinaire ou visées pour timbre et soumises à l'enregistrement dans les 20 jours qui suivent la rentrée du bâtiment dans les ports de France; elles ne seront assujetties à aucune de ces formalités si le produit est au-dessous de 10 et de 25 francs.	
1807	24 germinal an 8.	ACTES DES JUGES DE PAIX, COMMISSAIRES, PROCUREURS IMPÉRIAUX ET MAIRES. BUREAUX OÙ ILS DOIVENT ÊTRE ENREGISTRÉS.	Les actes qui émanent des justices de paix doivent toujours être enregistrés au bureau dans l'arrondissement duquel se trouve le chef-lieu de leur territoire; cependant lorsqu'un commissaire, procureur impérial ou Maire rédige loin du bureau auquel le chef-lieu du canton est arrondi, des procès-verbaux et rapports pour fait de police judiciaire ou administrative, il peut les faire enregistrer soit au bureau de sa résidence, soit au bureau dans l'arrondissement duquel les actes auront été faits. (*Déc. du Min. des fin. du* 5 *pluv. an* 8.)	
1810	5 floréal an 8.	VENTE D'EFFETS MILITAIRES.	Le procès-verbal d'une adjudication d'effets militaires, faite par un commissaire des guerres, est assujetti au timbre et à l'enregistrement. (*Déc. du Min. des fin. du* 8 *floréal an* 8.)	
1832	15 prairial an 8.	CÉDULES DES ACQUÉREURS DE BIENS NATIONAUX.	Les cédules des acquéreurs de biens nationaux ne sont soumises qu'au droit d'enregistrement d'un franc, lorsque la formalité en est requise.	
1849	25 messidor an 8.	RENTES SUR L'ÉTAT - ALIÉNATION.	Les contrats d'aliénation de rentes appartenant à l'état, sont assujettis au droit d'enregistrement de deux pour cent. Ce droit pour les rentes nationales doit être assis sur le prix de l'aliénation, et non sur le capital aliéné. -- L'amortissement ou le rachat que les débiteurs peuvent faire de ces rentes, n'est passible que du droit de 50 centimes pour cent seulement, sur le prix du rachat.	
1901	1 brumaire an 9.	OBJETS MOBILIERS INHÉRENS AUX MAISONS NATIONALES.	Les ventes des glaces et des objets mobiliers inhérents aux maisons nationales et qui seront faites aux acquéreurs des immeubles sur estimation rigoureuse, ou, à leur refus, aux enchères, seront soumises aux droits d'enregistrement de deux pour cent et de timbre.	
1912	19 brumaire an 9.	RESCRIPTIONS DE LA TRÉSORERIE.	Les cessions de rescriptions de la trésorerie, admissibles en paiement de rentes nationales, sont exemptes de la formalité et du droit d'enregistr.t (*Déc. du M. des fin. du* 28 *vend. an* 9.)	
1913	19 dudit.	PERCEPTION DES CONTRIBUTIONS DIRECTES - PROCÈS-VERBAUX - CAUTIONNEMENT.	Les procès-verbaux d'adjudications de la perception des contributions directes et des cautionnemens qui sont fournis en conséquence, sont soumis au timbre et à l'enregistrement. L'acte de réception de caution n'est passible que du droit fixe d'un franc. - Les nominations de percepteurs, faites d'office, sont exemptes du droit et de la formalité.	

ENREGISTREMENT.

CIRCULAIRES DE L'ADMINISTRATION. N.os	DATES.	OBJETS.	EXTRAIT DÉTAILLÉ DES CIRCULAIRES.	OBSERVATIONS.
1941	14 frimaire an 9.	MUTATION D'IMMEUBLES - SUPPLÉMENT DE DROIT.	Le Receveur de l'enregistrement de la situation des biens, est chargé de recouvrer le supplément du droit d'enregistrement, résultant des actes translatifs d'immeubles à titre onéreux, lorsque l'insuffisance du prix est constatée par un rapport d'experts.	
1942	17 dudit.	DOUAIRE - DÉCLARATION.	Il n'y a pas lieu d'exiger de l'époux survivant, dont le mariage est postérieur à la publication de la loi du 17 nivôse an 2, la déclaration du douaire légal ou coutumier.	
1954	11 nivôse an 9.	ARRÊTÉS DE COMPTE.	Les arrêtés de compte entre particuliers, ne doivent que le droit fixe d'un franc, lorsque la dépense balance la recette par des actes en forme et authentiques ou par des quittances enregistrées; ils sont soumis au droit de 50 centimes pour cent quand les paiemens énoncés dans le compte sont établis par des actes non enregistrés, et par le solde du reliquat; ce droit se perçoit sur les quittances produites à l'appui de la dépense et sur le solde. Si dans l'arrêté de compte, l'une des parties s'oblige de payer une somme pour reliquat ou pour avance, il est dû sur cette disposition un franc pour cent. Si l'on créait une rente pour ce reliquat ou cette avance, le droit serait de deux pour cent; il serait de deux francs ou de quatre pour cent, s'il y avait abandon de meubles ou immeubles en paiement de la somme due.	
1963	25 nivôse an 9.	PRIX DES COUPES DE BOIS DE L'AN 8 — TRANSFERTS.	Les cessions et subrogations de transferts des quatre derniers cinquièmes du prix des coupes de bois de l'an 8, sont assujetties au droit fixe d'un franc, lorsque les porteurs veulent en faire usage en justice; il n'est dû qu'un seul droit, lorsque les transferts sont endossés de plusieurs cessions ou subrogations.	
1974	14 ventôse an 9.	ENQUÊTES ET INTERROGATOIRES.	Les enquêtes et interrogatoires doivent être enregistrés sur les minutes. Dans les tribunaux civils et de commerce, les citations sont indispensables; tous les actes préparatoires doivent être successivement rédigés et enregistrés, soit sur les minutes, soit sur les expéditions.	
1981	7 germinal an 9.	VENTE DE MEUBLES AU COMPTANT.	Les droits d'enregistrement des ventes de meubles au comptant, doivent être perçus cumulativement; ils sont perçus distinctement et par article sur les adjudications de coupes de bois en détail, ainsi que sur le cautionnement. (*Décision du Ministre des finances du 28 nivôse an 9.*)	
1987	14 germinal an 9.	VENTE AVEC FACULTÉ DE RÉMÉRÉ. BANQUE TERRITORIALE.	Les droits d'enregistrement des contrats de vente d'immeubles, avec faculté de réméré, passés au profit de la banque territoriale par ceux à qui elle prête son crédit, sont fixés à 4 pour cent, comme pour les ventes ordinaires d'immeubles, mais seulement sur le prix stipulé en faveur des vendeurs. (*Décision du Ministre des finances des 22 vendémiaire an 8, et 8 pluviôse an 9.*)	
1992	17 germinal an 9.	LOI DU 27 VENTÔSE AN 9.	Loi du 27 ventôse an 9, et instructions pour son exécution.	
2012	12 prairial an 9.	DOTS DES EX-RELIGIEUSES. AFFRANCHISSEMENT.	Les actes passés en exécution de l'arrêté du 27 nivôse an 9, qui accorde aux débiteurs des dots des ex-religieuses, la faculté de s'affranchir de leur paiement, ne sont soumis qu'au droit fixe d'un franc, quoique la rénonciation et la soumission soient renfermées dans le même acte; il serait dû deux droits fixes si elles étaient faites par acte séparé.	
2015	21 prairial an 9.	PRESCRIPTION. TESTAMENT.	La demande du droit d'enregistrement d'un testament non soumis à la formalité, et de tous autres actes reçus par les officiers publics, ne se prescrit que par trente années. (*Décision du Ministre des finances du 8 prairial an 9.*)	

CIRCULAIRES DE L'ADMINISTRATION. N.os	DATES.	OBJETS.	EXTRAIT DÉTAILLÉ DES CIRCULAIRES.	OBSERVATIONS.
2018	9 messidor an 9.	SIGNIFICATIONS D'AVOUÉ A AVOUÉ.	Les significations d'avoué à avoué, doivent autant de droits qu'il y a d'avoués demandeurs ou défendeurs. Si ces significations exprimaient des conclusions, interventions, demandes incidentes, preuves ou exceptions ; si elles agitaient le fond de la question contentieuse, elles entreraient, quoique signifiées entre avoués, dans la classe des exploits ordinaires, tant pour la quotité que pour la pluralité des droits.	
2030	18 thermid. an 9.	MAIN-LEVÉE D'INSCRIPTIONS - DÉBITEURS DE L'ÉTAT.	Le droit d'enregistrement et de timbre des actes de main-levée des inscriptions sur les débiteurs de créances de l'état, est à la charge de celui, au profit duquel elle fait titre.	
2045	2 vendém. an 10.	NOTICES DE DÉCÈS.	Envoi d'un modèle de feuilles destinées aux relevés des notices de décès que les Maires doivent remettre chaque trimestre aux Receveurs de l'enregistrement.	
2050	16 vendém. an 10.	CONSTITUTION D'AVOUÉ-EXPLOIT.	Les exploits d'assignation contenant constitution d'avoué, ne donnent pas lieu à la perception d'aucun droit particulier. Ceux de citations devant les juges de paix ou dans les tribunaux de police où il n'y a pas d'avoué en titre, donnent lieu à la perception de deux droits, lorsqu'ils contiennent nomination d'un défenseur officieux.	
			INSTRUCTIONS GÉNÉRALES.	
5	8 brumaire an 10.	MOBILIER MILIT.re	Les procès-verbaux de vente de mobilier militaire sont exempts de la formalité de l'enregistrement. (*Décision du Ministre des finances du 25 floréal an 9.*)	
27	25 frimaire an 10.	NOUVELLES MESURES.	Les notaires et autres officiers publics doivent exprimer dans leurs actes les nouvelles mesures, sous peine d'amende; les employés de l'administration sont tenus de les exprimer dans leurs enregistremens, actes, procès-verbaux et écritures.	
34	14 nivôse an 10.	ACTES JUDICIAIRES	Instruction sur la perception des droits d'enregistrement des actes judiciaires contenant différentes dispositions.	
44	5 ventôse an 10.	PROCÈS-VERBAUX DES GARDES DES FORÊTS.	Les procès-verbaux des gardes des forêts nationales doivent être enregistrés en débet.	
66	12 thermid. an 10.	VENTE D'EFFETS D'APPROVISIONNEM. DE LA MARINE.	Les procès-verbaux de vente d'effets et approvisionnement de la marine, soit qu'elle soit passée devant l'administration de la marine ou par le receveur des domaines, sont soumis à l'enregistrement dans le délai fixé par la loi du 22 frimaire an 7.	*V. l'instruction générale n. 166 ci-après.*
2	30 thermid. an 10.	DROITS DE PASSAGE AUX ÉCLUSES ET PONTS MOBILES.	Les baux des droits de passage aux écluses et ponts mobiles, ainsi que les marchés des entrepreneurs des travaux à y faire, ne doivent que le droit fixe d'un franc d'enregistrement, conformément à la loi du 7 germ. an 8. Les cautionnemens de ces actes ne sont également assujettis qu'au seul droit fixe d'un fr.	
70	10 fructidor an 10.	ÉTATS DES DÉCÈS.	Les receveurs de l'administration ne constateront plus par des procès-verbaux les retards que les maires apportent à la remise des états des décès, comme le leur prescrivait la circulaire du 18 floréal an 8 N.° 1804, *à l'égard des maires qui n'ont pas de secrétaires* : il suffira qu'ils en instruisent leur directeur et que celui-ci invite le préfet à stimuler les maires en retard.	
115	15 nivôse an 11.	POURSUITES.	Les actes de poursuites et autres ayant pour objet le recouvrement des droits confiés à l'administration de l'enregistrement seront enregistrés *en débet*.	

ENREGISTREMENT.

INSTRUCTIONS GÉNÉRALES. N.os	DATES.	OBJETS.	EXTRAIT DÉTAILLÉ DES INSTRUCTIONS.	OBSERVATIONS
	20 pluviôse an 11.	SUCCESSIONS DES CONDAMNÉS.	Les héritiers des condamnés sont autorisés à acquitter les droits des successions auxquelles ils sont appelés, en bons de restitutions, en tiers conservé, et en deux tiers remboursés. (*Arrêté du 24 floréal an 8.*) Ordre de suspendre toutes poursuites jusqu'à ce qu'il ait été décidé si ce sont les bons ou les rescriptions du trésor qui peuvent être donnés en paiement. On se bornera à la signification des actes nécessaires pour prévenir la prescription.	*V. l'instruction n.* 151.
124	13 ventôse an 11.	ACTE DE RECOURS EN CASSATION.	Tout premier acte de recours en cassation, quelqu'en soit l'objet, excepté en matière criminelle, doit le droit fixe de 15 francs. (*Arrêté du Gouvernement du 21 pluviôse an* 11.)	
151	25 germinal an 11.	SUCCESSIONS DES DÉPORTÉS ET CONDAMNÉS.	Les receveurs admettront en paiement des droits d'enregistrement des successions des déportés et des condamnés, les rescriptions du trésor public délivrées nominativement à leurs héritiers en échange du tiers conservé et des deux tiers remboursables.	
152	7 flor. an 11.	JUGEMENTS SUR CONVENTIONS VERBALES.	Les jugements rendus sur des conventions verbales ou non justifiées par titres écrits, doivent être enregistrés sur la minute et payer le droit que comportent leurs dispositions, indépendamment du droit auquel donnent lieu les conventions sur lesquelles ils sont établis.	
141	5 messidor an 11.	SENTENCES ARBITRALES.	La minute des sentences arbitrales, après avoir été enregistrée doit être déposée au greffe du tribunal d'arrondissement. (*Art. 7. de la loi du 25 ventose an* 2.) Les expéditions ne sont authentiques que lorsqu'elles sont délivrées par le greffier du tribunal. -- C'est sur les expéditions que doivent être mis les exécutoires du président du tribunal. Les expéditions sont sujettes au droit de greffe d'un franc 25 centimes le rôle. (*Décision du Grand-Juge du 30 germinal an* 11., *art.* 6 *du titre premier de la loi du 24 août* 1790.)	
»	5 fruc. an 11.	ACTES PASSÉS DANS L'ANCIENNE FRANCE.	On ne peut enregistrer dans les départemens de la 27.e division des actes s. s. p. passés dans l'intérieur de la France, ni y passer des actes étrangers au Piémont par leur objet et par le domicile des parties.	
158	21 dudit.	DÉCLARATIONS EN MATIÈRE DE FAILLITE.	Les déclarations faites aux greffes des tribunaux de commerce par les créanciers des individus qui ont fait faillite ou suspendu leurs paiemens, sont sujettes à l'enregistrement dans le délai de vingt jours et au droit fixe de deux francs; il ne peut être exigé de droit proportionnel à raison des titres présentés ou énoncés dans ces déclarations.	
160	id.	ACTES POUR LE SERVICE DU DÉPARTEMENT DE LA GUERRE.	Les marchés et adjudications pour les différents services du département de la guerre faits et à faire, ne seront soumis qu'au droit fixe d'un franc. -- Les actes de cautionnement relatifs auxdits marchés et adjudications seront soumis au droit proportionnel de 50 centimes par cent francs. (*Arrêté du Gouvernement, du* 6 *fructidor an* 11.)	
166	5 complém. an 11.	VENTE D'EFFETS ET APPROVISIONN.t DE LA MARINE.	Les procès-verbaux de vente d'effets mobiliers et objets d'approvisionnement de la marine sont exempts d'enregistrement. (*Décision du Ministre des finances du* 12 *fructidor an* 11.)	
169	22 vendém. an 12.	ACTES DES PROCUREURS IMPÉR.	Les actes faits à la requête des commissaires du gouvernement près les tribunaux soit en matière civile ou criminelle, doivent être enregistrés sans exiger le paiement des droits qui resteront en suspens. (*Décision du Ministre des finances des* 7 *frimaire an* 8 *et* 5 *fructidor an* 11.)	
172	28 vendém. an 12.	SOUMISSIONS ET CAUTIONNEM.S DES ARMATEURS DE BATIMENS.	Le droit d'enregistrement des actes de soumission et de cautionnement fournis par les armateurs de bâtiments armés en course, est fixé à un franc fixe.	

ENREGISTREMENT.

INSTRUCTIONS GÉNÉRALES. N.os	DATES.	OBJETS.	EXTRAIT DÉTAILLÉ DES INSTRUCTIONS.	OBSERVATIONS.
173	28 vendém. an 12.	ACTES DES COURTIERS.	Les traités de vente de marchandises et navires par l'entremise de courtiers, sont sujets aux droits proportionnels d'enregistrement dans le délai de dix jours comme les actes des notaires. -- Il en est de même des actes de vente de bâtimens de mer. (*Décision du Ministre des fin. du 4 vendém. an 12.*)	
176	3 brumaire an 12.	ARRÊTÉS DES PRÉFETS PORTANT RADIATION D'INSCRIPTIONS.	Les minutes des arrêtés des Préfets portant autorisation de radier les inscriptions aux hypothèques, doivent être enregistrées dans les vingt jours de leur date, et payer le droit fixe d'un franc. -- S'il s'agissait de radier des inscriptions mal à propos requises, elles seraient enregistrées *gratis*. (*Décis. du Ministre des finances du 11 vendémiaire an 12.*)	
178	16 brumaire an 12.	RENTES FONCIÈRES COMPRISES DANS UNE VENTE.	Les rentes foncières dont peuvent être grevés des immeubles, doivent être, pour leur capital, ajoutées au capital de la vente pour la liquidation du droit d'enregistrement, attendu qu'elles sont une charge de la vente. -- Sous ce rapport elles ne peuvent être distraites du prix des baux des propriétés immobilières dont la mutation s'opère par décès.	
185	25 frimaire an 12.	DONATIONS EN FAVEUR DES HOSPICES.	Les donations entre vifs et testamentaires en faveur des hospices ne sont assujetties au droit d'enregistrement qu'à raison d'un franc fixe. -- Elles n'auront leur plein effet qu'après que leur exécution aura été autorisée par le Gouvernement. (*Arrêté du Gouvernement du 15 brumaire an 12.*)	
186	*Idem.*	SERVICE DE LA MARINE ET DE L'INTÉRIEUR.	Les marchés et adjudications pour le service du département de la marine, et ceux de même nature pour le département de l'intérieur, et relatifs aux ponts et chaussées, écluses, desséchemens etc., lorsque le prix sera payé des deniers du trésor public, ne sont assujettis qu'au droit fixe d'un franc. (*Arrêté du Gouvernement du 15 brumaire an 12.*) Les actes de cautionnement continueront à être soumis au droit proportionnel de 50 centimes pour cent. -- L'exemption du droit proportionnel ne peut être étendue aux soustraités ni aux actes de cession, subrogation, faits par les adjudicataires qui auraient traité directement avec le Gouvernement ou ses agens.	*V. l'instruction générale n. 266, sur le droit d'enregistrement des actes de cautionnement.*
196	26 nivôse an 12.	DONATIONS ENTRE VIFS; FORMALITÉ DE L'INSINUATION ABOLIE.	La formalité de l'insinuation des donations entre vifs est totalement abolie, et remplacée par la transcription des actes de donation aux bureaux des hypothèques dans l'arrondissement desquels les biens sont situés.	
201	9 pluviôse an 12.	HOSPICES, RENTES.	Les actes faits par les commissaires impériaux, tendant à la rentrée des rentes nationales et domaines usurpés, attribués aux hospices par la loi du 4 ventose an 9, doivent, comme ceux où ils représentent une partie civile, être enregistrés moyennant le paiement du droit et non *en débet*. (*Avis du Conseil d'état du 5 nivose an 12.*)	
203	27 pluviôse an 12.	PRÉSENTATIONS, DÉFAUTS, etc.	Les minutes des présentations, des défauts et congés, sont soumises à l'enregistrement, soit qu'elles soient délivrées et passées aux greffes des cours d'appel, des tribunaux de première instance ou de commerce. (*Lettres du Ministre des finances des 7 frimaire et 14 pluviôse an 12.*)	
204	28 pluviôse an 12.	PRESTATION DE SERMENT DES NOTAIRES - DÉPÔT DE TITRES - MÉDECINS, CHIRURGIENS etc.	Les anciens notaires, comme ceux admis à en remplir les fonctions, en exécution de la loi du 25 ventôse an 11, doivent prêter serment. L'acte qui en est dressé est soumis sur la minute au droit de 15 francs, quoiqu'il ait été perçu pour une précédente prestation, indépendamment des droits de timbre et de greffe auxquels donnent lieu les expéditions qui en sont délivrées. -- Les récépissés ou reconnaissances données aux notaires du dépôt de leurs titres et pièces de réception au greffe du tribunal de première instance sont	

ENREGISTREMENT.

INSTRUCTIONS GÉNÉRALES. Nos	DATES.	OBJETS.	EXTRAIT DÉTAILLÉ DES INSTRUCTIONS.	OBSERVATIONS.
		RECONNAISSANCES DU DÉPÔT DES TITRES DE MÉDECINS, etc.	soumis au droit fixe de 2 fr. d'enregistr.t et aux droits de timbre et de greffe; les reconnaissances qui sont délivrées par les greffiers des tribunaux de première instance aux médecins, chirurgiens, officiers de santé et sages-femmes du dépôt de leurs lettres de réception, et de maitrises, sont soumises aux mêmes droits; il en serait de même, s'il était délivré pour tenir lieu de récépissé, une expédition de la minute. (*Décision du Ministre des finances du 14 pluviôse an 12.*)	
206	5 ventôse an 12.	MUTATION D'IMMEUBLES PAR DÉCÈS. DROITS DUS PAR LES HÉRITIERS ET PAR LES TIERS ACQUÉREURS.	Les droits de mutation d'immeubles par décès sont dûs non seulement par l'héritier, mais encore par le tiers acquéreur des biens de la succession, malgré la transcription de son contrat, attendu que les revenus n'appartiennent au nouvel acquéreur qu'après l'acquittement du droit dont la charge lui a été transmise avec la propriété de l'héritage. L'inscription hypothécaire n'est pas nécessaire pour assurer le recouvrement de ces droits qui sont un prélèvement en faveur de l'état sur les revenus, plutôt qu'une créance ordinaire. (*Décision du Grand-Juge du 25 nivôse an 12.*)	*V. l'instruction num. 495. sous ce titre.*
207	Id.	ACTES DE REMPLACEMENT DE CONSCRITS.	Les actes de remplacement de conscrits lorsqu'ils sont purs et simples sont considérés comme enrôlement militaire, et comme tels exempts du timbre et de l'enregistrement; mais si ces actes contiennent les conditions pécuniaires du remplacement, ils rentrent dans la classe des conventions civiles, et comme marchés particuliers sont soumis au timbre et à l'enregistrement. (*Décision du Ministre des finances du 24 pluviôse an 12.*)	
208	11 ventôse an 12.	PRESCRIPTION.	La prescription des droits d'enregistrement n'est point arrêtée par des réclamations portées devant le ministre ou l'administration. Pour la prévenir les receveurs doivent avant l'expiration du délai, faire signifier la demande de ces droits ou la faire renouveller par le ministère d'huissier.	*V. l'instruction générale n. 424., et celle num. 509 sous ce titre.*
211	17 ventôse an 12.	RECONNAISSANCES DE LETTRES DE CHANGE.	L'exemption d'enregistrement accordée aux lettres de change par l'art. 70 de la loi du 22 frimaire an 7, et la disposition de l'art. 69 de cette loi qui a fixé à demi pour cent le droit des billets à ordre et autres effets négociables, ne peuvent dispenser d'un nouveau droit proportionnel à raison d'un pour cent les reconnaissances qui seraient passées en forme authentique desdites lettres de change ou billets à ordre, non plus que les actes attributifs ou transmissifs de privilège ou d'hypothèque. (*Décisions du Min. des fin. des 7 flor. an 10 et 8 vent. an 12.*)	
216	5 germinal an 12.	VENTE D'IMMEUBLES SITUÉS A L'ÉTRANGER.	Les actes passés en forme authentique en pays étranger, portant vente d'immeubles situés hors du territoire de l'empire, doivent être enregistrés avant d'en faire usage en justice, et sont sujets au droit proportionnel. (*Déc. du M. des fin. du 22 vent. an 12.*)	*V. la circulaire du 4 nivôse an 14 ci-après.*
»	5 germinal an 12.	FORME DE PROCÉDER.	Les seuls départemens où les ordonnances de 1667 et de 1695 n'ont jamais été en vigueur et les départemens réunis, doivent conserver jusqu'à la promulgation des lois sur la procédure, les usages qui étaient établis dans les tribunaux sur la formalité des présentations, défauts et congés; on doit s'assurer que ces usages sont constans et réguliers, et qu'ils n'ont pas été introduits par abus.	
»	8 germinal an 12.	JUGEMENS RENDUS SUR CONVENTIONS VERBALES.	Les jugemens contenant condamnation de sommes modiques pour prêt ou vente de comestibles, salaires d'ouvriers ou domestiques, mois de nourrice etc. réclamés en vertu de conventions verbales, doivent, indépendamment du droit sur le jugement, celui auquel l'objet de la demande aurait donné lieu s'il avait été convenu par acte public, et être enregistrés sur la minute. (*Déc. du M. des fin. du 6 fruct. an 10. et 29 vent. an 12.*)	*V. l'instruction générale n. 452., sous ce titre.*

ENREGISTREMENT.

INSTRUCTIONS GÉNÉRALES. N.os	DATES.	OBJETS.	EXTRAIT DÉTAILLÉ DES INSTRUCTIONS.	OBSERVATIONS.
»	30 floréal an 12.	ACTES PASSÉS DANS LES COLONIES	Les actes authentiques passés dans les colonies françaises, sans distinction d'époque, comme ceux s. s. p., ne pourront servir à un usage public en france, avant d'y avoir été soumis à l'enregistrement. (*Lettre du Ministre des finances du 11 floréal an 12.*) Un acte authentique des colonies portant transmission de biens situés en france, serait soumis à la peine du double droit, s'il n'avait été revêtu de la formalité, dans le délai fixé par l'art. 22 de la loi du 22 frimaire an 7.	
228	24 prairial an 12.	PRÉSENTATIONS ET DÉFAUTS.	Les greffiers des tribunaux de commerce jouiront de la faculté qu'on ne peut leur contester de faire enregistrer les présentations et les défauts levés à l'instant de l'audience, après que le jugement a été prononcé, pourvu que l'enregistrement ait lieu dans le jour de la prononciation, en sorte que si le jugement doit être mis sur le champ à exécution, l'expédition puisse être présentée à la formalité avec la présentation et le défaut. (*Décision du Ministre des finances du 18 floréal an 12.*)	*V. la circulair ci-après du 11 thermid. an 12.*
229	27 dudit.	JUGEMENS DÉLIVRÉS POUR LE RECOUVREMENT DES AMENDES.	Les receveurs doivent timbrer et enregistrer *en débet* les jugemens que les greffiers délivrent aux employés de l'administration, pour suivre le recouvrement des amendes, sauf à en suivre le paiement contre la partie en même temps qu'ils feront la demande du principal et des frais.	
»	17 messidor an 12.	RETRAIT.	Le retrait exercé par des cohéritiers avant partage en vertu de l'art. 841 du code civil, de la cession faite par l'un d'eux, au profit d'un non successible, de son droit dans un objet distinct dépendant d'une succession indivise, n'est assujetti qu'au droit d'enregistrement de 50 centimes pour cent. (*Décision du Ministre des finances du 11 floréal an 12.*)	
237	24 messidor an 12.	INSCRIPTION AU GRAND-LIVRE.	Les déclarations des rentiers de l'état, tendant à obtenir un nouvel extrait d'inscription au grand-livre, ne sont assujetties qu'au droit fixe d'un franc. (*Décret impérial du 3 messidor an 12.*)	
239	29 messidor an 12.	ENFANS NATURELS -- HÉRITIERS LÉGITIMES -- SOLIDARITÉ.	Les enfans naturels doivent fournir déclaration de la portion de biens que la loi leur accorde, et payer le droit de mutation par décès en ligne directe. -- Les héritiers légitimes ne doivent passer déclaration que de la portion de biens qui leur sont échus. (*Décision du Ministre des finances du 7 messidor an 12.*) Il n'y a point de solidarité entre les enfans naturels et les héritiers légitimes.	
240	30 dudit.	ACTES PASSÉS DANS LES ÎLES ET COLONIES.	On ne peut faire aucun usage public en france des actes en forme authentique, passés dans les îles et colonies françaises où l'enregistrement n'est pas établi, à moins qu'ils n'aient été préalablement enregistrés, quelle que soit la date de ces actes. -- L'exemption n'est applicable qu'aux actes de l'espèce, passés dans les îles ou colonies, dans lesquelles ces lois ont leur exécution, pourvu qu'ils ne contiennent aucune transmission de propriété ou d'usufruit de biens immeubles situés en france. (*Décision du Ministre des finances du 23 prairial an 12.*)	
245	9 thermid. an 12.	RETRAITS ET RÉSOLUTIONS DE VENTES.	Application des dispositions du code civil, concernant les retraits et la résolution des ventes d'immeubles, à la perception des droits d'enregistrement.	
»	11 thermid. an 12.	PRÉSENTATIONS, DÉFAUTS etc.	Ordre de suspendre la perception de tout droit de présentation, défaut et congé, dans les tribunaux de commerce. (*Avis du Conseil d'état du 18 messidor an 12, approuvé le 24 dudit.*)	

ENREGISTREMENT.

INSTRUCTIONS GÉNÉRALES. N.os	DATES.	OBJETS.	EXTRAIT DÉTAILLÉ DES INSTRUCTIONS.	OBSERVATIONS.
248	23 thermid. an 12.	PRESTATION DE SERMENT DES EMPLOYÉS DES DIVERSES ADMINISTRAT.s	Les actes de prestation de serment des employés des contributions directes et des droits réunis, et généralement de toutes les administrations et régies, doivent être enregistrés dans le délai de vingt jours, sur la minute, pour le droit de 5 ou 15 francs, suivant le grade ou l'emploi, soit que cette prestation ait lieu devant le préfet, le tribunal de première instance, ou devant un juge de paix. (*Décision du Ministre des finances du 12 thermidor an 12.*) Ordre de vérifier dans les greffes et aux secrétariats des préfectures, si les actes de l'espèce ont été enregistrés, et de constater par procès-verbaux les contraventions qui seront reconnues.	
»	5 fructidor an 12.	PRESTATION DE SERMENT. - DROITS RÉUNIS.	La prestation de serment des commis temporaires de la régie des droits réunis ne doit point être enregistrée. -- Celle des simples commis ne payera que le droit fixe de 3 francs.	
255	20 dudit.	ADJUDICAT.s DE COUPES DE BOIS.	Le droit d'enregistrement des adjudications de coupes de bois nationaux doit être liquidé sur le prix principal et le décime, en y ajoutant le montant des frais d'impression, de publication, bougies, criées etc. que les adjudicataires doivent payer, sur le réglément qui en est fait par le fonctionnaire qui préside à l'adjudication. (*Décision du Ministre des finances du 10 fructidor an 12.*)	
»	3 complém. an 12.	PRESTATION DE SERMENT. - DROITS RÉUNIS.	La prestation de serment des buralistes de la régie des droits réunis, dont le traitement annuel ne s'élèvera pas à plus de 500 francs, ne sera assujettie qu'au droit fixe de 3 francs. (*Décision du Ministre des finances, du 1.er complém. an 12.*)	
265	21 frimaire an 13.	ORGANISATION DU NOTARIAT.	Disposition de la loi du 25 ventôse an 11 sur l'organisation du notariat, dont l'exécution doit être surveillée par les employés de l'administration de l'enrégistrement, surtout en ce qui concerne les amendes et autres peines pécuniaires que les notaires peuvent encourir pour contravention à leurs fonctions.	
266	6 pluviôse an 13.	DÉPÔT DE CONTRATS AU GREFFE, POUR PURGER DES HYPOTHÈQUES.	Le dépôt des contrats au greffe du tribunal pour purger les hypothèques sur les biens des maris et tuteurs, doit être fait par un acte sujet à l'enregistrement sur la minute, dans les vingt jours de sa date.	
271	20 pluviôse an 13.	DÉCISIONS EN MATIÈRE DE POLICE.	Les décisions rendues en police ordinaire, entre les ouvriers et apprentifs, les manufacturiers fabricans et artisans, par les maires et adjoints, les préfets et commissaires de police, sont soumises aux mêmes droits de timbre et d'enregistrement que les jugemens rendus contre les contrevenans aux réglémens en matière de police ordinaire. (*Art. 19 de la loi du 22 germinal an 11.*)	
272	22 pluviôse an 13.	CAISSE D'AMORTISSEMENT. - RECONNAISSANCES.	Les reconnaissances délivrées par les préposés de la caisse d'amortissement des sommes consignées entre leurs mains en exécution de la loi du 28 nivose an 13 ne sont soumises qu'au droit fixe d'un franc, et doivent être enregistrées dans le délai de cinq jours. (*Art. 3 de ladite loi.*)	*V. au tit.* Caisse d'amortissement, *la circulaire du 12 germinal an 13.*
»	25 ventôse an 13.	PRESTATION DE SERMENT DES PRÉPOSÉS DES CONTRIBUTIONS DIRECTES. -- DÉLAI.	Il est accordé un nouveau délai d'un mois aux percepteurs et autres préposés des contributions directes pour faire enregistrer leur prestation de serment *sans droit en sus.* (*Décision du Ministre des finances du 7 ventôse an 13.*)	*Addition à la circulaire n. 248.*
286	16 prairial an 13.	CAUTIONNEMENT. - PONTS ET CHAUSSÉES.	Les actes de cautionnement relatifs aux adjudications et marchés pour le service des ponts et chaussées, de la navigation et des ports maritimes et de commerce, ne sont assujettis qu'au droit fixe d'enregistrement d'un franc. (*Décret impérial du 25 germinal an 13.*)	

INSTRUCTIONS GÉNÉRALES. N.os	DATES.	OBJETS.	EXTRAIT DÉTAILLÉ DES INSTRUCTIONS.	OBSERVATIONS.
290	3 fructidor an 13.	SOLUTIONS DIVERSES.	Rappel aux receveurs, des obligations que leur imposent les lois et les ordres de régie relativement à la forme de l'enregistrement des actes qui sont présentés à la formalité ; injonction aux employés supérieurs de s'assurer de l'exactitude des receveurs sur cet objet. Décisions du ministre des finances, et solutions de l'administration sur l'application des lois concernant l'enregistrement des actes ci-après : 1.° Actes contenant plusieurs dispositions. 2.° Actes produits en justice. 3.° Actes judiciaires à enregistrer et timbrer en débet, etc. 4.° Actes judiciaires. 5.° Actes des maires ou adjoints, sujets à l'approb.n des préfets. 6.° Actes s. s. p. produits à la liquidation de la dette publique. 7.° Actes des huissiers ou gendarmes en matière criminelle, correctionnelle et de police. 8.° Actes de poursuites pour le recouvrement des contributions. 9.° Actes de société. 10. Adjudications et cautionnemens pour fournitures dans les maisons de détention. 11. Affectation d'hypothèques pour billets à ordre ou lettres de change. 12. Cautionnement fourni en remplacement d'un premier cautionnement. 13. Cautionnement pour sûreté du prix de vente des domaines nationaux. 14. Cautionnemens fournis par les préposés aux recettes municipales. 15. Cessions de portion d'intérêts dans une société en commandite. 16. Contrat de mariage contenant stipulation de communauté. 17. Déclaration de command sur adjudications judiciaires. 18. Déclaration de dettes contenues dans les inventaires. 19. Délai pour l'enregistrement des actes et déclarations. 20. Délai pour l'enregistrement des procès-verbaux d'adjudication de coupes de bois, lorsqu'il y a désistement. 21. Délégations et transport de créances. 22. Délibérations des communautés d'habitans qui fixent ou augmentent le traitement des curés, vicaires, etc. 23. Délibération de famille. 24. Dépôt au greffe, des signatures et paraphes des notaires. 25. Devis pour parvenir aux adjudicat.ns des travaux des routes. 26. Distinction des meubles et des immeubles. 27. Donations faites entre époux pendant le mariage. 28. Donations en faveur des fabriques, séminaires et autres établissemens. 29. Donations non acceptées. 30. Donation contenant partage ou licitation. 31. Evaluation du revenu des biens-fonds affermés en nature. 32. Inventaires rapportés par des notaires hors de leur résidence. 33. Jugemens portant condamnation de dépens au profit des avoués contre leurs cliens. 34. Mutations de biens par décès pendant le cours de la faculté de réméré. 35. Mutation (les droits de) ne sont dûs par l'héritier contractuel qu'au décès de l'instituant. 36. Mutations par décès de rentes et créances. 37. Mutations par décès de biens meubles ou immeubles situés en france, en faveur d'étrangers. 38. Mutations de rentes sur l'état. 39. Notices des décès à remettre aux receveurs par les maires. 40. Obligations des receveurs généraux.	*V. l'instruction num.* 304.

INSTRUCTIONS GÉNÉRALES. N.os	DATES.	OBJETS.	EXTRAIT DÉTAILLÉ DES INSTRUCTIONS.	OBSERVATIONS.
			41. Obligations des directeurs des droits réunis. 42. Prestations de serment. 43. *Idem* des juges et procureurs impériaux. 44. *Idem* des greffiers des tribunaux d'appel. 45. *Idem* des arpenteurs des forêts nationales. 46. *Idem* des inspecteurs et sous-inspecteurs des chasses. 47. *Idem* des lieutenans ou sous-lieutenans des douanes. 48. *Idem* des interprètes de langues étrangères. 49. *Idem* des notaires. 50. *Idem* des employés des contrib.s directes et des droits réun. 51. *Idem* des commis et contrôl.rs temporaires des droits réun. 52. *Idem* des commis et buralistes des droits réunis qui n'ont pas 500 francs. 53. *Idem* des préposés des contributions directes. 54. *Idem* des directeurs, inspecteurs, et contrôleurs des contributions directes. 55. *Idem* des porteurs de contraintes. 56. Distinction entre le serment sujet au droit et celui qui en est exempt. 57. Prestation de serment des avoués. 58. *Idem* des commissaires de police. 59. *Idem* des ingénieurs. 60. *Idem* des conducteurs de travaux. 61. Procès-verbaux sur les contraventions en matière de grande voirie. 62. Quittances du quart de la valeur des domaines engagés. 63. Résolution de contrat pour cause de lésion ultramédiaire. 64. Reventes des domaines nationaux, vendus primitivement aux municipalités. 65. Reventes de rentes ci-devant nationales. 66. Significations d'avoué à avoué. 67. *Idem* des oppositions aux jugemens rendus par défaut. 68. *Idem* faites par les secrétaires des mairies. 69. Successions : baux d'après lesquels doit être établie la valeur foncière des biens déclarés. 70. Successions vacantes. 71. Successions des condamnés révolutionnairement, et en même tems inscrits sur la liste des émigrés. 72. Successions des absens. 73. Suscriptions des testamens mystiques. 74. Traité entre les conscrits et leurs remplaçans. 75. Vélites : actes de soumission de cautionnement, fournis par eux ou en leur faveur. 76. Ventes : liquidation provisoire des droits sur le prix exprimé. 77. Ventes de navires français.	
293	13 vendém. an 14.	DROITS DUS PAR LES COMMUNES ET ÉTABLISS.s PUBL.cs	Les registres et minutes d'actes de tous établissemens publics doivent être communiqués sans déplacement aux préposés de l'enregistr.t Il est accordé un délai de six mois aux communes et établissemens publics pour acquitter sans amende les droits de timbre et d'enregistrement auxquels leurs registres et actes étaient assujettis. Ils doivent tenir un registre en papier timbré pour les actes qui pourraient être soumis à l'enregistrement. Les actes de l'espèce sont considérés comme s. s. p.; ceux translatifs de propriété, d'usufruit ou de jouissance de biens immeubles, doivent être enregistrés dans les trois mois de leur date; les autres, lorsqu'on voudra en faire un usage public. (*Décret impérial du 4 messidor an 13.*)	*V. l'instruction générale n. 395.*
»	3 brumaire an 14.	PRESTATION DE SERMENT DES SECRÉT.s DES MAIRES ET DES GARDES CH.s	Les prestations de serment des secrétaires des mairies et des gardes champêtres, fesant fonctions de préposés de l'octroi dans des communes rurales, ne sont soumises qu'au droit fixe de 3 fr. (*Décis. du Min. des finances du 16 vend. an 14.*)	

ENREGISTREMENT.

INSTRUCTIONS GÉNÉRALES. N.os	DATES.	OBJETS.	EXTRAIT DÉTAILLÉ DES INSTRUCTIONS.	OBSERVATIONS.
296	30 frimaire an 14.	INVENTAIRES, etc.	Le procès-verbal de chaque vacation des inventaires, apposition et levée de scellés et de tous actes, dont la confection exige plusieurs séances, est soumis à l'enregistrement dans le délai fixé par la loi, à partir de la date de chaque vacation. (*Décret impérial du 10 brumaire an 14.*)	*V. l'instruction num. 406, sous ce titre, relative à la durée des vacations.*
»	4 nivôse an 14.	IMMEUBLES SITUÉS EN PAYS ÉTRANGER.	Les actes qui transfèrent la propriété, ou l'usufruit d'immeubles situés en pays étranger, ou dans les colonies françaises, où l'enregistrement n'est pas établi et qui ont été passés en pays étranger ou dans les colonies, lorqu'ils sont produits en france ne sont pas soumis au droit proportionnel. (*Avis du Conseil d'état du 6 vendémiaire an 14, approuvé le 10 brumaire suivant.*)	*V. l'instruction du 11 mars 1806, et celle du 28 janvier 1807.*
»	3 janvier 1806.	VENTES VOLONTAIRES DE MARCHANDISES.	État à fournir du produit des droits d'enregistrement perçus pendant les années 10, 11, 12 et 13 sur les ventes volontaires faites publiquement et aux enchères, de marchandises soit coloniales ou étrangères, soit de l'intérieur de l'empire.	
»	11 mars 1806.	IMMEUBL.s SITUÉS EN PAYS ÉTRANGER	L'avis du conseil d'état du 6 vendém. an 14 qui a déclaré exempts du droit proportionnel les actes de mutation d'immeubles situés en pays étranger et dans les colonies où l'enregistrement n'est pas établi, s'applique aux actes passés en pays étranger comme à ceux passés en france: dans l'un et l'autre cas ils ne sont soumis qu'au droit fixe d'un franc. Il en est de même des actes de procédure et jugemens rendus par des tribunaux des colonies relativement à des ventes d'immeubles. (*Décis. du Min. des finances des 4 févr. et 4 mars 1806.*)	*V. l'instruction du 4 nivôse an 14, et celle du 28 janvier 1807.*
»	12 mars 1806.	LÉGION D'HONN. -- BAUX.	Le délai pour l'enregistrement des baux des biens de la légion d'honneur, ne court que du jour de la notification faite au preneur, de la ratification du Grand Chancelier. (*Décision du Ministre des finances du 14 janvier 1806.*)	
»	1 avril 1806.	SÉNAT. -- VENTE DE DOMAINES.	Les actes de ventes de domaines, faites par le sénat, ne sont soumis qu'au droit de deux pour cent. Les échanges et acquisitions doivent être enregistrés *gratis* et les baux assujettis au droit ordinaire. (*Décision du Ministre des finances du 28 mars 1806.*)	
311	16 juillet 1806.	PRESTATION DE SERMENT. -- AVOCATS, AVOUÉS.	Les prestations de serment des avocats ne doivent que le droit d'un franc; celles des avoués sont soumises au droit de 15 francs. (*Décision du Ministre de la justice des 20 mai, et 8 juillet 1806.*)	*V. l'instr n. 330, celle n. 555, et la circ. du 7 9bre 1808 toutes sous ce titr.*
»	10 novemb. 1806.	VENTE DE NAVIRES PRUSSIENS.	Veiller à ce que les ventes de navires prussiens déclarés de bonne prise acquittent les droits d'enregistrement conformément à l'article 7 de la loi du 27 ventôse an 9.	*V. le num. 173.*
»	24 novemb. 1806.	TUTELLE OFFICIEUSE.	1.° Les actes de tutelle officieuse sont assujettis au droit fixe de 2 francs. -- 2.° La disposition par laquelle le tuteur règle le secours à payer après son décès à son pupille, doit celui de 3 francs, sous la réserve du droit proportionnel d'un franc 25.c à l'ouverture de la succession; 3.° Les actes volontaires, ou judiciaires, par lesquels les droits des pupilles sont réglés après le décès des tuteurs officieux, à défaut par ceux-ci d'avoir fait ce réglement, doivent 25 centimes pour cent par analogie avec les baux à nourriture de mineurs. (*Décision du Ministre des finances du 23 septembre 1806.*)	
»	26 décemb. 1806.	REGISTRE D'ADMINISTRATION DES MAIRIES.	Il est accordé aux maires pour soumettre au timbre et à l'enregistrement, sans amende, les registres et actes de leur administration qui s'y trouvent assujettis, un nouveau délai jusqu'au 1.er mars 1807. (*Décision du Ministre des finances du 16 décembre 1806.*)	*V. l'instr. n. 293.*

ENREGISTREMENT.

INSTRUCTIONS GÉNÉRALES. N.os	DATES.	OBJETS.	EXTRAIT DÉTAILLÉ DES INSTRUCTIONS.	OBSERVATIONS.
»	28 janvier 1807.	IMMEUBL.s SITUÉS EN PAYS ÉTRANGER.	Les actes passés en france devant notaires et autres officiers publics, portant vente d'immeubles situés en pays étranger, ou aux colonies, ne sont pas sujets au droit proportionnel : il en est de même des actes passés en forme authentique seulement, dans les pays étrangers et les colonies contenant obligation ; ou mutation d'objets mobiliers, lorsque les prêts et placemens auront été faits et les livraisons promises et effectuées en objets de ces pays, et stipulées payables dans les mêmes pays et dans les monnaies qui y ont cours. (*Avis du Conseil d'état du 15 novembre* 1806.)	
328	16 mai 1807.	DÉCLARATIONS DES PÈRES DE FAMILLE. - LYCÉE. *ID.* DES DÉTENT.rs DE BIENS COMMUN.	Les déclarations des pères de famille pour l'admission d'un de leurs enfans dans le lycée, en vertu de la loi du 29 ventôse an 13; celles des détenteurs de biens communaux, en vertu de la loi du 9 ventôse an 12, sont soumises au timbre de 25 c. et au droit fixe d'enregistrement d'un franc. (*Décision du Ministre des finances du* 5 *mai* 1807.)	
»	6 juin 1807.	CAISSE D'AMORTISSEMENT. - MANUFACTURES.	Les ventes de marchandises, faites en exécution du décret impérial du 11 mai 1807, qui autorise la caisse d'amortissement à prêter jusqu'à concurrence de 6,000,000. aux manufactures en souffrance, sur consignation, ne sont soumises ni au timbre ni à l'enregistrement. (*Décret impérial du* 11 *mai* 1807.)	
330	3 juillet 1807.	PRESTATION DE SERMENT - AVOUÉS ET DÉFENSEURS OFFICIEUX.	Les prestations de serment des avocats, avoués et défenseurs officieux seront à l'avenir soumises au droit de quinze francs conformément à l'art. 68 de la loi du 22 frimaire an 7. (*Décret impérial du* 31 *mai* 1807.)	*V. l'instruction générale n.* 555., *sous ce titre.*
336	13 août 1807.	DROITS DE PATURAGE. - COMMUNES.	Les arrêtés des conseils de préfecture qui confirment des communes ou habitans dans la jouissance des droits de pâturage, pacage etc., sont passibles du droit fixe d'enregistrement d'un franc, dans les vingt jours qui suivent l'approbation du Ministre des finances (*Déc. du Min. des fin. du* 28 *juillet* 1807.)	
»	9 septembre 1807.	LOGEMENT DE LA GENDARMERIE. -- SOUMISSION.	La soumission faite par un particulier pour fournir des logemens à la gendarmerie, doit être sur papier timbré. S'il en est fait usage avant l'approbation du Ministre de la guerre, elle doit préalablement être enregistrée au droit fixe d'un franc, sauf la perception du droit proportionnel réglé pour les baux dans les vingt jours de la réception de l'acceptation du Ministre, s'il n'est pas passé de baux en forme. Et dans le cas où il en serait passé, l'enregistrement doit être fait dans les vingt jours de leur date, et le droit acquitté par le secrétaire général de la préfecture, à peine du double droit. (*Déc. du Min. des fin.*)	
338	10 septemb. 1807.	DÉCLARATIONS DE SUCCESSION. -- RECTIFICATION.	L'héritier, ou donataire qui rectifie sa déclaration dans le délai de six mois à compter du décès, ne peut être passible d'aucune peine, mais dès que l'omission ou l'insuffisance existe, les déclarans ne peuvent plus, après l'expiration du délai, être dispensés du droit en sus, même lorsqu'ils offrent volontairement de rectifier leur déclaration. (*Décision du Min. des fin.*)	
»	11 septemb. 1807.	LÉGION D'HONN.r -- ÉCHANGES.	Les actes d'échange des domaines affectés à la légion d'honneur doivent être enregistrés *gratis*. (*Déc. du Min. des fin.*)	
340	17 septemb. 1807.	ACTES NOTARIÉS ANCIENS.	Les actes notariés qui n'ont été contrôlés, ni enregistrés dans le délai, seront enregistrés d'après les lois actuelles. -- S'ils ont été passés sous l'empire de la déclaration du 22 septembre 1722, il ne sera demandé aucune amende ; il en sera de même des contraventions commises par les notaires avant la publication de la loi du 19 décembre 1790. -- Toutes celles commises depuis cette loi, jusqu'à celle du 22 frimaire, donneront lieu au payement du double droit, etc. (*Décision du Grand-Juge et du Ministre des finances du* 1.er *septembre* 1807.)	

ENREGISTREMENT.

INSTRUCTIONS GÉNÉRALES. N.os	DATES.	OBJETS.	EXTRAIT DÉTAILLÉ DES INSTRUCTIONS.	OBSERVATIONS.
342	22 septemb. 1807.	PARTAGE - DROIT SUR LES SOULTES.	Le droit d'enregistrement sur les soultes de partage, lorsqu'elles portent indistinctement sur des créances, des meubles et des immeubles, doit d'abord être assis sur l'espèce de biens exempts de tous droits, puis sur celle qui donne ouverture à la fixation la plus faible, et ainsi de suite, jusqu'à la plus élevée. (*Décision des Ministres de la justice et des finances.*)	
»	23 septemb. 1807.	PRISES MARITIM.s - LIQUIDATION DES DROITS.	Le montant des droits de douanes et d'octrois ne doit pas être ajouté pour la liquidation des droits d'enregistrement au prix de vente des prises maritimes. (*Déc. du M. des fin. du 15 7bre 1807.*)	
346	4 octobre 1807.	QUITTANCES DES FOURNISSEURS, etc.	Les quittances des fournisseurs, ouvriers, maîtres de pensions et autres de même nature, produites comme pièces justificatives de comptes, soit que les comptes soient rendus judiciairement ou à l'amiable ou devant notaire, sont dispensées de l'enregistrement. (*Décis. du Ministre des finances, du 22 7bre 1807.*)	
349	8 octobre 1807.	EFFETS DES MILIT.s DÉCÉDÉS DANS LES HÔPITAUX. - CHEVAUX PROVENANT DES HARAS.	Les ventes d'effets des militaires décédés dans les hôpitaux ou les prisons, ou qui s'en sont évadés, ainsi que celles de chevaux provenant des haras, sont soumises au droit proportionnel d'enregistrement. (*Décision du Ministre des finances.*)	
351	19 octobre 1807.	DONATIONS. -- ÉTAT DU MOBILIER.	Les états estimatifs d'effets mobiliers annexés aux actes de donation en exécution de l'art. 948 du code Napoléon, sont soumis à l'enregistrement fixe d'un franc. (*Déc. du Min. des fin.*)	
357	27 octobre 1807.	DÉCLARATION DE COMMAND.	On peut présenter en même tems à la formalité l'acte de vente et la déclaration de command, lorsqu'en vertu de cette réserve dans l'acte, elle est faite dans le délai de la loi. -- La déclaration de command faite par l'avoué dernier enchérisseur conformément à l'art. 709 du code de procédure, et notifiée dans les trois jours de l'adjudication, ne doit que le droit fixe d'un franc. Si le command accepte l'adjudication, il doit en acquitter le droit proportionnel. Dans le cas contraire, l'avoué ne peut y être tenu; le receveur de l'enregistrement doit à l'expiration des vingt jours poursuivre le payement des droits et doubles droits contre les commands. (*Décision du Ministre des finances des 22 septembre et 6 octobre 1807.*)	*V. l'instruction num.* 359.
359	24 novemb. 1807.	TESTAMENS. -- DÉPÔT CHEZ LES NOTAIRES.	Les notaires peuvent recevoir en dépôt, sans enregistrement préalable, les testamens et pièces qui s'y trouvent renfermées, lorsque la remise leur en est faite en vertu d'ordre du juge. Ils doivent dans les dix jours qui suivent l'expiration du délai de trois mois, à compter du décès des testateurs, fournir au receveur de l'enregistrement, des extraits certifiés des testamens dont les droits ne leur ont pas été remis par les héritiers ou légataires. (*Décision du Ministre des finances, du 29 septembre 1807.*)	
360	22 décemb. 1807.	ACTE DE SOCIÉTÉ.	L'acte de société n'opère que le droit fixe d'enregistrement lorsqu'un associé met en commun des meubles et des immeubles; il en est de même de l'acte de dissolution, lorsque chaque associé ne reprend que ce qu'il a apporté : autrement le droit se liquide suivant les effets de l'acte. Règles à suivre en cas de décès de l'un des associés. (*Décision des Ministres des finances et de la justice du 8 décembre 1807.*)	
365	18 février 1808.	PORTEURS DE CONTRAINTES.	Les actes des porteurs de contraintes, relatifs à leur séjour chez les percepteurs et redevables, sont dispensés du timbre et de l'enregistrement; sont soumis à ces droits les commandemens, les saisies et ventes, les recensemens, les poursuites contre les gardiens infidèles, et tous les actes de même nature. (*Décision du Ministre des finances du 13 novembre 1807.*)	

INSTRUCTIONS GÉNÉRALES. N.os	DATES.	OBJETS.	EXTRAIT DÉTAILLÉ DES INSTRUCTIONS.	OBSERVATIONS.
566	22 février 1808.	SOLUTIONS DIVERSES.	Solutions sur différentes questions, concernant la perception des droits d'enregistr.t auxquels sont soumis les actes ci-après : 1. Acquisitions et échanges pour Sa Majesté l'Empereur et Roi. 2. Actes s. s. p. antérieurs à la loi du 22 frimaire an 7. 3. Actes des huissiers dans les affaires portées au conseil d'état. 4. Arrêtés de comptes. 5. Bureau où les adjudications doivent être enregistrées. 6. Bois nationaux. -- Procès-verbaux d'arpentage des bois destinés aux usagers. 7. Cession de marché relatif au service des ponts et chaussées. 8. Contrats de mariage. 9. Déclarations à faire par les héritiers, légataires universels et particuliers. 10. Délai pour l'enregistrement des actes et procès-verbaux des préposés des droits-réunis. 11. Délai pour l'enregistrement des adjudications faites devant notaires, par autorité de justice. 12. Distinction des meubles et immeubles. 13. Droits en sus à payer par les tiers acquéreurs... 14. Hospices. Aliénations d'immeubles affectés aux établissemens de bienfaisance. 15. Hospices. Actes de cession de biens au profit des maisons de charité. 16. Prestation de serment des concierges des maisons d'arrêt et prisons. 17. Prestation de serment des préposés de la régie des douanes. 18. Rentrée en possession de biens précédemment donnés.	*Addition à l'instruction générale num.* 290. *V. l'instruction générale n.o* 495 *sous ce titre.*
»	19 mars 1808.	NOTAIRE INSOLVABLE. -- DROITS A DEMANDER AUX PARTIES.	En cas d'insolvabilité d'un notaire, les préposés se borneront à inviter par un avertissement les parties à payer les droits, ou à justifier de leur acquit par une quittance, ou par une expédition en forme. Mesures à prendre avant d'intenter une action.	*Addition à l'instruction générale num.* 340.
584	21 juin 1808.	NOTARIAT. -- CONTRAVENT.s ANTÉRIEURES A LA LOI DU 25 VENTÔSE AN 11.	Il y a lieu de regarder comme éteinte toute action relative aux contraventions, autres que celles concernant le contrôle, et l'enregistrement, antérieures à la loi du 25 ventôse an 11, sur le notariat et de ne diriger des poursuites qu'à raison des irrégularités postérieures à cette époque. (*Décision du Ministre des finances du 7 juin* 1808.) Les préposés de l'administration se borneront à dénoncer aux procureurs impériaux les contraventions contre l'ordre social commises par les notaires; ils doivent requérir les condamnations pour contraventions qui concernent les droits perçus par l'administration. (*Décisions des Ministres de la justice et des finances, des* 15 *mars et* 25 *avril* 1808.)	*V. les instructions num.* 263 *et* 340 *sous ce titre.*
586	29 juin 1808.	SOLUTIONS DIVERSES.	Solutions sur l'application de la loi du 22 frimaire an 7 aux actes ci-après: 1. Actes judiciaires. -- Minimum des droits à percevoir. 2. Actes judiciaires. -- Payement des droits. 3. Actes et jugemens en matière criminelle. 4. Actes s. s. p. -- Faculté laissée aux officiers publics de les écrire pour autrui. 5. Baux des bacs et passages de rivières. 6. Baux des biens des hospices. 7. Baux de pâturages. 8. Billets au porteur. 9. Cautionnemens relatifs aux marchés pour le service de la guerre. 10. Cession d'étude d'avoués. 11. Cession de rang et priorité d'hypothèques. 12. Dots accordées par les communes.	*Addition à l'instruction n.* 566.

INSTRUCTIONS GÉNÉRALES. N.os	DATES.	OBJETS.	EXTRAIT DÉTAILLÉ DES INSTRUCTIONS.	OBSERVATIONS.
			13. Déclaration de command s. s. p. 14. *Idem*, contenant d'autres conventions que celles mentionnées dans l'acte de vente. 15. *Idem* de command, contenant quittance de prix de vente. 16. *Idem*, sur adjudications de domaines nationaux. 17. *Idem* de command par des avoués sur ventes devant notaires. 18. Dépôt de titres par des débiteurs insolvables. 19. États des dettes, annexés aux actes de donation. 20. Évaluation des biens fonds affermés en nature. 21. Expertise des immeubles vendus à rente viagère. 22. Jugemens. -- Extraits délivrés par les greffiers. 23. Mutations de propriétés resultant de desséchemens de marais, ou autres travaux publics. 24. Partage de biens communaux. 25. Prescription. 26. Procès-verbaux de saisie par les préposés des douanes. 27. Renonciations par les légataires. 28. Restitutions de droits à faire aux parties, et demandes en supplément à former contre elles. 29. Restitutions de droits perçus sur les contrats de mariage résiliés par les parties. 30. Restitutions de droits de mutation par décès. 31. Signification d'avoué à avoué. 32. Successions des absens. 33. Successions vacantes. 34. Obligations imposées aux tuteurs et curateurs pour le payement des droits de succession sur les biens à declarer. 35. Successions ayant pour objet des immeubles saisis. 36. Successions. -- Poursuites contre les cohéritiers pour le droit d'enregistrement des mutations par décès. 37. Successions en cas d'indignité de l'héritier présomptif. 38. Successions. -- Droits à payer par les héritiers de la nue propriété. 39. Successions. -- Droits sur les biens grevés d'usufruit. 40. Ventes à titre de réméré.	
390	28 juillet 1808.	SOLUTIONS DIVERSES.	Instruction faisant suite à celle ci-dessus : 1. Actes judiciaires à enregistrer en débet. 2. Cautionnemens fournis par des commands à la suite de ventes de domaines nationaux. 3. Cessions de créances au profit de l'état. 4. Déclarations de command et cautionnemens résultant d'adjudication de domaines nationaux. 5. Déclarations de grossesse. 6. Inventaires et recolement d'inventaires de cargaisons naufragées. 7. Jugement pour secours aux ascendans, ou à l'époux qui a obtenu le divorce. 8. Mainlevées contenues dans les quittances. 9. Mention de non comparution au bureau de paix. 10. Procès-verbaux des préposés des droits-réunis. 11. Quittances de capitaux sans réserve d'intérêts. 12. Répertoires. -- Actes à dresser de leur dépôt au greffe. 13. Saisie immobilière : procès-verbal de chaque vacation à enregistrer dans les quatre jours de sa date. 14. Successions des prêtres déportés — Déclarations par leurs héritiers. 15. Successions des émigrés. — Déclaration de leurs héritiers. 16. Testam.s devant notaires fesant mention d'actes non enreg.és 17. Vérification et affirmation de créances sur un failli.	*Addition à l'instruction précéd.*

ENREGISTREMENT.

INSTRUCTIONS GÉNÉRALES. N.os	DATES.	OBJETS.	EXTRAIT DÉTAILLÉ DES INSTRUCTIONS.	OBSERVATIONS.
391	4 août 1808.	VENTE D'EFFETS DES MILIT.s DÉCÉDÉS DANS LES HÔP.x	Les procès-verbaux de vente d'effets des militaires décédés dans les hôpitaux ou qui s'en sont évadés, sont soumis au droit proportionnel d'enregistrement de deux pour cent et au timbre.	*Addition à l'instruction n. 349 et à la circulaire du 30 avril 1807.*
392	17 août 1808.	DÉCLARATIONS ET ACCEPTATIONS DE REMPLOIS.	Décision du Ministre des finances sur la perception à faire pour l'enregistrement des actes et mutations par décès, relativement aux déclarations et acceptations de remplois. (28 *juin* 1808.)	
393	30 août 1808.	COMMUNES ET ÉTABLISS.s PUBLICS -- DROITS D'ENREGISTREM.t A LEUR CHARGE.	Le Ministre des finances est autorisé à accorder aux communes et établissemens publics pour lesquels il le jugera nécessaire, la facilité de se libérer, par à-comptes, des droits arriérés de timbre et d'enregistrement qu'ils doivent aux termes du décret impérial du 4 messidor an 13. Il pourra même autoriser l'exemption totale. A l'avenir les communes et établissemens publics ne pourront faire aucun usage d'un acte soumis au timbre et à l'enregistrement, sans qu'au préalable il n'ait reçu les deux formalités. (*Décret impérial du* 17 *juillet* 1808.)	*V. l'instruction générale n.* 293.
400	30 septemb. 1808.	SOLUTIONS DIVERSES.	Solution concernant l'application des lois sur l'enregistrement, aux actes ci-après : 1. Actes passés en double minute. 2. Actes et jugemens en matière criminelle. 3. Baux de bois taillis ou de futaie. 4. Cahier des charges pour adjudications judiciaires et dépôt qui en est fait au greffe. 5. Exploits. -- Pluralité des droits. 6. Mutations par décès de portions des domaines concédés aux vétérans. 7. Prestations de serment des gendarmes et agens des ponts et chaussées. 8. Prestations de serment des préposés des droits-réunis. 9. Procès-verbaux des préposés des droits-réunis. -- Assignations. 10. Quittance des droits d'enregistrement à rappeler par une transcription littérale. 11. Quittance donnée à un acquéreur payant à l'acquit du vendeur. 12. Ventes avec réserve de jouissance.	*Addition à l'instruction générale num.* 386.
401	8 octobre 1808.	DÉCLARATIONS DE SUCCESSIONS --- LEGS.	Lorsque des héritiers, ou légataires universels sont grevés de legs particuliers de sommes d'argent non existantes dans la succession, et qu'ils ont acquitté le droit proportionnel sur l'intégralité des biens de cette même succession, le même droit n'est pas dû pour ces legs; conséquemment les droits déjà payés par les légataires particuliers, doivent s'imputer sur ceux dûs par les héritiers ou les légataires universels. (*Avis du Conseil d'état du* 2 *septembre* 1808.)	*V. l'instruction n.°* 374.
402	14 octobre 1808.	RAPPORTS DES CAPITAINES DE NAVIRE.	Les rapports connus par la marine sous le nom de grands rapports, et qui se font à la suite d'un voyage de long cours, par les capitaines de navire, sont assujettis au timbre et à l'enregistrement sur la minute. -- Les relevés de ces actes pour être adressés au ministre de l'intérieur, sont exempts de toute formalité. -- Ces rapports doivent être timbrés et enregistrés en débet quand ils sont faits par des capitaines échappés d'un naufrage. (*Décisions du Ministre des finances des* 15 *juillet*, 2 *août et* 24 *septembre* 1808.)	
»	7 novemb. 1808.	PRESTATION DE SERMENT-AVOUÉS.	Les actes de prestation de serment que des avoués *déjà reçus* font en exécution de la loi du 22 ventôse an 12, ne sont passibles que du droit fixe d'un franc. (*Décision du Ministre des finances du* 30 *août* 1808.)	*V. l'instruction num.* 311.

ENREGISTREMENT.

INSTRUCTIONS GÉNÉRALES. N.os	DATES.	OBJETS.	EXTRAIT DÉTAILLÉ DES INSTRUCTIONS.	OBSERVATIONS.
405	10 novemb. 1808.	SOLUTIONS DIVERSES.	Solutions concernant l'application des lois sur l'enregistrement aux actes ci-après: 1. Baux des bâtimens devant servir de casernement pour la gendarmerie. 2. Baux des bacs et passages d'eau. 3. Déclarations en cas de prélévemens à faire sur les biens de la communauté. 4. Déclarations des terres bordées d'arbres. 5. Dépôt au greffe des registres de l'état civil. 6. Donations de sommes payables en argent, en effets mobiliers, ou en immeubles. 7. Jugemens à rédiger sur la feuille d'audience, avec les détails suffisans.	*Addition à l'instruction générale num.* 400.
406	14 novemb. 1808.	PROCÈS-VERBAUX -- EXPERTS. DURÉE DES VACATIONS.	Les procès-verbaux d'experts ne sont pas sujets à l'enregistrement par vacation, quoiqu'il ait été employé plusieurs jours à leur rédaction. Il ne sont assujettis à la formalité que quand on veut en faire usage en justice, ou les déposer. (*Décision du Ministre des finances du* 24 *septembre* 1808.) La durée des vacations pour liquider les droits d'enregistrement auxquels les inventaires et autres actes dont la confection exige plusieurs séances, peuvent donner ouverture, est fixée à trois heures par la loi du 27 mars 1791, et le décret impérial du 16 février 1807.	
410	8 décembre 1808.	LETTRES DE CHANGE.	Caractères distinctifs des lettres de change. -- Les actes des notaires contenant lettres de change, sont seulement soumis au droit d'un franc fixe, comme procès-verbaux, et dans le délai de la loi. (*Décis. du Min. des fin. du* 22 *novemb.* 1808.)	
411	5 janvier 1809.	EXPERTISE.--SUCCESSIONS.	La demande d'expertise de biens immeubles situés dans divers arrondissemens, dans les cas prévus par l'art. 17, 18 et 19 de la loi du 22 frimaire an 7, sera portée au tribunal de première instance, dans le ressort duquel se trouve le chef-lieu de l'exploitation, ou à défaut, la partie des biens qui présente le plus grand revenu etc. (*Loi du* 15 *novembre* 1808.)	
413	12 janvier 1809.	MAJORATS.	Majorats. -- Droits d'enregistrement, de greffe et de timbre; formalités hypothécaires et salaires des conservateurs auxquels peuvent donner lieu les actes relatifs aux majorats. -- Surveillance à exercer par les préposés de l'administration pour découvrir le droit de réversion des biens concédés par S. M. l'Empereur. (*Décret Impérial du* 1.er *mars* 1808.)	
415	30 janvier 1809.	GRANDE VOIRIE.	Les procès-verbaux, actes de poursuites et expéditions d'arrêtés de condamnation, en matière de grande voirie, doivent être enregistrés en débet.	
424	23 mars 1809.	PRESCRIPTION.	La prescription qui pour les droits d'enregistrement est acquise après cinq années à compter du jour du décès pour les déclarations de successions, ne peut être invoquée par les parties, lorsque le décès n'est ni inscrit sur le registre de l'etat civil, ni constaté par un acte public. (*Décision du Ministre des finances du* 11 *octobre* 1808.) L'interruption de la prescription au profit de l'administration résultant des poursuites particulières qu'elle a faites, ne peut empêcher que cette prescription ne soit acquise contre les parties qui ont négligé de la faire cesser dans les délais prescrits. (*Décision du Ministre des finances du* 24 *septembre* 1808.)	
427	15 avril 1809.	MAJORATS.	L'expédition levée par la partie, d'arrêt ou de jugement des cours et tribunaux ordonnant l'enregistrement et la transcription au greffe des lettres patentes qui portent institution de majorat, est sujette au droit fixe de 3 fr.	

ENREGISTREMENT.

INSTRUCTIONS GÉNÉRALES. N.os	DATES.	OBJETS.	EXTRAIT DÉTAILLÉ DES INSTRUCTIONS.	OBSERVATIONS.
429	28 avril 1809.	ADJUDICATIONS JUDICIAIRES.	Les adjudications d'immeubles faites en justice, doivent être enregistrées dans les vingt jours de leur date, soit qu'on en ait, ou non interjeté appel -- Le droit perçu est restituable lorsque l'adjudication est annulée par voies légales. (*Avis du Cons. d'état du 22 octobre* 1808.)	
		DÉCLARATIONS DE COMMAND.	Les déclarations de command faites par les avoués, doivent être notifiées dans les trois jours de l'adjudication, pour n'être assujetties qu'au droit fixe. (*Décision des Ministres des finances et de la justice, des* 31 *décembre* 1808, *et* 10 *janvier* 1809.)	*V. l'instruction générale n.° 539 sous ce titre.*
		JUGEMENS RENDUS SUR CONVENTIONS VERBALES.	Les jugemens portant liquidation de sommes sur une demande non établie par acte en forme, doivent être enregistrés sur la minute, et payer, indépendamment des droits de jugement, celui de la convention. (*Décision du Ministre des finances du* 21 *mars* 1809.)	*V. l'instruction générale n. 452 sous ce titre.*
		EXÉCUTOIRES DE DÉPENS.	Les exécutoires de dépens ne sont sujets qu'au droit fixe d'un franc, sauf les cas où ils donneraient ouverture à un droit proportionnel supérieur. (*Décisions des Ministres des finances et de la justice des* 16 *et* 28 *février* 1809.)	
452	5 juin 1809.	AFFIRMATIONS.	Les affirmations de procès-verbaux ne sont pas assujettis à l'enregistrement. (*Décision du Ministre des finances du* 9 *mai* 1809.)	
		DÉCLARATIONS DE COMMAND.	Les déclarations de command pour rentes, ou obligations, ne sont sujettes qu'au droit fixe, lorsqu'elles sont faites en vertu de réserve antérieure, notifiées dans le délai, et qu'elles ne présentent ni novation de clauses, de conditions, ni de prix. (*Décisions des Ministres des finances et de la justice.*)	
		ACTES SIGNÉS A DEUX DATES DIFFÉRENTES. -- DÉLAI POUR L'ENREGISTREMENT.	Le délai pour l'enregistrement d'un acte que les parties n'ont pas signé simultanément, mais à deux dates différentes, doit courir de la date des premières signatures. (*Décisions du Ministre des finances, et du Grand-Juge des* 27 *avril et* 9 *mai* 1809.)	
		DISPOSITIONS ÉVENTUELLES ENTRE ÉPOUX.	Les dispositions éventuelles faites entre époux par actes entre vifs, quoique pouvant être considérées comme des actes à cause de mort, doivent être enregistrées dans le délai de dix ou quinze jours, comme tout acte reçu par un notaire --	
		CONGRÉGATIONS HOSPITALIÈRES.	Les actes de donations, legs et acquisitions légalement faits en faveur des congrégations hospitalières, ne sont soumis qu'au droit fixe d'un franc. (*Décret impérial du* 18 *février* 1809.)	
		RÉUNION D'USUFRUIT A LA PROPRIÉTÉ.	Il n'est dû aucun droit pour les réunions d'usufruit à la propriété qui s'opèrent par décès ; le droit proportionnel doit être perçu sur celles qui ont lieu par actes entre vifs et à titre onéreux. (*Décisions du Ministre des finances des* 16 *septembre* 1806 *et* 11 *avril* 1809.)	
		OCTROIS. - PROCÈS-VERBAUX.	Les préposés aux octrois ne rapporteront des procès-verbaux pour saisies, que lorsqu'elles seront présumées devoir excéder la valeur de dix francs. Ces procès-verbaux sont sujets à l'enregistrement.	
456	4 juillet 1809.	SOLUTIONS DIVERSES. -- CODE DE PROCÉDURE.	Solutions relatives à l'application des droits d'enregistrement aux différents actes résultant du code de procédure civile. Citations. Audiences du juge de paix et comparution des parties. Jugemens qui ne sont pas définitifs. Enquêtes. Visites des lieux et des appréciations. Récusation des juges de paix. Conciliation. Délibérés par écrit. Jugemens par défaut et oppositions. Communication de pièces. Vérification des écritures. Faux incidens civils.	

INSTRUCTIONS GÉNÉRALES. N.os	DATES.	OBJETS.	EXTRAIT DÉTAILLÉ DES INSTRUCTIONS.	OBSERVATIONS.
			Rapports des experts. Interrogatoire sur faits et articles. Désaveu : renvoi à un autre tribunal pour cause de parenté. Récusation. Matières sommaires. Procédures devant les tribunaux de commerce. Tribunaux d'appel. Réceptions de caution. Redditions de compte. Règles générales sur l'exécution forcée des actes et jugemens. Saisies arrêts ou oppositions. Saisies exécutions. Distribution par contribution. Saisie immobilière. Incidens sur la poursuite de la saisie immobilière. Ordre. Voies à prendre pour avoir copie, ou expédition d'un acte. Dispositions relatives à l'envoi en possession des biens d'un absent. Autorisation de la femme mariée. Séparation de biens. Séparation de corps ; divorce. Avis de parens. Apposition de scellés après décès. Vente de biens immeubles. Partages et licitations. Arbitrages.	
437	5 juil. 1809.	CONSEILS DE PRUD-HOMMES.	Établissement des conseils de prud-hommes ; droits d'enregistrement auxquels peuvent être soumis leurs actes et jugemens.	
449	31 août 1809.	TUTEUR ET TUTELLE.	L'acte par lequel un tuteur souscrit, devant le conseil de famille, une obligation de somme déterminée au profit du mineur et de lui en payer l'intérêt réglé par la loi, est soumis au droit proportionnel ; l'acte par lequel le conseil de famille conserve la tutelle à la mere et lui donne pour co-tuteur le second mari, est sujet au droit fixe de 2 fr. La nomination d'un curateur spécial dans un acte d'émancipation donne ouverture au droit particulier de 2 fr. L'obligation que prend le tuteur par l'acte de tutelle officieuse de nourrir son pupille et de subvenir aux frais de son éducation, ne donne lieu à aucun droit particulier. (*Décision du Ministre des finances du 20 juin 1809.*)	
450	18 septemb. 1809.	ALIMENS EN FAVEUR DES ASCENDANS.	Les actes volontaires par lesquels des enfans s'obligent à payer annuellement une somme convenue pour les alimens de leurs père et mère, sont comme les baux de nourriture de mineurs, assujettis au droit proportionnel de 25.c pour 100 fr. sur le capital au denier 10 de la pension stipulée. -- Les actes dans lesquels des enfans se borneraient à déclarer qu'ils se soumettent à remplir les obligations que leur impose le code, sans désignation de somme, ne sont passibles que du droit fixe d'un franc. (*Décision du Ministre des finances du 12 septembre 1809.*)	
"	24 septemb. 1809.	REMPLACEMENT POUR SERVICE DE LA GARDE NATIONALE.	Les actes de remplacement pour le service de la garde nationale appelée à la défense des côtes, ne sont assujettis qu'au seul droit d'un franc. (*Décision du Ministre des finances du 19 septembre 1809.*)	
451	25 septemb. 1809.	AVANTAGES EN FAVEUR DU SURVIV.T DES ÉPOUX.	Les avantages qui résultent des contrats de mariage en faveur du survivant des époux, soit qu'ils consistent dans la	

ENREGISTREMENT.

INSTRUCTIONS GÉNÉRALES. N.os	DATES.	OBJETS.	EXTRAIT DÉTAILLÉ DES INSTRUCTIONS.	OBSERVATIONS.
			totalité des biens de la communauté ou dans la portion excédant celle dont l'époux survivant se trouve être propriétaire, sont sujets à déclaration lors de l'événement, et passibles du droit proportionnel. (*Décision du Ministre des finances du 22 août 1809.*)	
452	30 septemb. 1809.	JUGEMENT CONTENANT PLUSIEURS DISPOSITIONS.	Lorsqu'un jugement contient plusieurs dispositions, dont les unes le rendent sujet à l'enregistrement sur la minute, et les autres seulement sur l'expédition, le droit ne peut être exigé, que pour les dispositions sujettes à l'enregistrement sur la minute, sauf à percevoir les autres droits sur l'expédition, lorsqu'elle est requise. -- Lorsqu'un jugement prononçant des condamnations sur des conventions verbales est présenté à la formalité après le délai fixé par la loi, il n'y a lieu de percevoir le double droit que sur le montant de la condamnation, et seulement le droit simple sur la convention, à moins qu'elle ne soit transmissive de propriété, d'usufruit etc. (*Avis du Conseil d'état du 8 juillet 1809.*)	
454	23 novemb. 1809.	ACTES DES MAIRIES ET DES ÉTABLISSEMENS PUBLICS	Solutions du Ministre des finances sur l'application des droits de timbre et d'enregistrement aux actes des mairies et établissemens publics.	
459	3 janvier 1810.	CONCESSIONS PAR LES COMMUNES.	Les concessions, par les communes, de terrains pour sépultures particulières, sont soumises au droit de 4 pour cent sur le prix intégral, quoique le quart de ce prix doive consister en fondations ou donations au profit des pauvres. -- L'exigibilité du droit ne court que de la date de l'approbation donnée par l'autorité supérieure. (*Déc. du Ministre des finances du 7 novemb. 1809.*)	
460	4 janvier 1810.	QUITTANCES ET DÉCHARGES DE PRIX DE VENTE DE MEUBLES.	Les quittances et décharges données par les parties aux notaires, huissiers et autres chargés des ventes publiques de meubles, et qui sont rédigées en marge des procès-verbaux de ventes, sont soumises à l'enregistrement dans le délai de 4, 10, 15 ou 20 jours, suivant qu'elles sont reçues par les huissiers, notaires ou greffiers, et il n'est dû que le droit fixe d'un franc. (*Avis du Conseil d'état du 7 octobre 1809.*)	
»	11 janvier 1810.	CAISSE D'AMORT.t -- ADJUDICATION DE RENTES.	Le procès-verbal d'adjudication de rentes appartenant à la caisse d'amortissement sera soumis au droit fixe d'enregistrement d'un franc. (*Décret impérial du 9 décembre 1809.*)	
463	17 janvier 1810.	DONATION PAR CONTRAT DE MARIAGE.	Les donations de biens présens et à venir, faites par contrat de mariage, sont soumises au droit proportionnel, lorsqu'il est stipulé que le donataire entrera de suite en jouissance; s'il n'y a pas transmission actuelle de propriété ou de jouissance, elles sont éventuelles et passibles seulement du droit fixe de 3 fr. sauf la perception du droit proportionnel lors de l'événement. (*Décisions des Ministres des finances et de la justice des 28 juillet et 8 août 1809.*)	
464	12 février 1810.	DESSÉCHEMENS DES MARAIS.	Actes faits en exécution de la loi du 16 septembre 1807 sur le desséchement des marais, qui sont assujettis à la formalité de l'enregistrement. -- Les actes de mutation indiqués par l'art. 21 de cette loi ne sont soumis qu'au droit fixe d'un franc. (*Décision du Ministre des finances du 19 décembre 1809.*)	
470	14 mars 1810.	ACTES S. S. P. -- DOUBLE DROIT.	Le double droit dû en exécution de l'art. 38 de la loi du 22 frimaire an 7 peut être exigé à l'enregistrement des actes qui n'ont pas été soumis à cette formalité dans les délais prescrits, lorsque ces actes sont présentés par les héritiers, ou le représentant de celui qui a contracté, ou par tout autre. (*Avis du Conseil d'état du 3 février 1810.*)	

ENREGISTREMENT.

INSTRUCTIONS GÉNÉRALES. N.os	DATES.	OBJETS.	EXTRAIT DÉTAILLÉ DES INSTRUCTIONS.	OBSERVATIONS.
476	2 juin 1810.	DÉMISSIONS DE BIENS.	Les démissions de biens par les pères et mères à leurs enfans, à la charge de les nourrir ou de leur payer une rente viagère etc. rentrent dans la classe des donations en ligne directe -- La perception du droit doit porter, non sur le capital de la rente ou des stipulations onéreuses etc., mais sur la valeur des biens résultant soit de l'évaluation qui sera faite et portée à vingt fois le produit des immeubles, ou le prix des baux courans sans distraction de charges, soit de la déclaration des parties, s'il s'agit d'effets mobiliers -- La quotité du droit doit être réglée à raison de 2 et demi ou d'un et quart pour cent, suivant la nature des biens, sauf la réduction à moitié si l'abandon se fait par contrat de mariage. (*Décision du Ministre des finances du 8 mai* 1810.)	*Addition au n. 8. de l'instruction n.* 366.
480	9 juillet 1810.	DOTS ACCORDÉES A L'ANNIVERSAIRE DU COURONNEM.	Les dots qui ont été ou seront accordées à l'occasion de l'anniversaire du couronnement de l'Empereur, de la célébration de son mariage ou de toute autre circonstance, ne seront sujettes pour l'enregistrement et la transcription, qu'au droit fixe d'un franc. -- Les droits perçus seront restitués. (*Décret impérial du* 20 *juin* 1810.)	
481	11 juillet 1810.	CONTRAT DE MARIAGE. - DOT CONSISTANT EN OBJETS MOBILIERS.	Lorsque dans un contrat de mariage, fait sous le régime dotal, la dot, ou partie de la dot consiste en objets mobiliers mis à prix par le contrat, sans déclaration que l'estimation n'en fait pas vente, il n'y a pas lieu de percevoir le droit proportionnel de vente sur la valeur du mobilier dotal dont le mari devient propriétaire. (*Décisions des Ministres des finances et de la justice des* 12 *et* 22 *mai* 1810.) Lorsque la dot constituée aux enfans est imputable sur la succession du premier mourant des père et mère, il n'est dû pour cette stipulation que le droit de 5 francs comme donation éventuelle, sous la réserve du droit proportionnel à payer par le survivant dans le cas où par l'effet de cette clause il serait appelé à la jouissance d'objets, autres que ceux de la communauté; il n'est rien dû par le survivant si la clause n'a pour objet que des biens de la communauté. (*Décision du Ministre des finances.*)	
484	14 juillet 1810.	DISSOLUTION DE COMMUNAUTÉ --- DROITS DE SUCCESSION.	Dans le cas de dissolution de communauté par décès, s'il a été procédé au partage avant la déclaration de succession, les héritiers du prédécédé doivent déclarer la moitié de tous les biens qui dépendaient de la communauté, sans égard aux effets du partage : s'il a été fait des déclarations contre cette disposition et que la prescription ne soit pas acquise, il y a lieu de rappeler les héritiers à paiement, sauf à n'exiger pour le passé aucun droit en sus relativement aux perceptions insuffisantes. (*Décision du Ministre des finances du* 3 *juillet* 1810.)	
488	11 septemb. 1810.	AVAL.	L'aval mis sur la lettre de change n'est sujet à aucun droit, mais passé par acte séparé, il est considéré comme un cautionnement soumis à la formalité et au droit d'enregistrement. (*Déc. des Ministres des finances et de la justice du* 7 *août* 1810.)	
491	22 septemb. 1810.	AMENDES. - PRESCRIPTION.	Les amendes résultant des contraventions aux lois des 22 frimaire et 22 pluviôse an 7 prescrivent après les deux ans de la formalité donnée à l'acte, comme les droits d'enregistrement. (*Avis du Conseil d'état du* 18 *août* 1810.)	
	1 octobre 1810.	DOTS ACCORDÉES A L'ANNIV.re DU COUR.t - REST.n DE DROITS.	Les restitutions de droits perçus sur les dots accordées à l'occasion de l'anniversaire du couronnement de Sa Majesté etc. ne doivent être faites qu'autant que la prescription ne serait pas acquise. (*Décision du Ministre des finances.*)	*Addition à l'instruction n.* 480.
495	29 octobre 1810.	DÉCLARATION DE SUCCESSION - TIERS ACQUÉREUR.	On ne peut exiger des tiers acquéreurs ni le droit principal de mutation par décès, ni le droit en sus. (*Avis du Conseil d'état du* 4 *septembre* 1810.)	

INSTRUCTIONS GÉNÉRALES. N.os	DATES.	OBJETS.	EXTRAIT DÉTAILLÉ DES INSTRUCTIONS.	OBSERVATIONS.
497	9 novemb. 1810.	ORDONNANCE DU JUGE DE PAIX POUR L'ARRESTAT.on D'UN DÉBITEUR.	L'ordonnance du juge de paix prescrite par l'art. 781 du code de procédure, pour parvenir à l'arrestation d'un débiteur, peut être présentée à l'enregistrement en même tems que le procès-verbal de cette arrestation. -- L'ordonnance du président du tribunal dans le cas prévu par les art. 786 et 787 du même code, peut être consignée dans le procès-verbal de l'huissier et mise à exécution sans enregistrement préalable, sauf à la faire revêtir de la formalité avec l'acte d'emprisonnement. (*Décisions du Ministre des finances des 2 et 23 octobre* 1810.)	
499	10 décemb. 1810.	DÉLAI -- 1.er JANVIER.	Lorsque le dernier jour du délai pour l'enregistrement des actes et des déclarations se trouve être le 1.er janvier, ce jour-là ne doit pas être compté, attendu qu'il est considéré comme jour férié légal, d'après l'avis du conseil d'état du 13 mars 1810. -- Les formalités qui ont eu lieu dans le même cas depuis l'an 13 doivent être tenues pour régulières, qu'elles soient du 1.er ou du 2 janvier. (*Décision du Ministre des finances du 24 juillet* 1810.)	
502	26 décemb. 1810.	HOLLANDE. -- ACTES QUI Y ONT ÉTÉ PASSÉS.	Le droit d'enregistrement est dû sur les actes passés en Hollande, comme il est réglé pour ceux passés dans les colonies françaises où l'enregistrement n'est pas établi. (*Décision du Ministre des finances du* 8 *décembre* 1810.)	
»	29 dudit.	MUTATIONS ET BAUX D'IMMEUBLES.	États à fournir des mutations et des baux d'immeubles enregistrés pendant l'an 1810.	
509	21 février 1811.	PRESCRIPTION. -- RECOURS A L'AUTORITÉ ADMINISTR.e	Le recours à l'autorité administrative pour obtenir un sursis à des poursuites ne peut arrêter la prescription en matière d'enregistrement. Les préposés feront, avant l'expiration des délais fixés par l'art. 61 de la loi du 22 frimaire, les poursuites conservatoires, soit que les redevables se soient, ou non pourvus administrativement; aucune restitution ne pourra être faite aux parties qu'autant qu'elles auront interrompu la prescription par les moyens voulus par la loi. -- La solution autorisant un sursis rappellera aux redevables que les poursuites ordonnées par la loi n'en seront pas moins exercées contre eux dans les délais qu'elle prescrit. (*Déc. du M. des fin. du* 12 *fév.* 1811.)	
»	25 février 1811.	DIRECTION GÉNÉRALE DE LA CONSCRIPTION. - DROITS DUS PAR ELLE.	Les receveurs ne réclameront plus de la direction générale de la conscription, le paiement des droits d'enregistrement, de timbre et d'hypothèques portés en débet, lorsque les frais de poursuites seront tombés en non valeur, par l'amnistie des condamnés, leur insolvabilité, ou tout autre motif. Ils se chargeront en recette des droits recouvrés sur les redevables et ne donneront la formalité en débet qu'aux actes désignés dans la circulaire du 5 juillet 1808.	
512	10 avril 1811.	DÉPARTEMENS, ARRONDISSEMENS, ET COMMUNES. -- ACQUISITIONS.	Les acquisitions faites pour le compte des départemens, arrondissemens et communes, sont assujetties, comme celles des particuliers, au droit d'enregistrement, tel qu'il est fixé par la loi du 22 frimaire an 7. (*Avis du conseil d'état du* 12 *février* 1811.)	
516	2 mai 1811.	DROITS DE GARANTIE. -- POURSUIT.s	Les actes de poursuites faits à la requête et diligence de MM. les procureurs impériaux en exécution de la loi sur les droits de garantie, doivent être enregistrés en débet. (*Décision du Ministre des finances.*) Les dépots au greffe d'ouvrages saisis, les décharges qui en sont données, etc., ne sont passibles d'aucuns droits. Il en est de même du dépôt des feuilles imprimées ou gravées etc., dont cette régie se sert.	
520	15 mai 1811.	DÉCLARATIONS DE SUCCES.s - ACTIONS DE LA BANQUE DE FRANCE.	Mode d'évaluation dans les déclarations de succession, 1.° des actions de la banque de france; 2.° des intérêts dans une société de commerce. (*Décision du Ministre des finances du* 25 *septembre* 1810 *et du* 19 *février* 1811.)	
525	30 mai 1811.	PRESTATION DE SERMENT. - GREF.s	Le procès-verbal de prestation de serment des greffiers et commis-greffiers, attachés aux cours impériales et aux tribunaux	*V. l'instruction générale n.* 549.

INSTRUCTIONS GÉNÉRALES. N.os	DATES.	OBJETS.	EXTRAIT DÉTAILLÉ DES INSTRUCTIONS.	OBSERVATIONS.
			de première instance, nouvellement organisés, doit être enregistré sur la minute dans les vingt jours, et donne ouverture au droit fixe de 15 francs pour chacun des officiers admis au serment. (*Déc. du Min. des fin. et du Grand-Juge, des* 15 *et* 21 *mai* 1811.)	
527	6 juin 1811.	DONATIONS PAR CONTRAT DE MARIAGE.	Les donations par contrat de mariage, moyennant une somme déterminée ou à la charge de rentes, ne donnent ouverture qu'au droit établi pour les donations par contrat de mariage -- Si les donateurs se dessaisissent à titre de vente en faveur des futurs, le droit de 2 ou de 4 pour cent doit être perçu suivant qu'il s'agit d'objets mobiliers, ou de biens immeubles. (*Décision du Ministre des finances et du Grand-Juge.*)	
532	19 juillet 1811.	ARRÊTÉS DES PRÉFETS. - SUBROGAT.on	Les arrêtés des préfets portant subrogation en faveur d'un coacquéreur, faute de paiement par l'acquéreur d'un domaine de l'etat, des termes échus du prix de l'adjudication, sont assujettis à la formalité dans les vingt jours de leur date sur la minute, et soumis au paiement du droit de 2 pour cent. (*Décision du Ministre des finances du* 2 *juillet* 1811.)	
»	7 août 1811.	COLONS DE S. DOMINGUE. -- TITRES A ENREGISTRER.	L'administration de l'enregistrement est autorisée à faire enregistrer en débet les divers titres de créances à exercer contre les colons de st. Domingue, avec la soumission par les créanciers de payer les droits dans les trois ans qui suivront la paix maritime. (*Avis du Conseil d'etat du* 11 *juin* 1811.)	
537	23 août 1811.	PRESTATION DE SERMENT. -- GREFFIERS DE POLICE.	Il y a lieu de soumettre au droit fixe d'enregistrement de trois francs l'acte constatant le serment que doivent prêter d'après l'art. 168 du code d'instruction criminelle, les personnes préposées par les maires pour exercer les fonctions de greffier de police, mais elles ne sont point obligées de lever l'expédition de leur prestation de serment. (*Décision du Ministre des finances du* 11 *août* 1811.)	
539	27 août 1811.	ADJUDICAT.s JUDICIAIRES. - DÉCLARATIONS DE COMMAND.	La déclaration faite par les avoués derniers enchérisseurs en exécution de l'art. 709 du code de procédure civile, pour faire connaître l'adjudicataire, n'est pas susceptible d'être notifiée au receveur de l'enregistrement dans les trois jours de l'adjudication, pour jouir de la modération du droit fixe d'un franc : cette déclaration n'étant pas de command, on ne peut lui appliquer les dispositions de la loi du 22 frimaire an 7. (*Arrêts de la cour de cassation des* 3 *septembre* 1810, 9 *et* 24 *avril* 1811.) L'adjudicataire peut en conséquence élire un command dans les trois jours, si l'avoué en a fait la réserve dans l'adjudication.	
541	3 septemb. 1811.	DROITS D'AUBAINE. - SUCCESSIONS.	Les sujets du royaume d'italie et ceux des principautés de Lucques et Piombino étant affranchis en france du droit d'aubaine par décret impérial du 19 février 1806, il y a lieu d'exiger les droits d'enregistrement des biens situés en france qui leur seraient transmis, comme si la mutation s'en opérait en faveur de français, conformément au n.° 37 de l'instruction n.° 290.	
544	30 septemb. 1811.	FRANÇAIS NATURALISÉS A L'ÉTRANGER.	Les français naturalisés en pays étranger sans autorisation de l'Empereur, ne peuvent recueillir en france les successions auxquelles ils seraient appelés; ces successions passeront à celui qui viendra après eux, pourvu qu'il soit régnicole. - Ceux qui obtiennent cette autorisation jouissent en france du droit de transmettre et de succéder. (*Décret impérial du* 26 *août* 1811.)	
545	1 octobre 1811.	BELGES. -- SUCCESSIONS.	Les belges qui ne se sont pas conformés au décret impérial du 28 août 1811, sont inhabiles à succéder en france; les successions qui adviendraient à leurs enfans de leur chef écherront aux héritiers respectifs pendant vingt cinq ans. (*Décret impérial du* 28 *août* 1811.)	

ENREGISTREMENT.

INSTRUCTIONS GÉNÉRALES. N.os	DATES.	OBJETS.	EXTRAIT DÉTAILLÉ DES INSTRUCTIONS.	OBSERVATIONS.
548	12 novemb. 1811.	SOLUTIONS DIVERSES.	Solutions sur l'application des droits d'enregistrement aux actes ci-après : 1. Billets à ordre dont le paiement se poursuit par assignation sans protêt. 2. Billets prétendus adirés. 3. Décharge donnée au survivant des père et mère, des meubles dont il paie la valeur. 4. Déclarations de dettes contenues dans les partages. 5. Expéditions d'actes judiciaires. 6. Indemnités stipulées dans les baux ou autres actes. 7. Prescription des amendes pour contraventions dans la tenue du répertoire.	
549	20 novemb. 1811.	PRESTATION DE SERMENT. -- GREFFIERS.	Les actes de prestation de serment des greffiers, des cours et tribunaux nouvellement organisés, qui n'auraient été ni rédigés sur papier timbré, ni soumis à l'enregistrement dans les 20 jours de leur date, seront revêtus de cette double formalité, sans amende ni double droit, dans les 20 jours de la notification de cette solution, à ceux que ces actes concernent. -- Elle est applicable aux greffiers des maires. (*Décisions du Ministre des finances des 3 septembre et 5 novembre* 1811.)	*Addition aux instructions gén. n.* 526 *et* 537.
550	25 novemb. 1811.	LOCATIONS VERBALES.	Les préposés ne feront à l'avenir la demande du droit d'enregistrement d'un acte de bail ou location que dans le cas où il sera prouvé qu'il est rédigé par écrit; les locations verbales ne sont soumises à aucun droit. (*Jurisprudence de la cour de cassation* (*Déc. du Min. des fin., du* 5 *novemb.* 1811.)	*V. l'instruction num.* 577.
555	21 décemb. 1811.	PRESTATION DE SERMENT. -- AVOCATS.	Les avocats devant les cours impériales reçus pour la première fois, et qui n'ont pas acquitté le droit de 15 francs, paieront ce droit pour leur prestation de serment. Il ne sera exigé que le simple droit d'un franc pour le renouvellement de prestation de serment des avocats reçus dans les tribunaux et qui ont antérieurement acquitté le droit de 15 fr. (*Déc. du M. des fin. du* 10 *déc.* 1811.)	
558	26 décemb. 1811.	DIPLÔME DE SAGE-FEMME.	S'il est rédigé un acte de la présentation du diplôme de sage-femme au tribunal de première instance, les droits d'enregistrement et de greffe en sont dus ; mais il suffit que le diplôme fasse mention de l'enregistrement au greffe, sans que la partie soit tenue de lever une expédition de l'acte qui constate la formalité. Il n'est rien dû pour l'enregistrement du diplôme à la sous-préfecture. (*Décisions du Ministre des finances des* 14 *pluviôse an* 12 *et* 17 *décembre* 1811.)	
559	14 janvier 1812.	LIBRAIRIE ET IMPRIMERIE. -- PAIEMENT DES DROITS D'ENREGISTREMENT	Les préposés de la librairie et de l'imprimerie sont tenus, comme ceux des autres administrations, de payer comptant les droits d'enregistrement résultant de leurs actes. (*Décision du Ministre des finances.*)	
561	7 février 1812.	BAUX DES HOSPICES. -- DÉLAI.	Le délai de 15 jours fixé pour l'enregistrement des baux des biens des hospices, par le décret impérial du 12 août 1807, ne sera compté que du jour où les actes approuvés par les préfets seront parvenus aux maires ; les préposés devront veiller à ce qu'aucun acte de l'espèce ne leur soit présenté sans être émargé de l'attestation du maire, constatant l'époque précise où l'approbation lui sera parvenue. (*Décision du Ministre des finances.*) Ces actes seront portés sur le répertoire des notaires le jour même de leur rédaction ; il y sera fait mention de l'attestation du maire.	
566	12 mars 1812.	VENTE D'IMMEUBLES -- DÉCLARATION ESTIMATIVE.	Lorsque dans un acte de vente, la valeur des immeubles vendus n'est pas déterminée, les parties doivent y suppléer par une déclaration estimative, duement certifiée, et dont l'inexactitude emporte la peine du double droit. (*Décisions des Ministres des finances et de la justice des* 10 *et* 21 *janvier* 1812.)	

ENREGISTREMENT.

INSTRUCTIONS GÉNÉRALES. N.os	DATES.	OBJETS.	EXTRAIT DÉTAILLÉ DES INSTRUCTIONS.	OBSERVATIONS.
574	22 avril 1812.	Legs de rentes ou pension viagère. -- Intérêts de droits restitués.	Les legs de rentes ou pensions viagères ne donnent ouverture à aucun droit d'enregistrement lorsque le droit de mutation par décès a été acquitté pour l'universalité de la succession. -- Le legs d'usufruit demeure spécialement assujetti au droit proportionnel comme étant une sorte de propriété nouvelle hors la consistance de la succession. -- Les tribunaux ne sont point autorisés à condamner l'administration de l'enregistrement au paiement des intérêts dont la restitution est ordonnée pas même depuis la demande judiciaire. (*Arrêt de la Cour de cassation du 25 novembre* 1811; *Décision du Min. des fin. du* 14 *avril* 1812.)	*V. l'instruction num.* 401.
577	30 avril 1812.	Locations verbales. -- Restitution de droits.	Les restitutions de droits perçus sur les locations verbales ne peuvent avoir lieu qu'autant que la demande en est formée dans les deux ans de la date de la perception; mais dans ce cas elle doit être présentée au ministre qui décide si elle est admissible ou non. (*Décision du Ministre des finances du* 21 *avril* 1812.)	
580	21 mai 1812.	Domaine extraordinaire de la couronne.	Les acquisitions faites et à faire par le domaine extraordinaire de la couronne, ne sont soumises qu'au droit fixe de 5 francs. (*Décret impérial du* 28 *mars* 1812.)	
598	7 septembre 1812.	Domaine de la couronne.	Les contrats d'échange avec le domaine de la couronne seront enregistrés *gratis*. (*Décret impérial du* 11 *juillet* 1812.)	
602	6 octobre 1812.	Ventes publiques de marchandises par les courtiers.	L'ordonnance sur requête, ou l'autorisation donnée par le tribunal de commerce aux courtiers pour vendre, sera enregistrée au droit fixe de 2 fr. -- La déclaration de propriété sera enregistrée au droit fixe d'un franc. -- La déclaration pour parvenir à la vente sera faite au bureau des actes judiciaires conformément à la loi du 22 pluviôse an 7. -- Le procès-verbal de vente sera enregistré pour le droit proportionnel de 2 pour cent dans le délai de quatre jours. Ce droit sera perçu cumulativement sur les sommes auxquelles on n'ajoutera pas le droit de courtage. Le dépôt du procès-verbal pourra être fait au greffe avant qu'il ait été enregistré, pourvu qu'il soit présenté à la formalité en même tems que l'acte de dépôt. (*Décision du Ministre des finances du* 22 *septembre* 1812.)	
604	16 octobre 1812.	Caisse d'épargnes ou de Lafarge. -- Certificats de vie.	Les certificats de vie des actionnaires de la tontine connue sous le nom de caisse d'épargnes ou de la farge, sont assimilés aux certificats de vie des rentiers viagers de l'état et exempts de l'enregistrement. (*Décision du Ministre des finances du* 6 *octobre* 1812.)	
605	24 octobre 1812.	Établissemens publics. -- Autorisations.	Les autorisations données par M.rs les préfets aux communes, hospices et autres établissemens publics, pour recevoir des remboursemens de rentes, ne sont point soumises à l'enregistrement ni au timbre. (*Décision du Ministre des finances du* 9 *juin et* 8 *septembre* 1812.)	
608	5 novembre 1812.	Actes des chambres des notaires.	Les actes rendus par les chambres des notaires que le concours des particuliers assujettit au timbre, doivent être enregistrés dans les vingt jours de leur date, ainsi que le prescrit l'art. 4 du décret impérial du 4 messidor an 13.	*V. l'instr. n.* 295. *où le décret imp. du* 4 *messidor an* 13 *est transcrit.*
615	19 dudit.	Tribunaux correctionnels. -- Procès-verbaux.	Les procès-verbaux en matière de simple police et de police correctionnelle, sont sujets au timbre et à l'enregistrement. -- Les droits doivent être payés par les parties civiles, et à défaut, ces actes reçoivent la formalité en débet. -- En matière criminelle, et lorsqu'il s'agit de délits emportant peine afflictive et infamante, il n'y a lieu ni au timbre, ni à l'enregistrement, sauf l'enregistrement *gratis* des actes des huissiers ou gendarmes. (*Décision du Ministre des finances.*)	*Cette décis. déroge à celle rapportée dans l'instruction n.* 557.

INSTRUCTIONS GÉNÉRALES.		OBJETS.	EXTRAIT DÉTAILLÉ DES INSTRUCTIONS.	*OBSERVATIONS.*
N.os	DATES.			

INSTRUCTIONS GÉNÉRALES.		OBJETS.	EXTRAIT DÉTAILLÉ DES INSTRUCTIONS.	OBSERVATIONS.
N.os	DATES.			

INSTRUCTIONS GÉNÉRALES.		OBJETS.	EXTRAIT DÉTAILLÉ DES INSTRUCTIONS.	OBSERVATIONS.
N.os	DATES.			

INSTRUCTIONS GÉNÉRALES.		OBJETS.	EXTRAIT DÉTAILLÉ DES INSTRUCTIONS.	*OBSERVATIONS.*
N.os	DATES.			

INSTRUCTIONS GÉNÉRALES.		OBJETS.	EXTRAIT DÉTAILLÉ DES INSTRUCTIONS.	*OBSERVATIONS.*
N.os	DATES.			

INSTRUCTIONS GÉNÉRALES.		OBJETS.	EXTRAIT DÉTAILLÉ DES INSTRUCTIONS.	OBSERVATIONS.
N.os	DATES.			

INSTRUCTIONS GÉNÉRALES.		OBJETS.	EXTRAIT DÉTAILLÉ DES INSTRUCTIONS.	*OBSERVATIONS.*
N.os	DATES.			

INSTRUCTIONS GÉNÉRALES.		OBJETS.	EXTRAIT DÉTAILLÉ DES INSTRUCTIONS.	*OBSERVATIONS.*
N.os	DATES.			

INSTRUCTIONS GÉNÉRALES.		OBJETS.	EXTRAIT DÉTAILLÉ DES INSTRUCTIONS.	*OBSERVATIONS.*
N.os	DATES.			

INSTRUCTIONS GÉNÉRALES.		OBJETS.	EXTRAIT DÉTAILLÉ DES INSTRUCTIONS.	OBSERVATIONS.
N.os	DATES.			

INSTRUCTIONS GÉNÉRALES.		OBJETS.	EXTRAIT DÉTAILLÉ DES INSTRUCTIONS.	*OBSERVATIONS.*
N.os	DATES.			

INSTRUCTIONS GÉNÉRALES.		OBJÆTS.	EXTRAIT DÉTAILLÉ DES INSTRUCTIONS.	*OBSERVATIONS.*
N.^{os}	DATES.			

INSTRUCTIONS GÉNÉRALES.		OBJETS.	EXTRAIT DÉTAILLÉ DES INSTRUCTIONS.	*OBSERVATIONS.*
N.os	DATES.			

INSTRUCTIONS GÉNÉRALES.		OBJETS.	EXTRAIT DÉTAILLÉ DES INSTRUCTIONS.	*OBSERVATIONS.*
N.os	DATES.			

INSTRUCTIONS GÉNÉRALES.		OBJETS.	EXTRAIT DÉTAILLÉ DES INSTRUCTIONS.	OBSERVATIONS.
N.os	DATES.			

INSTRUCTIONS GÉNÉRALES.		OBJETS.	EXTRAIT DÉTAILLÉ DES INSTRUCTIONS.	*OBSERVATIONS.*
N.^{os}	DATES.			

INSTRUCTIONS GÉNÉRALES.		OBJETS.	EXTRAIT DÉTAILLÉ DES INSTRUCTIONS.	OBSERVATIONS.
N.os	DATES.			

INSTRUCTIONS GÉNÉRALES.		OBJETS.	EXTRAIT DÉTAILLÉ DES INSTRUCTIONS.	*OBSERVATIONS.*
N.os	DATES.			

INSTRUCTIONS GÉNÉRALES. N.os	INSTRUCTIONS GÉNÉRALES. DATES.	OBJETS.	EXTRAIT DÉTAILLÉ DES INSTRUCTIONS.	*OBSERVATIONS.*

INSTRUCTIONS GÉNÉRALES.		OBJETS.	EXTRAIT DÉTAILLÉ DES INSTRUCTIONS.	*OBSERVATIONS.*
N.os	DATES.			

ENVOIS PÉRIODIQUES

Des États de Consistance, de Recouvrement et autres que les Directeurs et les Receveurs sont tenus de fournir, les premiers à M. le Conseiller d'état, Directeur général de l'Administration, les seconds à leur Directeur respectif, tels qu'ils sont prescrits à l'époque du 1.er janvier 1813.

Nota. On n'a porté dans ce Tableau ni les envois périodiques d'ordre, des instances, journaux de travail etc., à faire à M. l'Administrateur de la division, ni les comptes de trimestre et les expéditions qui s'y rapportent.

INSTRUCTIONS générales ou circulaires qui prescrivent LES ÉTATS.		NATURE OU OBJET DES ÉTATS.	REMISE PÉRIODIQUE ET ENVOI				OBSERVATIONS.
			PAR LES DIRECTEURS.		PAR LES RECEVEURS.		
N.os	DATES.		Époque de la remise.	Date de l'envoi.	Époque de la remise.	Date de l'envoi.	
		AMENDES DES DÉSERTEURS DE LA MARINE.					
»	4 juin 1812.	État de situation des articles d'amendes prononcées contre les déserteurs de la marine, non apurés ou successivement consignés.	par semestre.	le 15 du second mois de chaque semestre.	par semestre.	lors du passage de l'inspecteur.	
		AMENDES FORESTIÈRES.					
103	15 frim. an 11. 14 déc. 1812.	État des recouvremens faits, pendant l'année, sur les amendes prononcées dans tous les départemens de l'empire, depuis le 1.er vendémiaire an 10, pour délits commis tant dans les bois impériaux que dans ceux des communes et établissemens publics.	par an.	le 30 janvier.	par an.	le 15 janvier.	
»	6 7.bre 1806.	État de situation des amendes et autres peines forestières, pendant le trimestre.	par trimestre.	le 15 du mois qui suit l'expiration de chaque trimestre.	par trimestre.	le 10 du mois qui suit l'expiration de chaque trimestre.	
		ARBRES ABATTUS PAR LES PROPRIÉTAIRES RIVERAINS.					
»	23 déc. 1806.	État des adjudications faites des arbres abattus par les propriétaires riverains des routes.	par an.	le 1.er février.	chaque année.	le 25 janvier.	
»	*Idem.*	État des recouvremens faits sur le prix desdites adjudications.	par trimestre.	le 10 du mois qui suit l'expiration du trimestre.	par trimestre.	le 5 du premier mois de chaque trimestre.	
»	2 janvier 1807.	État des versemens effectués sur le prix des ventes ci-dessus.	idem.	idem.	chaque mois	le 5, avec l'état de mois.	

ENVOIS PÉRIODIQUES.

INSTRUCTIONS générales ou circulaires qui prescrivent LES ÉTATS.		NATURE OU OBJET DES ÉTATS.	REMISE PÉRIODIQUE ET ENVOI				OBSERVATIONS.
			PAR LES DIRECTEURS.		PAR LES RECEVEURS.		
N.os	DATES.		Époque de la remise.	Date de l'envoi.	Époque de la remise.	Date de l'envoi.	
		COUPES DE BOIS. §. 1. *Bois impériaux.*					
»	28 7.bre 1812	Bordereau des traites pour coupes de bois de l'empire.	chaque année.	immédiatement après le dépôt des traites.	"	"	
		Bordereau des récépissés délivrés au directeur par le receveur général du département, pour le versement des traites des adjudicataires des coupes de bois de l'empire.	par trimestre.	le 10 du mois qui suit l'expiration de chaque trimestre.	"	"	
		L'état général des ventes des coupes de bois de l'empire, soit d'ancienne origine, soit dépendant des biens confisqués et séquestrés. (*modèle num.* 1.)	chaque année.	le 1. fév.r	chaque année.	le 20 janvier.	
		L'état de la situation des recouvremens sur le prix des adjudications des coupes de bois de l'empire. (*modèle num.* 2.)	par trimestre.	le 10 du mois qui suit l'expiration du trimestre.	par trimestre.	le 5 du mois qui suit l'expiration de chaque trimestre.	
		L'état du produit des bois de l'empire ou de ceux séquestrés qui sont affermés ou affectés aux usines; des redevances pour scieries et autres usines; des droits d'usage appartenant à l'empire et des adjudications de pâturage, de pacage et de glandée. (*modèle num.* 3.)	idem.	idem.	idem.	idem.	
		Bordereau des recettes faites pendant le trimestre, sur le prix des coupes de bois des exercices 5, 6, 7 et 8 etc. (*modèle num.* 4.)	idem.	idem.	idem.	idem.	
		Bordereau des recettes faites pendant le trimestre, sur le prix des coupes de bois des exercices 13, 14 et 1806, 1807, 1808, 1809, 1810, 1811 et successivement. (*modèle num.* 5.)	idem.	idem.	idem.	idem.	

ENVOIS PÉRIODIQUES.

INSTRUCTIONS générales ou circulaires qui prescrivent LES ÉTATS.		NATURE OU OBJET DES ÉTATS.	REMISE PÉRIODIQUE ET ENVOI				OBSERVATIONS.
			PAR LES DIRECTEURS.		PAR LES RECEVEURS		
N.os	DATES.		Époque de la remise.	Date de l'envoi.	Époque de la remise.	Date de l'envoi.	
		§. 2. *Bois des communes et établissemens publics.*					
		Etat général des ventes des coupes extraordinaires des bois des communes, hospices et autres établissemens publics. (*modèle n.* 6.)	par an.	le 1 fév.r	par an.	idem.	
		État du recouvrement du prix des coupes extraordinaires des bois appartenant aux communes, hospices et établissemens publics (*modèle num.* 7.)	par trimestre.	le 10 du mois qui suit le trimestre.	par trimestre.	le 5 du mois qui suit le trimestre.	
		État général du produit du décime pour franc attribué au trésor impérial sur le prix des adjudications des coupes ordinaires des bois appartenant aux communes, hospices et autres établissemens publics et du montant des vacations des agens forestiers, à payer par les communes, hospices etc. pour les coupes délivrées en nature. (*modèle num.* 8.)	par an.	le 1. fév.r	par an.	le 20 janvier.	

ENVOIS PÉRIODIQUES.

INSTRUCTIONS générales ou circulaires qui prescrivent LES ÉTATS.		NATURE OU OBJET DES ÉTATS.	REMISE PÉRIODIQUE ET ENVOI				OBSERVATIONS.
			PAR LES DIRECTEURS.		PAR LES RECEVEURS.		
N.os	DATES.		Époque de la remise.	Date de l'envoi.	Époque de la remise.	Date de l'envoi.	
		DROITS DE PÊCHE.					
„	30 sept. 1812.	État général des adjudications consenties et des licences délivrées.	par an.	le 15 avril.	par an.	le 5 avril.	
		État sommaire des recouvremens faits sur les adjudications ci-dessus.	par trimestre.	le 15 du mois qui suit le trimestre.	par trimestre.	le 5 du mois qui suit le trimestre.	
		État sommaire des recouvremens faits et de ceux à faire sur les droits de pêche, provenant d'adjudications et licences, à partir de l'établissement de ces droits, jusqu'au premier octobre 1806.	idem.	idem.	idem.	idem.	
		Idem, à partir du premier octobre 1806, jusqu'au jour du trimestre dont on rend compte.	idem.	idem.	idem.	idem.	
		DÉCOMPTES.					
„	21 mars 1807.	État des décomptes d'acquéreurs des domaines nationaux faits et arrêtés pendant le mois.	par mois.	le 10 de chaque mois.	„	„	*Cet état doit accompagner les décomptes adressés à l'Administration.*
		État des recouvremens faits sur les décomptes ci-dessus et sur ceux arrêtés antérieurement.	idem.	idem.	par mois.	le 5 de chaque mois.	

ENVOIS PÉRIODIQUES.

INSTRUCTIONS générales ou circulaires qui prescrivent LES ÉTATS. N.os	DATES.	NATURE OU OBJET DES ÉTATS.	REMISE PÉRIODIQUE ET ENVOI — PAR LES DIRECTEURS. Époque de la remise.	Date de l'envoi.	PAR LES RECEVEURS. Époque de la remise.	Date de l'envoi.	OBSERVATIONS.
		DÉPOTS CACHÉS.					
"	19 février 1806.	État des déclarations faites en vertu du décret impérial du 23 janvier 1806, d'objets déposés par des religieux, présentant le montant des recouvremens faits et à faire.	par mois.	le 10 de chaque mois	par mois.	avec l'état des produits.	
		DOMAINES ENGAGÉS.					
112	8 nivôse an 11.	État de situation sur l'exécution de la loi du 14 ventôse an 7, relative aux domaines engagés par l'ancien gouvernement.	par trimestre.	le 20 du mois qui suit chaque trimestre.	par trimestre.	le 5 du mois qui suit chaque trimestre.	
		ÉTABLISSEMENS RELIGIEUX ÉTRANGERS.					
492	25 sept. 1810.	État supplémentaire aux états de consistance des biens de toute nature, situés en France, provenant des établissemens religieux, corporations ecclésiastiques etc. des royaumes ou états étrangers et qui sont réunis au domaine de l'état par le décret impérial du 14 septembre 1810.	par mois.	le 10 de chaque mois	par mois.	le 5 de chaque mois	

ENVOIS PÉRIODIQUES.

INSTRUCTIONS générales ou circulaires qui prescrivent LES ÉTATS. N.os	DATES.	NATURE OU OBJET DES ÉTATS.	REMISE PÉRIODIQUE ET ENVOI — PAR LES DIRECTEURS. Époque de la remise.	Date de l'envoi.	PAR LES RECEVEURS. Époque de la remise.	Date de l'envoi.	OBSERVATIONS.
		FERMAGES.					
1619	1 therm.r an 7.	État des recouvremens faits sur le montant des liquidations de fermages des années 3 et 4.	par trimestre.	le 20 du mois qui suit chaq. trimestre	par trimestre.	le 5 du mois qui suit chaq. trimestre	
»	6 ventôse an 10 et 7 nivôse an 14.	Les deux états de recouvrement soit de l'année courante, soit des années antérieures, des fermages et locations.	idem.	idem.	idem.	idem.	*V. les modèles à la circulaire de l'administration.*
		FRANÇAIS EN PAYS ÉTRANGER.					
490	22 7.bre 1810.	États supplétifs aux deux états de consistance des biens immeubles séquestrés ou confisqués sur les français qui ont porté les armes contre la france etc.	par mois.	le 10 de chaque mois	par mois.	le 3 de chaque mois	
		FRAIS DE JUSTICE A RECOUVRER.					
361	23 X.bre 1807.	Deux états de situation du recouvrement tant sur les frais de justice à rembourser par les condamnés que sur les rôles de taxes abusives, soit pour l'année courante, soit pour les années antérieures.	par trimestre.	le 15 du mois qui suit l'expiration de chaque trimestre.	par trimestre.	le 3 du mois qui suit l'expiration de chaque trimestre.	

ENVOIS PÉRIODIQUES.

INSTRUCTIONS générales ou circulaires qui prescrivent LES ÉTATS.		NATURE OU OBJET DES ÉTATS.	REMISE PÉRIODIQUE ET ENVOI				OBSERVATIONS.
			PAR LES DIRECTEURS.		PAR LES RECEVEURS		
N.os	DATES.		Époque de la remise.	Date de l'envoi.	Époque de la remise.	Date de l'envoi.	
		FRAIS DE JUSTICE MILITAIRE.					
	4 juin 1812.	État de situation du recouvrement des frais de justice militaire, présentant les articles non apurés et ceux consignés nouvellement.	par semestre.	les 15 fév.r et 15 août.	par semestre.	lors du passage de l'inspecteur.	
		FRAIS DE JUSTICE EN MATIÈRE DE DOUANES.					
	5 octob. 1812.	Les deux états de situation de recouvrement soit sur les frais de justice à rembourser par les condamnés, soit sur les rôles de taxe abusive en matière de douanes.	par trimestre.	idem.	par trimestre.	idem.	
		MAISONS CANONIALES.					
	7 février 1807.	État détaillé des sommes recouvrées sur la valeur des maisons canoniales et de celles restant à recouvrer.	par trimestre.	le 10 du mois qui suit l'expiration du trimestre.	par trimestre.	le 5 du mois qui suit l'expiration du trimestre.	*Cet état doit accompagner celui prescrit par la circulaire de l'administration n.° 1915. (Voir vente de domaines nationaux.)*
		MOBILIER NATIONAL.					
	8 frimaire an 9.	État des produits des ventes du mobilier national, faites depuis le premier vendémiaire an 6.	par trimestre.	le 15 du mois qui suit le trimestre.	par trimestre.	le 5 du 1.er mois de chaque trimestre.	

ENVOIS PÉRIODIQUES.

INSTRUCTIONS générales ou circulaires qui prescrivent LES ÉTATS. N.os	DATES.	NATURE OU OBJET DES ÉTATS.	REMISE PÉRIODIQUE ET ENVOI — PAR LES DIRECTEURS. Époque de la remise.	Date de l'envoi.	PAR LES RECEVEURS. Époque de la remise.	Date de l'envoi.	OBSERVATION
		PRODUITS PAR MOIS.					
,,	21 vent. an 10.	État général des recettes et dépenses de chaque mois.	tous les mois.	le 11 du mois.	tous les mois.	le 3 du mois	*Arrêté de M. Conseiller d'état D recteur général, 18 ventôse an 10.*
249	28 therm. an 12 17 vend.re an 14.	État de complément à celui des recettes et dépenses à la fin de chaque année.	chaque année.	le 11 février.	chaque année.	le 3 février.	
		PRYTANÉE FRANÇAIS (*vente de ses biens.*)					
,,	25 germ. an 13.	État des ventes d'immeubles appartenant au prytanée français, faites en exécution de la loi du 8 pluviôse et du décret impérial du 11 ventôse an 13, et de la situation du recouvrement.	par mois.	le 5 de chaque mois.	par mois.	le premier. de chaque mois.	*Doit être envoyé M. l'Administrate de la division.*
		RENTES NATIONALES.					
,,	30 brum. an 11 et 7 nivôse an 14.	États des recouvremens faits sur les rentes foncières et constituées soit de l'année courante, soit des années antérieures.	par trimestre.	le 20 du mois qui suit l'expiration du trimestre	par trimestre.	le 5 du mois qui suit l'expiration du trimestre.	*Les modèles so joints à la circulai de l'Administratio N.° 1925.*
,,	29 janvier 1808.	État des recouvremens tant en capitaux qu'intérêts des rentes découvertes par les agens de la caisse d'amortissement.	idem.	idem.	idem.	idem.	*Cet état doit êtr fait sur celui des r couvremens des ren tes de l'état.*

ENVOIS PÉRIODIQUES.

INSTRUCTIONS générales ou circulaires qui prescrivent LES ÉTATS.		NATURE OU OBJET DES ÉTATS.	REMISE PÉRIODIQUE ET ENVOI				OBSERVATIONS.
			PAR LES DIRECTEURS.		PAR LES RECEVEURS		
N.os	DATES.		Époque de la remise.	Date de l'envoi.	Époque de la remise.	Date de l'envoi.	
		SAISIES RÉELLES.					
508	20 février 1811.	Compte détaillé, article par article, et jusqu'à l'apurement, de la vente des biens provenant des anciennes saisies-réelles ordonnées par le décret impérial du 11 janvier 1811.	par mois.	le 10 de chaque mois	par mois.	le 3 de chaque mois.	
568	24 mars 1812.	Compte de la situation de l'exécution des lois et du décret impérial du 12 février 1812, relativement aux comptes des anciens commissaires aux saisies réelles, supprimés par la loi du 23 septembre 1793.	par trimestre.	le 15 du mois qui suit l'expiration du trimestre.	par trimestre.	le 10 du mois qui suit l'expiration du trimestre.	
		VENTE DE DOMAINES NATIONAUX.					
1915	23 brum. an 9.	État de situation du produit de toutes les ventes de domaines nationaux, faites en vertu des lois antérieures à celles des 15 et 16 floréal an 10.	par trimestre.	le 10 du mois qui suit l'expiration de chaque trimestre.	idem.	le 5 du mois qui suit l'expiration de chaque trimestre.	*V. Maisons canoniales.*
61 "	6 messid. an 10. 9 nivôse an 12.	Les deux états de ventes de domaines nationaux soit en fonds ruraux, soit en maisons et usines, faites en vertu des lois des 15 et 16 floréal an 10.	par mois.	le 10 de chaque mois	par mois.	le 3, avec l'état des produits.	
270	17 pluv. an 13.	Les mêmes états pour les ventes faites en vertu de la loi du 5 ventôse an 12.	idem.	idem.	idem.	idem.	
61 "	6 messid. an 10. 9 nivôse an 12.	Les deux états de recouvrement des ventes de domaines nationaux soit en fonds ruraux, soit en maisons, bâtimens et usines, faites en vertu des lois des 15 et 16 floréal an 10.	idem.	idem.	idem.	idem.	
270 "	17 pluv. an 13. 27 germ. an 13.	Les mêmes états pour les ventes faites en vertu de la loi du 5 ventôse an 12, en distinguant celles faites antérieurement ou postérieurement au premier vend.re an 13.	idem.	idem.	idem.	idem.	

ENVOIS PÉRIODIQUES.

INSTRUCTIONS générales ou circulaires qui prescrivent LES ÉTATS. N.os	DATES.	NATURE OU OBJET DES ÉTATS.	REMISE PÉRIODIQUE ET ENVOI — PAR LES DIRECTEURS. Époque de la remise.	Date de l'envoi.	PAR LES RECEVEURS. Époque de la remise.	Date de l'envoi.	OBSERVATIONS.
„	27 germ. an 13.	Le tableau des sommes recouvrées pour la caisse d'amortissement sur le prix des ventes ci-dessus, avec les mêmes distinctions.	par mois.	le 10 de chaque mois	par mois.	le 3, avec l'état des produits	*Ce tableau doit être également remis chaque trimestre à l'appui des comptes par les receveurs, inspecteurs et directeurs.*
61	6 messid. an 10. 9 nivôse an 12.	Les deux états de déchéances encourues soit par les acquéreurs de fonds ruraux, soit par ceux de maisons, bâtimens et usines, en vertu des lois des 15 et 16 floréal an 10.	idem.	idem.	idem.	idem.	
270	17 pluv. an 13.	Les mêmes états pour les déchéances encourues par les acquéreurs en vertu de la loi du 5 ventôse an 12.	idem.	par mois.	idem.	idem.	
„	24 therm. an 11.	État nominatif des acquéreurs de biens nationaux en exécution des lois des 15 et 16 floréal an 10.	tous les mois.	idem.	idem.	idem.	
135	21 floréal an 11.	État des recouvremens faits sur les cédules souscrites pour prix de vente de domaines nationaux et en vertu des lois des 16 brumaire an 5, 26 vendémiaire an 7 et 11 frimaire an 8.	idem.	idem.	idem.	idem.	

ENVOIS PÉRIODIQUES.

INSTRUCTIONS générales ou circulaires qui prescrivent LES ÉTATS.		NATURE OU OBJET DES ÉTATS.	REMISE PÉRIODIQUE ET ENVOI				OBSERVATIONS.
			PAR LES DIRECTEURS.		PAR LES RECEVEURS.		
N.os	DATES.		Époque de la remise.	Date de l'envoi.	Époque de la remise.	Date de l'envoi.	

ENVOIS PÉRIODIQUES.

INSTRUCTIONS générales ou circulaires qui prescrivent LES ÉTATS.		NATURE OU OBJET DES ÉTATS.	REMISE PÉRIODIQUE ET ENVOI				OBSERVATIONS.
			PAR LES DIRECTEURS.		PAR LES RECEVEURS.		
N.os	DATES.		Époque de la remise.	Date de l'envoi.	Époque de la remise.	Date de l'envoi.	

FRAIS DE JUSTICE.

INSTRUCTIONS GÉNÉRALES.		OBJETS.	EXTRAIT DÉTAILLÉ DES INSTRUCTIONS.	OBSERVATIONS.
N.os	DATES.			
16	4 frimaire an 10.	FRAIS DE JUSTICE ET DE PRISONS A ACQUITTER PAR LES PAYEURS.	Les frais de justice et de prisons doivent, à compter du 1.er vendémiaire an 10, être acquittés par les payeurs des dépenses diverses. (*Arrêtés des Consuls des 23 vendémiaire et 28 brumaire an 10.*)	
19	14 dudit.	TAXES A TÉMOINS *idem.*	Les taxes à témoins sont comprises dans les dispositions de l'arrêté du 23 vendémiaire an 10 qui ordonne que les frais de justice de tout genre seront acquittés par les payeurs des dépenses diverses. (*Déc. du M. des fin. du 8 frimaire an 10.*)	
33	9 nivôse an 10.	AVANCES FAITES PAR L'ADMINISTR.on	Mode de remboursement des avances faites par l'administration de l'enregistrement pour dépenses de prisons et frais de justice de l'an 10.	
»	17 floréal an 10.	DÉPENSES DE PRISONS.	Les receveurs de la trésorerie doivent admettre pour comptant dans les versemens des receveurs de l'administration, les mandats des préfets pour dépenses de prisons et frais de justice de l'an 10, quoique le montant excède le crédit affecté au remboursement de ces dépenses. (*Décisions du Ministre du trésor public des 9 et 10 floréal an 10.*)	
55	25 dudit.	DÉPENSES DE PRISONS ET FRAIS DE JUSTICE.	Les dépenses de prisons et frais de justice de l'an 10 seront directement acquittés, dans chaque chef-lieu de département, par le préposé du payeur général, et dans les chefs-lieux d'arrondissement, par les receveurs particuliers. -- Les receveurs de l'enregistrement établis dans les communes qui ne sont chefs-lieux de département ni d'arrondissement, continueront de faire l'avance des taxes des jurés et témoins. -- Mode de comptabilité de ces dépenses.	
69	1 fructidor an 10.	APPOSITION DE SCELLÉS.	L'apposition des scellés sur les effets mobiliers appartenans à des accusés traduits devant un tribunal criminel, ne doit avoir lieu que lorsque les accusés ne possèdent pas suffisamment de propriétés immobilières pour les dommages et frais auxquels ils peuvent être condamnés. -- Elle ne doit point être requise aussi, lorsqu'ils ne sont que prévenus, ou qu'ils jouissent de leur liberté sous caution.	*V. la circulaire de l'administration num.* 1871.
88	6 brumaire an 11.	FRAIS DE JUSTICE A ACQUITTER PAR LES RECEVEURS DE L'ADMINISTRATION.	A dater du 1.er vendémiaire an 11, les frais de justice rentrent dans la classe des dépenses à la charge du gouvernement et sont payés sur ordonnances du grand-juge. Les receveurs de l'enregistrement font l'avance, 1.° de l'indemnité des jurés; 2.° des taxes des témoins, officiers de santé, interprètes, experts, etc.	
89	id.	APPOSITION DE SCELLÉS POUR RECOUVREMENT.	L'apposition des scellés pour recouvrement de frais de justice ne doit avoir lieu que dans les cas prévus par le texte de la loi, à moins qu'il n'y ait des circonstances particulières qui l'autorisent. (*Lettre du Ministre de la justice du 24 thermidor an 10.*)	*Idem, num.* 1997.
90	id.	OMISSIONS SUR LES REGISTRES DE L'ÉTAT CIVIL.	Les frais nécessaires d'instance, d'informations, expéditions et significations de jugemens, pour réparer les omissions faites sur les registres de l'état civil, seront à la charge du trésor public, sur l'attestation d'indigence des parties. (*Décision des Ministres de la justice et des finances.*)	
93	15 dudit.	FRAIS DE TRANSLATION ET DE NOURRITURE DES PRÉVENUS, etc.	Les frais de translation et de nourriture en route des prévenus et accusés et autres dépenses du même genre, doivent être payés comme frais urgens. La seule déclaration du juge que la partie ne sait signer, suffit pour l'acquit des taxes de témoins et autres frais urgens. État à dresser chaque trimestre des états des frais de l'espèce; formalités nécessaires pour les régulariser	

FRAIS DE JUSTICE.

INSTRUCTIONS GÉNÉRALES. N.os	DATES.	OBJETS.	EXTRAIT DÉTAILLÉ DES INSTRUCTIONS.	OBSERVATIONS.
106	30 frimaire an 11.	TRIBUNAUX MILITAIRES. -- TAXES DE TÉMOINS ETC.	Les receveurs de l'enregistrement feront l'avance des frais de salaires des témoins, experts et interprètes appelés devant les tribunaux militaires. Ils en dresseront, à l'expiration de chaque trimestre, l'état en triple expédition, qu'ils feront rendre exécutoire par le président du tribunal militaire, et le soumettront au visa du commissaire des guerres.	
»	2 pluviôse an 11.	CONTRAINTE PAR CORPS.	On doit continuer à employer la contrainte par corps pour le recouvrement des frais de justice. (*Décision des Consuls du 28 vendémiaire an 11.*)	
»	28 ventôse an 11.	APPOSITION DE SCELLÉS.	L'apposition des scellés pour recouvrement des frais de justice en matière criminelle ne doit être employée que dans le seul cas où il y a à craindre la dilapidation ou la soustraction des effets. (*Lettre du Grand-Juge du 30 nivôse an 11.*)	
142	9 messidor an 11.	CONDAMNÉS AUX FERS.--CURATEUR.	Les préposés de l'administration, après en avoir obtenu l'autorisation du directeur, doivent faire nommer un juge du tribunal qui convoquera devant lui les parens des condamnés aux fers, à l'effet de leur faire nommer un curateur pour recouvrer contre eux les frais de justice. (*Lettre du Grand-Juge du 21 germinal an 11, au Ministre des finances.*) Le tribunal auquel on devra s'adresser est celui où l'action est portée.-Faire vendre les effets saisis sur des condamnés et déposés dans les greffes ou dans les bureaux de préfecture de police.	
147	8 thermid. an 11.	DÉLITS FORESTIERS.	Les frais de procédure en matières de délits forestiers doivent être acquittés sur les fonds de l'administration, dans chaque arrondissement, comme les autres frais de justice. Les receveurs en dresseront, à la fin de chaque trimestre, des états distincts et séparés de ceux payables sur les fonds du ministère du grand-juge. Ces états arrêtés par le conservateur ou l'inspecteur des forêts, seront déclarés exécutoires par le président du tribunal et visés par le préfet. (*Circulaire du Grand-Juge du 6 messidor an 11.*)	*V. la circulaire de l'administration n.* 1556.
149	16 dudit.	CONSEILS DE GUERRE.	Les frais de taxes de témoins, experts et interprètes appelés aux conseils de guerre ne doivent plus être acquittés que sur exécutoires du président du conseil de guerre et du rapporteur. -- Fixation de l'indemnité accordée aux militaires et aux employés près les armées, appelés en témoignage devant un conseil de guerre. Indication de ceux qui doivent la toucher et de ceux qui n'y ont aucun droit. (*Arrêté du Directoire exécutif du 17 floréal an 5.*)	
150	id.	DÉPENSES URGENTES.	Les dépenses urgentes en matière de frais de justice, sont les seules qui puissent être acquittées sur la simple ordonnance des juges sans le visa des préfets. -- Distinction des dépenses urgentes de celles qui ne le sont pas. (*Décision du Grand-Juge ministre de la justice du 24 germinal an 11.*)	
»	2 fructidor an 11.	FRAIS DE JUSTICE MILITAIRE.	Les frais de justice militaire ne sont pas assujettis à la retenue de 2 pour cent prescrite par la loi du 26 fructidor an 7. (*Arrêté du Gouvernement du 6 thermidor an 11.*)	
164	30 dudit.	FRAIS DE NOURRITURE DES CONDAMNÉS INSOLVABLES.	Les frais de nourriture des condamnés insolvables pendant la durée de leur détention, ne sont pas dans le cas d'être avancés par les receveurs de l'administration. (*Décision du Ministre des finances du 9 fructidor an 11.*)	
169	22 vendém. an 12.	VACATIONS DUES AUX HUISSIERS ET GREFFIERS.	Les vacations dues aux huissiers et greffiers par suite des procédures instruites d'office à la requête des commissaires du gouvernement en matière civile, seront acquittées par les receveurs de l'enregistrement comme les frais de justice en matière criminelle auxquels elles sont assimilées, sur exécutoires visés	

FRAIS DE JUSTICE.

INSTRUCTIONS GÉNÉRALES. N.os	DATES.	OBJETS.	EXTRAIT DÉTAILLÉ DES INSTRUCTIONS.	OBSERVATIONS.
			par le commissaire, décernés par le tribunal et revêtus du visa du préfet. — Ces exécutoires seront portés sur l'état général des frais de justice dont l'instruction n.° 88 prescrit la formation.	
182	17 frimaire an 12.	FRAIS DE PROCÉDURES A LA REQUÊTE DE PARTIES CIVILES INDIGENTES.	Les frais de justice de procédures qui ont lieu à la requête de parties civiles ou plaignantes, pourvues de certificats d'indigence, seront avancés par l'administration, sauf son recours contre la partie si elle devient solvable, soit contre l'accusé s'il succombe. (*Décision du Ministre des finances du 18 vendémiaire an 12.*)	
194	19 nivôse an 12.	RECOUVREMENT. — CONTRAINTES PAR CORPS.	La contrainte par corps ne doit être employée pour le recouvrement des frais de justice, que contre les condamnés dont la solvabilité est connue. On doit se borner à faire dresser des procès-verbaux de carence contre les véritables indigens, sauf au commissaire du gouvernement à faire subir à ces derniers le mois de détention prescrit par la loi du 5 octobre 1793. Nonobstant le mois de détention, l'action pour le recouvrement des frais n'est pas éteinte, et on peut toujours l'exercer si le débiteur devient solvable. (*Lettre du Grand-Juge du 18 fructidor an 11.*)	
220	28 germinal an 12.	CONDAMNÉS A DES PEINES TEMPORAIRES. — CURATEUR.	La nomination des curateurs aux condamnés à des peines temporaires, doit être faite conformément aux art. 400, 401 et 410 du code Napoléon, par un conseil de famille, et à défaut, elle doit être provoquée par l'administration de l'enregistrement. Les poursuites pour le recouvrement des créances de l'état sur des condamnés à des peines temporaires, doivent être dirigées contre le curateur et contre les héritiers, s'il s'agit d'un condamné frappé de mort civile, à moins que ses héritiers se soient abstenus de prendre la succession, et dans ce cas, l'administration devra demander au tribunal de première instance la nomination d'un curateur spécial. (*Décision du Ministre des finances du 29 ventôse an 12.*)	
225	29 floréal an 12.	FRAIS DE NOUVELLE CAPTURE ET DE TRANSLATION.	Les frais de nouvelle capture et de translation d'un individu évadé après avoir été condamné, ne doivent être payés par l'administration, sur les fonds du grand-juge, que lorsqu'il s'agit de déportés par mesure de police générale; dans tous les autres cas, ils doivent être pris sur ceux accordés aux ministres de la guerre ou de la marine, ou de l'intérieur. — Les frais d'arrestation des prévenus, ceux d'exécution des jugemens font partie des frais de justice ordinaires. (*Décision du Ministre de la justice du 14 germinal an 12.*)	
263	21 floréal an 13.	FRAIS DE JUSTICE A PAYER PAR L'ADMINISTRATION, ET CEUX QUI LUI SONT ÉTRANGERS.	Distinction des frais de justice à payer par les caisses de l'administration et de ceux qui leur sont étrangers. Surveillance à exercer par les receveurs, pour n'admettre que les pièces revêtues des formalités requises et pour ne payer d'autres taxes et frais que ceux voulus par la loi et qui font partie du crédit du ministre de la justice. (*Loi du 5 pluviôse an 13.*) Sont exceptées les taxes des témoins, experts et interprètes pour la justice militaire.	
»	21 messidor an 13.	FRAIS DE JUSTICE MILITAIRE.	La disposition de l'instruction n.° 283, qui prescrivait aux receveurs de l'enregistrement de s'abstenir de tout paiement de frais de justice militaire dans les villes où il y a des payeurs militaires, est abrogée : ils continueront de payer comme par le passé les taxes d'urgence, etc.	
»	13 janvier 1806.	FRUIT DU TRAVAIL DES DÉTENUS NON SAISISSABLE.	Le tiers du travail des détenus n'est pas saisissable pour le paiement des frais de condamnation et de poursuites, le certificat d'indigence est suffisant pour constater leur insolvabilité lorsqu'il s'agit de les recouvrer. — Le procès-verbal de	

FRAIS DE JUSTICE.

INSTRUCTIONS GÉNÉRALES. N.os	DATES.	OBJETS.	EXTRAIT DÉTAILLÉ DES INSTRUCTIONS.	OBSERVATIONS.
			carence est indispensable pour la commutation de l'amende en une détention d'un mois. (*Décision du Grand-Juge du 7 janvier* 1806.)	
„	7 mars 1807	FRAIS D'EXÉCUTION DES JUGEMENS MILITAIRES.	Les receveurs de l'administration doivent payer les frais d'exécution des jugemens rendus par les tribunaux militaires lorsque ces exécutions ne sont pas faites militairement, après avoir été rendus exécutoires par le président du conseil de guerre et le capitaine rapporteur, et sur mémoires vérifiés, réglés et visés par le préfet du département. (*Décision du Ministre de la guerre du* 26 *février* 1807.)	
»	27 dudit.	PIÈCES À JOINDRE AUX EXÉCUTOIRES.	Les originaux ou expéditions des actes des greffiers ou huissiers ne doivent point être considérés comme pièces justificatives des exécutoires et *y* être joints. Par pièces justificatives on a toujours entendu les mémoires détaillés et autres pièces comptables. (*Décision du Grand-Juge du* 13 *janvier* 1807.)	
»	2 mai 1807.	DÉPENSES DE PRISONS ET DE CONDUITE DES MARINS OU MILITAIRES.	Les dépenses de prisons et de conduite des marins ou militaires condamnés aux travaux publics ou au boulet, sont à la charge des ministres respectifs de la guerre ou de la marine. -- Celles des condamnés aux fers, pour leur séjour ou conduite, par les tribunaux militaires, maritimes ou civils, et même des militaires ou marins, sont à la charge du ministre de l'intérieur. -- Les dépenses de routes ou séjour momentané pendant la translation des prisonniers transférés par ordre des tribunaux, cours, procureurs généraux ou impériaux, doivent être acquittées comme frais généraux de justice, par le domaine, et allouées sur les ordonnances du grand-juge et non sur les centimes variables des départemens. (*Avis du Conseil d'état du* 10 *janvier* 1807.)	
348	7 octobre 1807.	FRAIS DE JUSTICE MILITAIRE. -- RECOUVREMENT.	Les receveurs de l'administration doivent recouvrer les frais de justice dont la condamnation est prononcée par les tribunaux militaires; distinction à établir à ce sujet dans les états et comptes. (*Décision des Ministres des finances et de la justice sur la loi du* 18 *germinal an* 7.)	
352	20 dudit.	PRIVILÈGE DU TRÉSOR PUBLIC.	Privilège du trésor public pour le recouvrement des frais de justice en matière correctionnelle, criminelle et de police; mode de l'exercer. (*Loi du* 5 *septembre* 1807.)	
354	22 dudit.	FRAIS DE PROCÉDURE DUS PAR UN CONTUMAX OU UN CONDAMNÉ DÉCÉDÉ.	Un condamné par contumace ne peut jamais être déchargé du paiement des frais de la procédure sur laquelle est intervenu le jugement de condamnation par contumace, quand bien même il se serait représenté dans les 5 ans de grâce, mais s'il est absous, il ne peut être tenu aux frais de la seconde procédure. -- Dans le cas de décès du condamné dans les 5 ans du jugement, la condamnation est exécutoire contre ses héritiers ou ayant cause. -- Il y a lieu de se pourvoir contre tout jugement qui serait contraire à ces dispositions. (*Avis du Conseil d'état et décisions des Ministres de la justice et des finances.*)	*V. ci-après l'instruction générale n.°* 469.
358	5 novembre 1807.	MODE DE RÈGLEMENT DES FRAIS DE JUSTICE CRIMINELL.	Mesures pour l'exécution de la loi du 5 pluviôse an 13 et du décret impérial du 24 février 1806, concernant les frais de justice. Le paiement n'en peut être différé que dans le cas où les formalités n'ont pas été remplies; solutions à ce sujet. Explications relatives à la contrainte par corps pour le recouvrement de ces frais. Ceux relatifs à la police municipale et rurale et à l'administration forestière ne sont point à la charge du grand-juge. (*Circulaire du Grand-Juge du* 6 *brumaire an* 14.)	

FRAIS DE JUSTICE.

INSTRUCTIONS GÉNÉRALES. N.os	DATES.	OBJETS.	EXTRAIT DÉTAILLÉ DES INSTRUCTIONS.	OBSERVATIONS.
361	25 décemb. 1807.	POLICE MUNICIPALE ET RURALE.	Les frais de justice de police municipale et rurale sont rangés dans la classe des frais de justice ordinaire, à la charge du grand-juge, quand les procédures sont instruites d'office et à la requête seulement du ministère public. -- Exception quant aux poursuites tendant à la conservation des propriétés et biens des communes censées alors parties civiles.-- Compte à rendre de la situation du recouvrement des frais de justice.	
375	14 avril 1808.	PRIVILÈGE DU TRÉSOR.	Le privilège accordé au trésor public par la loi du 5 septembre 1807 pour frais de justice en matière correctionnelle et criminelle n'est point applicable aux amendes. -- Ce privilège pour les frais de justice prime l'indemnité due à la partie civile. (*Décision du Grand-Juge du* 19 *mars* 1808.)	
378	19 mai 1808	FRAIS DE JUSTICE CRIMINELLE.	Jusqu'à ce que les tarifs et réglemens généraux prescrits par l'article 5 du décret du 24 février 1806, sur les frais de justice criminelle, aient été arrêtés par Sa Majesté, on doit continuer de se conformer aux réglemens existans. (*Décisions du Grand-Juge des* 18 *juillet* 1807 *et* 2 *avril* 1808.)	
381	3 juin 1808.	RECOUVREMENT. -- PRÉCAUTIONS.	Précautions à prendre avant d'exercer des poursuites pour le recouvrement des frais de justice.	
»	5 juillet 1808.	CONSCRIPTION MILITAIRE.	Les taxes de témoins et autres frais de justice, dans les affaires qui concernent la conscription militaire, sont à la charge de la direction générale de la conscription.	
»	16 dudit.	PAIEMENT. -- FORMALITÉS.	On ne peut payer aucun exécutoire, s'il n'est pas acquitté par toutes les parties prenantes qui y ont droit, à moins que celle qui se présente ne soit autorisée à cet effet ou par une procuration spéciale ou par un pouvoir donné dans le certificat apposé au pied des états ou mémoires. (*Décision du Grand-Juge.*)	
»	10 octobre 1808.	RECOUVREMENT. -- ÉTAT.	État à dresser des sommes recouvrées pour le compte du grand-juge pendant les 5 trimestres de l'an 14 - 1806, sur les frais de justice.	
»	5 novembre 1808.	ÉTATS. -- ÉPOQUE DE LEUR ENVOI.	N'envoyer à l'avenir les états de frais de justice que par trimestre, comme on le pratiquait avant l'exécution de l'instruction générale n°. 358. Ils seront formés par les directeurs, immédiatement après la remise à la direction des pièces de dépense par les inspecteurs.	
414	21 janvier 1809.	FRAIS DE POURSUITES EN CORRECTIONNEL. -- PAIEMENT.	Les caisses de l'administration doivent payer les mandats et ordonnances pour frais de poursuites en matière correctionnelle, même lorsqu'il y a partie civile, pourvu que son indigence ait été constatée, et que les pièces produites soient en forme. -- Dans ce cas, les mandats ou ordonnances accordent à l'état son recours, soit contre la partie civile, soit contre le condamné; se conformer à cet égard à l'instruction n.° 182. Invitation du grand-juge aux magistrats de ne poursuivre aux frais du domaine, que les délits correctionnels qui intéressent l'ordre public ou qui compromettraient d'une manière grave l'existence et la fortune des citoyens. (*Lettre du Grand-Juge du* 10 *novembre* 1808.)	
415	30 dudit.	GRANDE-VOIRIE.	Les frais de poursuites en matière de grande voirie ne sont pas à la charge du grand-juge : ils seront payés sur mandats du préfet, visés par le directeur et employés distinctement en dépense dans les comptes des receveurs.	
425	24 mars 1809.	FRAIS DE JUSTICE MILITAIRE.	Les frais de justice militaire, tels que taxes de témoins, d'experts - écrivains, d'interprètes et d'officiers de santé, etc., seront payés par les receveurs de l'enregistrement pour le compte	

INSTRUCTIONS GÉNÉRALES. N.os	DATES.	OBJETS.	EXTRAIT DÉTAILLÉ DES INSTRUCTIONS.	OBSERVATIONS.
			du ministère de la guerre, et remboursés directement par les payeurs. Ces frais ne doivent plus figurer dans les comptes de l'administration.	
426	14 avril 1809.	PRIVILÈGE DU TRÉSOR. -- FORMALITÉS	Formalités à remplir à l'effet de conserver le privilège du trésor public pour le recouvrement des frais de justice en matière criminelle, correctionnelle et de police, et mode d'inscription hypothécaire.	
434	10 juin 1809	FRAIS DE PROCÉDURE. -- DROITS-RÉUNIS.	Les frais de procédure relatifs à la poursuite des délits pour rebellion contre les préposés des droits réunis ou pour insultes et injures, et même en matière criminelle, seront payés par les caisses de cette administration. (*Déc. du Min. des fin. du 30 mai* 1809.)	
461	15 janvier 1810.	ADMINISTRATIONS PUBLIQUES. - PAIEMENT.	Les frais de justice dans les instances concernant une administration publique, doivent être payés par elle et ne sont point à la charge du ministre de la justice; tous les agens salariés des deniers du trésor public, lorsqu'ils sont appelés en témoignage, n'ont droit qu'à une indemnité pour frais extraordinaires de route. (*Décision du Ministre des finances et de la justice du* 26 *décemb.* 1809.)	
466	17 février 1810.	CONTRAINTE PAR CORPS.	Il y a lieu à la contrainte par corps pour le paiement des frais de justice correctionnelle. (*Décret impérial du* 20 *septembre* 1809.)	
469	13 mars 1810.	CONTUMAX DÉCÉDÉ. -- REMBOURSEMENT DES FRAIS.	Tout individu condamné par contumace, et qui est décédé dans les cinq années de son jugement ou acquitté, est tenu ou sa succession, au remboursement des frais et dépens que l'état a été obligé de faire pour le rechercher, le poursuivre, etc. (*Décisions des Ministres des fin. et de la justice des* 16 *et* 27 *février* 1810.)	
471	5 avril 1810.	ACTES D'INDULGENCE ET DE BIENFAISANCE.	Décret impérial du 25 mars 1810 contenant des actes d'indulgence et de bienfaisance. -- Mesures prescrites pour son exécution.	
506	26 janvier 1811.	CERTIFICAT D'INSOLVABILITÉ.	Le certificat d'insolvabilité délivré par le maire à un redevable de frais de justice, suffit pour autoriser l'annullation de l'art. au sommier. (*Décis. du Grand-Juge et du Ministre des finances.*)	
518	11 mai 1811	RECOUVREMENT.	Le recouvrement et la recette des frais de justice seront, à partir du 11 juillet 1811, faits par les receveurs du domicile des redevables (*Décision du Ministre des finances du* 2 *avril* 1811.)	*V. ci-après l'instruction générale n.°* 600.
531	18 juillet 1811.	RÈGLEMENT DES FRAIS DE JUSTICE. -- TARIF.	Règlement pour l'administration de la justice en matière criminelle, de police correctionnelle et de simple police, et tarif général des frais. (*Décret impérial du* 18 *juin* 1811.)	
538	24 août 1811.	FORME D'ÉTATS ET MÉMOIRES.	Forme des états et mémoires pour l'exécution du règlement sur les frais de justice criminelle.	
»	16 novemb. 1811.	RÈGLEMENT DU 3 OCTOBRE 1811.	Envoi d'un exemplaire du règlement sur les frais d'exécution des arrêts criminels, dressés par le Ministre de la justice le 3 octobre 1811.	
551	26 dudit.	DOUANES.	A compter du 1.er janvier 1812, le paiement des frais de justice en matière de douanes, ainsi que le recouvrement de ce qui doit en revenir au trésor public, se feront par les préposés de l'enregistrement dans tous les départemens, de la même manière et dans les mêmes formes que celles qu'ils ont à suivre journellement pour les frais de justice de l'ordre judiciaire (*Décision du Ministre des finances du* 12 *novembre* 1811.)	

FRAIS DE JUSTICE.

INSTRUCTIONS GÉNÉRALES. N.os	DATES.	OBJETS.	EXTRAIT DÉTAILLÉ DES INSTRUCTIONS.	OBSERVATIONS.
554	17 décemb. 1811.	CAUTIONNEMENS -- PRÉVENUS EN CORRECTIONNEL.	Les receveurs de l'administration sont exclusivement chargés de faire la recette des cautionnemens fournis pour obtenir la liberté provisoire de prévenus de délits en police correctionnelle, sauf à en faire le versement pour le compte de la caisse d'amortissement. -- Mode de cette comptabilité.	
560	16 janvier 1812.	ÉTATS ET MÉMOIRES.	Nouveaux renseignemens concernant la forme des états et mémoires pour l'exécution du règlement sur les frais de justice.	
»	4 juin 1812.	RECOUVREMENT. -- SITUATION AU 1.er JUILLET 1811.	État de situation du recouvrement des frais de justice militaire au 1.er juillet 1812 à envoyer dans le courant d'août suivant, et ainsi de suite de six en six mois.	
589	13 juillet 1812.	OPPOSITION. -- COMPTABILITÉ.	Mode de comptabilité des mandats ou exécutoires pour frais de justice lorsqu'il y a opposition au paiement. (*Voir l'extrait de cette instruction au titre* comptabilité.)	
592	6 août 1812.	DÉSERTEURS DE LA MARINE.	Les frais de justice en matière de recélement de déserteurs de la marine, doivent être payés par le ministère de la justice comme ceux de justice criminelle, et recouvrés à son profit. (*Décision du Grand-Juge Ministre de la justice.*)	
594	12 août 1812.	INSCRIPTIONS HYPOTHÉCAIRES.	Un simple extrait de jugement portant condamnation de frais en matière criminelle, de police correctionnelle, et de simple police, suffit pour requérir une inscription aux hypothèques aux termes du décret du 18 juin 1811. (*Décisions du Grand-Juge et du Ministre des finances des* 17 *et* 28 *juillet* 1812)	
600	24 septemb. 1812.	RECOUVREMENT. -- CONTRAINTE PAR CORPS.	Les frais de justice en matière de police correctionnelle ou criminelle doivent être recouvrés par toutes les voies de droit contre les individus solvables, même par recommandation ou emprisonnement. -- Mode à suivre. Quant aux condamnés insolvables, les articles qui les concernent seront rayés au vu des certificats d'insolvabilité. Les dispositions des instructions numéros 581, 506, 510 et 518, en ce qu'elles prescrivent la remise de ces certificats aux procureurs impériaux, seront considérées comme non avenues. (*Lettre du Grand-Juge du* 1.er *août* 1812.)	
»	5 octobre 1812.	DOUANES. -- FRAIS DE JUSTICE ORDINAIRE. -- ÉTATS A ENVOYER.	Modèles d'état de situation de recouvrement des frais de justice en matière de douanes. -- Les états de recouvrement de frais de justice ordinaire ne doivent être adressés au directeur général que dans la première quinzaine du second mois qui suit le trimestre expiré.	

FRAIS DE JUSTICE.

INSTRUCTIONS GÉNÉRALES.		OBJETS.	EXTRAIT DÉTAILLÉ DES INSTRUCTIONS.	*OBSERVATIONS.*
N.os	DATES.			

INSTRUCTIONS GÉNÉRALES.		OBJETS.	EXTRAIT DÉTAILLÉ DES INSTRUCTIONS.	*OBSERVATIONS.*
N.os	DATES.			

INSTRUCTIONS GÉNÉRALES.		OBJETS.	EXTRAIT DÉTAILLÉ DES INSTRUCTIONS.	*OBSERVATIONS.*
N.os	DATES.			

INSTRUCTIONS GÉNÉRALES.		OBJETS.	EXTRAIT DÉTAILLÉ DES INSTRUCTIONS.	*OBSERVATIONS.*
N.os	DATES.			

INSTRUCTIONS GÉNÉRALES.		OBJETS.	EXTRAIT DÉTAILLÉ DES INSTRUCTIONS.	*OBSERVATIONS.*
N.os	DATES.			

Circulaires de l'administration. N.°	Dates.	Objets.	Extrait détaillé des circulaires.	Observations.
1557	16 germin. an 7.	Loi du 21 ventôse an 7.	Loi du 21 ventôse an 7 portant établissement des droits de greffe dans tous les tribunaux civils et de commerce : les receveurs de l'administration sont chargés de les percevoir. Instruction pour son exécution. Distinction des droits et mode de leur perception. -- Les actes sujets aux droits de rédaction sont soumis à l'enregistrement sur la minute. -- Obligations des receveurs et leurs rapports avec les greffiers. -- Comptabilité des remises des greffiers etc.	
1560	18 floréal an 7.	Rôle des causes. Trib.x de comm.e	Il doit être tenu un rôle des causes dans les tribunaux de commerce. (*Décision du Ministre des finances du 5 floréal an 7.*)	
1577	14 prairial an 7.	Mise au rôle.	Il n'est pas dû de droit de mise au rôle pour les jugemens obtenus sur requête ou mémoire ; cependant s'il s'engageait une instance sur l'obtention ou l'exécution de ces jugemens, dès-lors il y aurait une cause judiciaire qui devra être inscrite au rôle avant d'être appelée. Le droit de mise au rôle des causes de commerce ne doit jamais être que d'un franc cinquante centimes, soit que ces affaires soient portées devant un tribunal de commerce, soit qu'elles soient appelées devant un tribunal civil remplaçant le tribunal de commerce. Il est dû un droit de mise au rôle pour l'opposition à un jugement rendu antérieurement à la loi du 21 ventôse an 7, lorsque cette opposition est postérieure à la publication de cette loi ; il n'en serait pas de même si le jugement étant postérieur à la loi, il avait acquitté le droit, parcequ'alors l'opposition ne fait avec le jugement principal qu'une seule et même cause.	
1611	17 messidor an 7.	Loi du 22 prairial an 7.	Loi du 22 prairial an 7, additionnelle à celle du 21 ventôse précédent, portant établissement des droits de greffe sur les actes concernant l'expropriation volontaire ou forcée : instruction pour son exécution.	
1686	19 brumaire an 8.	Remise des greffiers.--Expéditions délivrées aux agens du gouvernement.	La remise de deux décimes, attribuée aux greffiers sur les expéditions délivrées aux agens du gouvernement pour soutenir ses droits, ne peut leur être payée qu'après le recouvrement des droits de greffe sur les parties. (*Décision du Ministre des finances du 20 vendém. an 8.*)	
1695	1 frimaire an 8.	Registre des greffiers.	Le registre d'ordre sur lequel les greffiers inscrivent les actes sujets au droit de greffe, ne sont pas soumis au timbre. (*Décision du Ministre des finances du 6 frimaire an 8.*)	
1725	4 nivôse an 8.	Causes en référé. -- Mise au rôle.	Les causes portées en référé sont passibles du droit de mise au rôle, si elles ne sont une dépendance ou accessoire d'une cause existante pour laquelle ce droit a été acquitté. Registre sur lequel la quittance du droit doit être donnée. (*Décision du Ministre des finances du 2 fructidor an 7.*)	
1731	11 nivôse an 8.	Actes non dénommés dans la loi du 27 vent. an 9.	Demande d'un état des actes qui, quoique non dénommés dans la loi du 21 ventôse an 7, se soumettent dans quelques tribunaux, aux droits de rédaction et de transcription.	
1751	7 pluviôse an 8.	Mise au rôle.-- Anciennes causes	Les droits de mise au rôle doivent être perçus sur les anciennes causes comme sur les nouvelles, dans les tribunaux civils et de commerce. (*Décision du Ministre des fin. du 15 thermidor an 7.*)	
1771	28 pluviôse an 8.	Affirmation de voyage.	Les greffiers doivent rédiger individuellement les actes d'affirmation de voyage ; ils sont assujettis au droit de rédaction et de transcription. Si un acte de l'espèce contenait l'affirmation de plusieurs individus, il serait soumis à autant de droits de rédaction qu'il y aurait d'individus. (*Dec. du M. des fin. du 18 niv. an 8.*)	
1870	7 fructidor an 8.	Traitement fixe des greffiers. -- Remises.	Le paiement des traitemens fixes des greffiers des cours d'appel, des tribunaux de première instance, criminels et de commerce, sera fait à l'avenir sur les fonds et suivant les formes indiquées aux articles 5 et 6 de l'arrêté du 27 floréal an 8, con-	

CIRCULAIRES DE L'ADMINISTRATION N.os	DATES.	OBJETS.	EXTRAIT DÉTAILLÉ DES CIRCULAIRES.	OBSERVATIONS.
			cernant les dépenses judiciaires, c'est-à-dire, qu'il devient étranger aux caisses de l'administration. Les greffiers jouiront en outre des remises et autres droits qui leur sont attribués par la loi du 21 ventôse an 7 pour les affaires d'appel, de commerce et de première instance en matière civile, et par celle du 30 nivôse an 6 pour les procédures criminelles et de police correctionnelle. (*Arrêté du Gouvernement du 8 messidor an 8.*)	
1880	17 fructidor an 8.	POLICE CORRECTIONNELLE.	Les droits de greffe ne doivent pas être perçus en matière de police correctionnelle. (*Déc. du M. des fin. du 8 fruct. an 8.*)	
1936	9 frimaire an 9.	TRAITEMENT FIXE DES GREFFIERS. MISE AU RÔLE.	Époque jusqu'à laquelle les greffiers des divers tribunaux ont dû toucher les traitemens qui leur étaient payés en vertu des lois antérieures à l'arrêté du gouvernement du 8 messidor an 8. -- Le placement des causes sur les roles des nouveaux tribunaux n'opère pas de droit, lorsqu'il a été acquitté pour les rôles des anciens tribunaux. La retenue du 20.e qui s'opérait sur une partie des remises payées aux greffiers en exécution de la loi du 25 frimaire an 8 (*Circulaire n. 1745.*), n'a plus lieu. (*Décision du Ministre des finances du 28 vendémiaire an 9.*	
1974	14 ventôse an 9.	PROCÈS-VERBAUX D'ENQUÊTES ET INTERROGATOIRES.	Les parties sont tenues de lever les expéditions des procès-verbaux d'interrogatoire et d'enquête, qui leur sont nécessaires; les minutes du greffe n'en doivent jamais sortir. (*Décision du Ministre de la justice du 17 thermidor an 7.*) Les juges ne sont pas autorisés à prononcer sur la représentation à l'audience des minutes des procès-verbaux d'enquête. -- Les notes des enquêtes sont considérées comme minutes. (*Décision du Ministre de la justice du 21 ventôse an 8.*) Pour juger sur une enquête, il faut que l'expédition en soit délivrée, et qu'elle ait été assujettie à l'enregistrement, ainsi qu'au droit de greffe, indépendamment de ceux exigibles sur la minute. -- Les greffiers ne peuvent ni substituer, ni ajouter les droits de greffe établis par la loi du 21 ventôse an 7 à ceux réglés par la loi du 6 mars 1791. (*Décision du Ministre de la justice, du 14 brumaire an 9.*) Les greffiers ne peuvent exiger des droits de greffe dans tous les cas où la loi du 21 ventôse n'en autorise pas la perception. (*Déc. du Min. de la justice du 21 frimaire an 9.*)	
			INSTRUCTIONS GÉNÉRALES.	
203	27 pluviôse an 12.	PRÉSENTATIONS, DÉFAUTS ET CONGÉS.	LES greffiers sont tenus d'avoir deux registres de présentation, l'un pour les défendeurs, l'autre pour les demandeurs; ils doivent en avoir un pour les défauts et congés. Ces registres doivent être en papier timbré. La minute de la présentation est sujette à l'enregistrement; elle doit être sur papier de 25.c ainsi que les minutes des défauts et congés. Toute expédition de ces actes doit être sur du papier de 75.c; elle est soumise au droit de greffe d'un franc par rôle. Ces dispositions sont applicables aux tribunaux de commerce.	
204	28 pluviôse an 12.	RECONNAISSANCES DE DÉPÔT DE TITRES	Les reconnaissances délivrées aux notaires, par les greffiers des tribunaux de première instance, du dépôt de leurs titres et pièces de réception, en exécution de la loi du 25 ventôse an 11, sont soumises au droit de greffe d'un franc 25 centimes, indépendamment de celui à percevoir sur l'expédition. Celles délivrées aux médecins, chirurgiens, officiers de santé et sages-femmes en exécution de la loi du 19 ventôse an 11, sont soumises aux mêmes droits. (*Décision du Ministre des finances du 14 pluviôse an 12.*)	
»	5 germinal an 12.	PRÉSENTATIONS, DÉFAUTS, etc.	Les départemens où les ordonnances de 1667 et de 1695 n'étaient point en vigueur, et les départemens réunis, doivent	

GREFFE.

INSTRUCTIONS GÉNÉRALES. N.os	DATES.	OBJETS.	EXTRAIT DÉTAILLÉ DES INSTRUCTIONS.	*OBSERVATIONS.*
			seuls conserver l'usage établi dans leurs tribunaux sur la formalité des présentations, défauts et congés; s'assurer que cet usage est constant et régulier, et n'est point abusif.	
»	11 thermid. an 12.	PRÉSENTATIONS DÉFAUTS, etc.	Ordre de suspendre la perception de tout droit de présentation, défaut et congé dans les tribunaux de commerce, jusqu'à l'époque où on discutera le code de commerce. (*Avis du Conseil d'état du 18 messidor an 12, approuvé le 24 dudit.*)	
248	23 dudit.	PRESTATION DE SERMENT. -- EXPÉDITIONS.	Les expéditions des actes de prestation de serment faites en justice, sont sujettes aux droits de greffe, sous peine de 100 fr. d'amende. (*Décision du Ministre des finances du 12 thermidor an 12.*)	
»	14 nivôse an 13.	PRÉSENTATIONS, DÉFAUTS ET CONGÉS.	La suspension de la formalité et du paiement des droits de présentations, défauts et congés ordonnés par l'avis du conseil d'état du 18 messidor an 12, s'applique aux actes de même nature dont la connaissance est attribuée aux tribunaux de première instance. (*Décision du Ministre des finances.*)	
266	6 pluviôse an 13.	AFFICHES. -- HYPOTHÈQUES.	L'affiche du contrat pour purger les hypothèques existant sur les biens des maris et tuteurs, doit le droit d'un franc pour le greffier -- L'acte de dépôt du contrat doit 1 f. 25.c de droit de rédaction -- L'expédition de l'acte de décharge est passible du droit d'un franc par rôle. -- La minute est exempte du droit de rédaction. (*Décisions des Ministres de la justice et des finances des 24 vendémiaire an 12 et 14 nivôse an 13.*)	
»	11 novemb. 1806.	DROITS DE RÉDACTION. -ADJUDICATION JUDICIAIRE.	Le droit de rédaction ne doit être perçu sur les jugemens portant revente à la folle enchère, que sur l'excédant du prix de la première adjudication, et sur ceux par licitation, que sur la portion réellement acquise par l'adjudicataire, lorsqu'il est copropriétaire de l'immeuble licité. (*Décision du Ministre des finances du 21 octobre 1806.*)	
333	1 août 1807.	MISE AU RÔLE. -- CAUSES SUR APPEL DES JUGES DE PAIX. -- RÉFÉRÉS.	La mise au rôle n'a point été supprimée par l'art. 79 du code de procédure. - Les causes sur appel des justices de paix quoique qualifiées sommaires par le code de procédure, doivent toujours le droit de 3 fr. -- Les référés ne sont pas soumis au droit de mise au rôle. (*Décisions des Ministres des finances et de la justice des 30 juin et 14 juillet 1807.*)	
347	6 octobre 1807.	DROITS DE MISE AU RÔLE. -- RECOUVREMENT.	Il y a lieu de poursuivre le recouvrement du droit de mise au rôle non perçu sur les affaires en instance devant les tribunaux depuis la mise en activité du code de procédure, jusqu'à la décision du grand-juge qui a fait cesser les difficultés d'après lesquelles la perception de ce droit s'est trouvée suspendue dans beaucoup de tribunaux de l'empire, et au sujet desquelles il ne serait pas intervenu un jugement définitif. (*Décision du ministre des finances du 22 septembre 1807.*)	
»	13 octobre 1807.	ADJUDICATIONS A LA FOLLE ENCHÈRE.	Les adjudications à la folle enchère, lorsque le prix n'est pas supérieur à celui de la précédente adjudication, ne doit que le droit fixe d'un franc vingt-cinq centimes. -- Le droit proportionnel perçu sur un acte d'adjudication judiciaire, annullée par suite d'appel, doit être restitué. (*Décision du Ministre des finances.*)	
»	27 janvier 1808.	DROITS DE GREFFE PERÇUS EN 1807	Demande d'un état des droits de greffe perçus en 1807 et des remises revenant aux greffiers sur ces droits.	
368	24 février 1808.	INSTANCES JUGÉES PAR DÉFAUT.	Les instances qui se jugent par défaut sont assujetties au droit de mise au rôle comme celles qui se jugent contradictoirement. (*Décision du Ministre des finances.*)	
373	6 avril 1808.	REGISTRES DU GREFFE.	Registres du greffe dont la tenue est prescrite par les codes Napoléon et de procédure civile, et qui sont assujettis à la formalité du timbre ou qui en sont exempts.	

GREFFE.

INSTRUCTIONS GÉNÉRALES. N.os	DATES.	OBJETS.	EXTRAIT DÉTAILLÉ DES INSTRUCTIONS.	OBSERVATIONS.
			REGISTRES SOUMIS AU TIMBRE. 1. Registre des rénonciations à succession. 2. Registre ou feuilles d'audience. 3. Registre des productions . . . , ... 4. Registre des oppositions. 5. Registre des contributions sur le prix des ventes ou deniers arrêtés . . . . 6. Registre de transcription aux greffes, des saisies immobilières. 7. Registre des adjudications. . . . . 8. Registre, d'écrou dans les prisons. REGISTRES EXEMPTS DU TIMBRE. 9. Registre d'ordre pour les scellés.	V. le n. 16 de l'instruction gén. n. 436. V. le n. 43. id. V. le n. 58. id.
398	3 septemb. 1808.	DROIT DE RÉDACTION ET DE TRANSCRIPTION. -- ADJUDICATION ANNULÉE. -- RÉFÉRÉS. -- PRESCRIPTION.	Instruction sur la perception des droits de greffe. Rappel des lois et décisions y relatives ; nouvelles dispositions concernant la perception des droits de rédaction et de transcription -- Désignation des actes qui y sont assujettis -- Dans aucun cas la perception de ce droit ne peut être au-dessous du droit fixe d'un fr. 25.c -- Lorsqu'une adjudication est annullée par suite d'appel, le droit proportionnel de rédaction doit être restitué. -- Les droits fixes de rédaction et de transcription ne sont restituables en aucun cas. -- Les référés ne sont pas assujettis au droit de mise au rôle. — Les prescriptions établies par l'art. 61 de la loi du 22 frimaire an 7 sont applicables aux droits de greffe. (*Décret Impérial du* 12 *juillet* 1808.)	
413	12 janvier 1809.	MAJORATS.	Droits de greffe auxquels peuvent donner lieu les actes relatifs à l'institution et à la création des majorats. (*Décret impérial du* 1 *mars* 1808.)	
420	9 mars 1809.	DÉPÔT DE TITRES AU GREFFE DU TRIBUNAL DE COMMERCE. -- FAILLITE.	Le greffier du tribunal de commerce n'est point tenu de donner acte du dépôt des titres de créances remis au greffe de ce tribunal par les créanciers d'un failli. — Le procès-verbal de vérification et d'affirmation de créances ne doit pas être déposé au greffe de ce tribunal. (*Déc. des Min. des fin. et de la justice.*)	
427	15 avril 1809.	MAJORATS.	Le droit de greffe des lettres-patentes pour l'institution des majorats sera perçu conformément à l'art. 2 du décret impérial du 24 juin 1808 sur la minute de l'arrêt, ou du jugement qui ordonnera l'enregistrement. -- Les actes de constitution des majorats de propre mouvement, ne paient que les droits attribués aux greffiers. -- Ces droits des greffiers leur sont personnels et étrangers à l'administration, et ne sont pas sujets au décime pour franc. (*Décret impérial du* 2 *février* 1809.)	
429	28 dudit.	JUGES DE PAIX DÉLÉG.s PAR LES TRIB. DE PREMIÈRE INST.	Les actes des juges de paix, délégués par les tribunaux de première instance, ne sont pas sujets aux droits de greffe. (*Décision du Ministre des finances du* 21 *mars* 1809.)	
482	12 juillet 1810.	ORDONNANCES SUR REQUÊTES.	Il n'est pas nécessaire d'expédier les ordonnances sur requête. (*Décision des Ministres des finances et de la justice du* 12 *juin* 1810.) -- Les ordonnances sur référé ne sont passibles que du droit d'expédition d'un franc le rôle. — Les minutes doivent être déposées au greffe. (*Décision du même jour.*)	
500	22 décemb. 1810.	JUGEMENS SOUMIS AU DROIT DE RÉDACTION.	Le droit proportionnel de rédaction est dû : 1. pour les jugemens qui autorisent des rentrées en possession, faute de paiement de prix; 2. pour ceux qui prononcent des rétrocessions de ventes ; 3. pour les partages faits au greffe portant soulte, mais sur le montant de la soulte seulement. Il ne peut être exigé pour un jugement qui annulle une vente dès son principe. (*Décision du Ministre des finances du* 11 *décembre* 1810.)	
558	26 dudit.	DIPLÔME DE SAGE-FEMME.	S'il est rédigé un acte de la présentation du diplôme de sage-femme, au tribunal de première instance, les droits de greffe	

INSTRUCTIONS GÉNÉRALES. N.os	DATES.	OBJETS.	EXTRAIT DÉTAILLÉ DES INSTRUCTIONS.	OBSERVATIONS.
			en sont dus; mais la partie n'est pas tenue d'en lever une expédition. (*Décis. du Min. des fin. des* 14 *pluviôse an* 12, *et* 17 *décembre* 1811.)	
590	14 juillet 1812.	DÉPÔT ANNUEL DES RÉPERTOIRES DES NOTAIRES.	L'acte du dépôt annuel des répertoires des notaires, est soumis au droit de greffe d'un franc vingt-cinq centimes. Il doit être fait autant d'actes de dépôt qu'il y a de notaires déposans. (*Décisions des Ministres de la justice et des finances, des* 24 *et* 30 *juin* 1810.)	
502	6 octobre 1812.	VENTES PUBLIQUES DE MARCHANDISES PAR LES COURTIERS.	La déclaration de propriété ou de commission, déposée au greffe du tribunal de commerce par les courtiers, en exécution de l'art. 3 du décret impérial du 17 avril 1812, sera soumise au droit de greffe de 2 fr. -- Les droits des actes faits par les courtiers en vertu de ce décret et qui seront susceptibles des droits de greffe, seront perçus d'après la loi du 21 ventôse an 7 et le décret du 12 juillet 1808. (*Décision du Ministre des finances du* 22 *septembre* 1812.)	

GREFFE.

INSTRUCTIONS GÉNÉRALES.		OBJETS.	EXTRAIT DÉTAILLÉ DES INSTRUCTIONS.	OBSERVATIONS.
N.os	DATES.			

GREFFE.

INSTRUCTIONS GÉNÉRALES.		OBJETS.	EXTRAIT DÉTAILLÉ DES INSTRUCTIONS.	*OBSERVATIONS.*
N.os	DATES.			

GREFFE.

INSTRUCTIONS GÉNÉRALES.		OBJETS.	EXTRAIT DÉTAILLÉ DES INSTRUCTIONS.	*OBSERVATIONS.*
N.os	DATES.			

CIRCULAIRES DE L'ADMINISTRATION. N.°	DATES.	OBJETS.	EXTRAIT DÉTAILLÉ DES CIRCULAIRES.	OBSERVATIONS.
1454	28 frimaire an 7.	EXÉCUTION DES LOIS DES 9 VEND. AN 6 ET 11 BRUM. AN 7.	NOUVEAUX droits d'hypothèque à percevoir d'après les lois des 9 vendémiaire an 6 et 11 brumaire an 7; mode d'asseoir la perception. – Distinction des droits d'inscription de ceux de transcription. -- Inscriptions d'office. -- Celles à la requête des procureurs impériaux doivent être reçues sans avance d'aucun salaire ni de droits. -- Inscription à prendre dans plusieurs bureaux pour la même créance. – Les bordereaux doivent être en papier timbré. Le droit de transcription est perçu et la formalité est donnée sur l'expédition en forme de l'acte de mutation. -- Transcription à requérir dans plusieurs conservations. Le mode de poursuites pour les droits d'hypothèque dûs, est le même que pour les autres contributions indirectes.	
1464	9 nivôse an 7.	LETTRES DE RATIFICATION. – EXÉCUTION DE LA LOI DU 11 BRUM. AN 7.	Les acquéreurs qui ont fait exposer leurs contrats en exécution de l'édit de 1771 pour obtenir des lettres de ratification, et qui ne les ont pas obtenues à l'époque de la publication de la loi du 11 brumaire an 7, sont obligés, ainsi que les créanciers, de recourir aux formalités ordonnées par cette dernière loi. A dater de la publication de la loi du 11 brumaire an 7, les conservateurs établis par l'édit de 1771 ont dû cesser leurs fonctions.	
1478	4 pluviôse an 7.	OPPOSITIONS A CONVERTIR EN INSCRIPTIONS.	Les oppositions aux hypothèques sur les acquéreurs de domaines nationaux, doivent être converties en inscriptions d'après la loi du 11 brumaire an 7. (*Lettre du Ministre des finances du 28 nivôse an 7.*)	
1501	4 ventôse an 7.	LOI DU 11 BRUM. AN 7.	Envoi de la loi du 11 brumaire an 7 sur le régime hypothécaire, et de celle du 16 pluviôse suivant qui proroge le délai des inscriptions. -- Instruction pour leur exécution.	
1506	15 ventôse an 7.	INSCRIPTIONS REQUISES PAR LES PROCUREURS IMPÉRIAUX.	Les inscriptions à la requête des procureurs impériaux seront faites sans avance de droits; le papier destiné aux bordereaux sera visé pour timbre en débet. (*Décision du Ministre des finances du 2 vent. an 7.*)	
1521	29 ventôse an 7.	LOI DU 9 VENT. AN 7.	Envoi de la loi du 9 ventôse an 7, relative à la perception des droits d'hypothèque, au mode d'inscription et de transcription et aux salaires des conservateurs. -- Inscriptions requises et actes à transcrire dans plusieurs bureaux. -- Duplicata de quittances à délivrer. -- Poursuites et instances. -- Sommier à tenir des droits d'hypothèque restés en suspens.	
1539	24 germinal an 7.	LOI DU 21 VENT. AN 7.	Envoi de la loi du 21 ventôse an 7 qui confie à la régie de l'enregistrement la conservation des hypothèques. Dispositions relatives à l'organisation des bureaux, aux cautionnemens à fournir par les conservateurs, à leurs traitemens et aux registres destinés à recevoir les formalités hypothécaires. -- Établissement du droit d'inscription et de transcription.	
1545	29 germinal an 7.	PROROGATION DE DÉLAI.	Prorogation de délai accordé pour l'inscription des titres de créances et la transcription des actes de mutation.	
1570	6 prairial an 7.	ACTES A NOTER SUR LE RÉPERTOIRE.	Les transcriptions et tous autres actes hypothécaires doivent être notés sur le répertoire, lors même que les individus qu'ils concernent ne sont grevés d'aucune inscription : mention à y faire des actes d'échange, des actes de donation, des notifications d'affiches de vente et des inscriptions – Tenue du répertoire.	
1571	7 prairial an 7.	INSCRIPTION REQUISE SUR PLUSIEURS DÉBITEURS.	Une inscription requise sur plusieurs débiteurs pour une seule créance, quelque soit le nombre des créanciers requérants et celui des débiteurs grevés, ne doit qu'un seul droit d'inscription et qu'un seul salaire au conservateur; si un créancier avait hypothèque sur plusieurs individus non solidaires, ou si plusieurs créanciers avaient des créances distinctes sur un	

HYPOTHÈQUES.

CIRCULAIRES DE L'ADMINISTRATION. N.os	DATES.	OBJETS.	EXTRAIT DÉTAILLÉ DES CIRCULAIRES.	OBSERVATIONS.
			débiteur ; comme dans ce cas il faudrait une inscription particulière pour chaque créancier ou sur chaque débiteur non solidaire, il y aurait alors lieu à la perception de plusieurs droits tant au profit du gouvernement qu'à celui du conservateur. (*Décision du Ministre des finances du* 16 *floréal an* 7.)	
1578	16 prairial an 7.	EXPIRATION DU DÉLAI. -- ARRÊTÉ DES REGISTRES.	Arrêté des registres des bureaux de la conservation à l'expiration du délai accordé par la loi du 17 germinal an 7. -- Dispositions à faire pour mettre au courant les parties qui peuvent être arriérées ; mesures à prendre dans le cas où les inscriptions et les transcriptions requises ne seraient point faites le dernier jour du délai.	
1610	16 messidor an 7.	EXPROPRIATIONS.	Envoi de la loi du 11 brumaire an 7 sur les expropriations forcées, et instructions y relatives.	
1653	19 fructidor an 7.	INSCRIPTIONS D'OFFICE.	Les inscriptions d'office par les conservateurs, ne donnent lieu ni au droit d'hypothèque ni au salaire du conservateur. (*Décision du* 6 *fructidor an* 7.)	*V. l'instruction n.°* 494.
1669	17 vendém. an 8.	RADIATIONS D'INSCRIPTIONS D'OFFICE.	Les radiations d'inscriptions faites d'office par les commissaires du gouvernement, sur les comptables publics et par les receveurs des domaines sur les débiteurs de créances nationales, doivent être requises par ces fonctionnaires, chacun pour ce qui le concerne.	
1671	19 dudit.	DROITS D'INSCRIP.s - ACQUÉREURS DE DOMAINES NATION.x	Les droits d'inscription sont exigibles sur les acquéreurs des domaines nationaux qui n'ont pas soldé entièrement le prix de leur adjudication, avant que les inscriptions aient été prises contre eux.	
1675	26 dudit.	SITUAT. DU BUREAU - COMPTE A RENDRE.	Compte à rendre par les conservateurs, de la situation de leur bureau et des cautionnemens.	
1676	1 brumaire an 8.	LOI DU 6 MESSID. AN 7.	Envoi de la loi du 6 messidor an 7, relative aux inscriptions hypothécaires sur les comptables publics et autres inscriptions indéfinies ; mode de recouvrement du salaire du conservateur et des droits d'hypothèques, lorsque le droit éventuel se convertit en créance réelle ; renvoi à faire par les receveurs de l'enregistrement, des actes qui peuvent faire connaître cette conversion.	
1759	14 pluviôse an 8.	ACTES DES CORPS ADMINISTRATIFS.	Les actes de la compétence des corps administratifs et rédigés par eux dans leur attribution emportent hypothèque s'ils sont suivis de l'inscription. (*Décision du Ministre des finances du* 26 *messidor an* 7.)	*V. les instructions générales n.os* 573 *et* 576 *sous ce titre.*
1760	id.	RENTES ET CRÉANCES NATIONALES.	Toutes les rentes et créances nationales doivent être inscrites, quelque modiques qu'elles soient. (*Déc. du Min. des fin. du* 6 *flor. an* 7.)	
1761	id.	ENTREPRENEURS ET PERCEPTEURS - COMPTABLES PUBL.	Inscriptions à prendre, 1.° sur les entrepreneurs qui ont reçu des avances du gouvernement et leurs cautions ; 2.° sur les percepteurs : ces inscriptions sont dans la classe de celles indéfinies. -- Il ne doit être requis d'inscription ni sur les comptables publics non assujettis à un cautionnement, ni sur les biens des anciens comptables dont les comptes sont apurés. (*Décision du Ministre des finances du* 22 *messidor an* 7.)	
1768	25 pluviôse an 8.	ACTES SOUS SEING PRIVÉ, PORTANT TRANSMISSION D'IMMEUBLES.	Les actes sous seing privé translatifs de propriété d'immeubles, ne doivent pas être transcrits sur les registres de la conservation des hypothèques, s'ils ne sont préalablement reconnus ou déclarés tels par un jugement. (*Décision du Ministre de la justice du* 25 *niv. an* 8.)	*V. l'instruction générale n.°* 516. *n.e* 8.
1769	26 pluviôse an 8.	FORME DES CERTIF.s NÉGATIFS ET DES ÉTATS D'INSCRIP.s	Forme dans laquelle doivent être les certificats négatifs et les états d'inscriptions délivrés par les conservateurs.	

HYPOTHÈQUES.

CIRCULAIRES DE L'ADMINISTRATION N.os	DATES.	OBJETS.	EXTRAIT DÉTAILLÉ DES CIRCULAIRES.	OBSERVATIONS.
1776	5 ventôse an 8.	INSCRIPTIONS SUR LES ACQUÉREURS DE DOMAINES NATIONAUX.	Les inscriptions sur les acquéreurs de domaines en retard de payer, ne doivent porter que sur les biens acquis et non sur ceux qu'ils possèdent; en cas de dégradations, de démolitions et d'anticipation de coupes de bois, faites sans autorisation et sans cautionnemens, il y aurait lieu à étendre l'inscription sur les biens particuliers de l'acquéreur, sauf à la faire radier en justifiant d'un cautionnement. (*Décision du Ministre des finances du 28 pluv. an 8*).	
1778	13 ventôse an 8.	CONSENTEMENT - RADIATION.	Les consentemens accordés par actes devant les corps administratifs pour la radiation des inscriptions requises par les commissaires du gouvernement, ont l'authenticité requise par la loi.	
1791	3 germinal an 8.	ÉTATS ET CERTIFICATS.	Modèle d'imprimés d'états et certificats relatifs aux hypothèques.	
1792	4 dudit.	INSCRIPTIONS D'OFFICE - AYANT CAUSE.	Ce que l'on doit entendre relativement aux inscriptions d'office, par les *ayant cause* d'un précédent propriétaire.	
1795	11 germinal an 8.	INSCRIPTIONS. — FERMIERS DE BIENS NATIONAUX.	Les receveurs des domaines ne peuvent requérir d'inscriptions sur les fermiers de biens nationaux et les adjudicataires des coupes de bois, qu'à défaut de paiement des termes échus (*Décision du Ministre des finances du 8 vent. an 8.*)	
1803	22 germinal an 8.	CONTRATS D'ÉCHANGE DE BIENS INDIVIS - TRANSCRIPTION.	Mode de transcription et de perception pour les contrats d'échange ou de vente de biens indivis possédés à des titres divers, lorsque la formalité n'est requise que par l'un des échangistes ou sur l'un des vendeurs.	
1830	8 prairial an 8.	ÉTABLISSEMENT DE DEUX REGISTRES -- EXPROPRIATION.	Etablissement de deux registres, le premier pour l'inscription des originaux de procès-verbaux d'affiches à fin d'expropriation forcée; le second pour celle des exploits de leur notification.	
1838	2 messidor an 8.	ADJUDICATIONS SUR FOLLE ENCHÈRE -- TRANSCRIPTION.	Le droit de transcription des adjudications sur folle-enchère, ne sera perçu que sur la partie du prix qui excédera celui de la première vente dont le contrat aura été transcrit; si le titre n'a pas été soumis à la transcription, le droit sera dû sur le prix intégral de l'adjudication; lorsque le prix de l'adjudication ne sera pas supérieur à celui de la première vente dont le contrat aura été transcrit, il ne sera pas dû de droit proportionnel d'hypothèque, mais seulement le salaire du conservateur.	
1857	11 thermid. an 8.	ADJUDICATAIRES DE DOMAINES NON LIBÉRÉS.	Il doit être pris inscription sur les adjudicataires de biens nationaux dont le prix n'est pas entièrement soldé; état à fournir des ventes pour lesquelles il a été souscrit des cédules sans inscription hypothécaire.	
1865	2 fruc. an 8.	TRANSCRIPTIONS ET ÉTATS.	Demande d'un état indicatif de l'époque à laquelle chaque conservateur a commencé à faire les transcriptions et à délivrer des certificats.	
1877	14 fructidor an 8.	CERTIFICAT DE NON INSCRIPTION SUR PLUSIEURS VENDEURS.	Dans le cas où un bien a été vendu par plusieurs personnes et par un même acte, le certificat portant qu'il n'existe aucune inscription sur ces vendeurs, donne lieu au salaire de 50 cent. autant de fois qu'il y a de vendeurs; la pluralité de la perception du salaire doit avoir lieu soit que le conservateur ne délivre qu'un certificat dans lequel seront compris tous les vendeurs, soit qu'il en délivre plusieurs. (*Décision du Ministre des finances du 8 thermidor an 8.*)	
1903	7 brumaire an 9.	MINISTÈRE D'UN AVOUÉ DANS LES EXPROPRIATIONS.	Les directeurs dans les départemens sont autorisés à choisir un avoué pour faire les actes de son ministère dans les poursuites en expropriation forcée.	
1908	13 dudit.	AFFICHES-TIMBRE.	Les affiches pour parvenir à l'expropriation forcée sont sujettes au timbre de dimension réglé par la loi du 13 brum. an 7.	

HYPOTHÈQUES.

CIRCULAIRES DE L'ADMINISTRATION		OBJETS.	EXTRAIT DÉTAILLÉ DES CIRCULAIRES.	OBSERVATIONS.
N.os	DATES.			
1913	19 brumaire an 9.	INSCRIPTIONS-PERCEPTEURS.	Les inscriptions sur les biens affectés au cautionnement des percepteurs des contributions directes, peuvent être requises en vertu du procès-verbal d'adjudication de ces contributions, passé devant le maire de la commune, et de l'acte de cautionnement s'il est fait séparément.	
1976	2 germinal an 9.	INSCRIPTIONS-ACQUÉREURS DE DOMAINES-CÉDULES.	Il n'y a lieu à la formalité de l'inscription contre les acquéreurs de domaines nationaux que lorsqu'ils ont souscrit des cédules ou obligations.	
1979	5 germinal an 9.	REFONTE DES ARRONDISSEMENS DES BUREAUX.	Refonte des arrondissemens des bureaux de la conservation, leur réorganisation d'après les arrondissemens des tribunaux de première instance.	
1986	15 germinal an 9.	TITRES ANTÉRIEURS À LA LOI DU 11 BRUMAIRE AN 7.	Les titres de créances antérieures à la loi du 11 brumaire an 7 et produisant hypothèque générale, peuvent être inscrits quoiqu'ils n'indiquent ni la nature ni la situation des immeubles du débiteur grevé. L'inscription ne conserve l'hypothèque que sur les biens du débiteur, situés dans l'arrondissement du bureau où l'inscription est faite.	
1987	14 dudit.	VENTE D'IMMEUBLES-BANQUE TERRITORIALE.	Les actes de vente d'immeubles passés au profit de la banque territoriale établie à Paris, par ceux à qui elle prête son crédit, sont soumis au droit d'un et demi pour cent, quand ils sont présentés à la formalité de la transcription.	
2001	13 flor. an 9.	DROIT D'INSCRIPT., LIQUIDAT.ON DU PRIX DES ADJUD.NS DE DOM.ES PAYABLE EN EFFETS.	Mode de liquidation du prix des adjudications de domaines nationaux payable en effets de la dette publique, pour asseoir le droit des inscriptions prises par les préfets contre les adjudicataires en retard de se libérer.	
2030	18 thermid. an 9.	RADIATIONS D'INSCRIPTIONS-CRÉANCES NATIONALES.	Les radiations d'inscriptions obtenues pour la conservation des créances nationales par les préposés de l'administration, ne peuvent être effectuées par les conservateurs qu'en vertu de l'autorisation du préfet. (*Décision du Ministre des finances du 21 floréal an 9.*)	
2034	21 fructidor an 9.	INSCRIPTIONS SUR LES COMPTABLES.	Les états requis par les préfets des inscriptions sur les biens des comptables ou de leurs cautions, etc., doivent être délivrés gratis par les conservateurs. (*Décision du Ministre des finances du 18 messidor an 9.*)	
			INSTRUCTIONS GÉNÉRALES.	
123	13 ventôse an 11.	BORDEREAUX D'INSCRIPTION-CRÉANCES NATIONALES.	Les bordereaux d'inscription pour les créances nationales devront commencer par ces mots : *au nom de l'administration*, etc., au lieu de : *au profit de la république*. Les déclarations de changemens de domicile élu par l'inscription au profit d'un particulier, doivent être faites et signées sur le registre des hypothèques, et rédigées en marge de l'inscription ; un acte notarié n'est nécessaire que dans le cas où les déclarans ne sauraient signer. (*Décision du Ministre des finances du 28 pluviôse an 9.*) -- Le changement de domicile devra être mentionné sur le bordereau d'inscription. -- Les conservateurs sont autorisés à garder par devers eux les procurations qui seraient produites pour les inscriptions, leur radiation et les annotations de changemens de domicile. (*Décision du Ministre des finances du 18 germinal an 10.*)	
»	21 ventôse an 11.	CONSENTEMENT DE RADIATION-ADMINISTRATION DES POSTES.	Les administrateurs des postes ne peuvent se dispenser de faire passer devant notaires les consentemens de radiation des inscriptions par eux requises. (*Lett. du Gr. Juge du 30 niv. an 11.*)	

HYPOTHÈQUES.

INSTRUCTIONS GÉNÉRALES. N.os	DATES.	OBJETS.	EXTRAIT DÉTAILLÉ DES INSTRUCTIONS.	OBSERVATIONS.
»	2 messidor an 11.	RADIATION-ARRÊTÉS DES PRÉFETS.	Les arrêtés des préfets portant consentement à la radiation des inscriptions, requises dans l'intérêt national, suffisent pour l'effectuer sans qu'il soit nécessaire d'actes notariés. (*Décisions des Ministres des finances et de la justice.*)	
157	21 fructidor an 11.	RADIATION ORDONNÉE PAR JUGEMENT.	Les inscriptions hypothécaires dont la radiation est ordonnée par un jugement, doivent l'être à l'expiration des huit jours francs de la signification à domicile, lorsqu'il n'a pas été formé d'opposition. -- Le conservateur doit exiger qu'on joigne à l'expédition en forme du jugement, un certificat authentique constatant qu'il n'est survenu aucun appel ni opposition. (*Décision du Grand-Juge du 10 thermidor an 11.*)	
176	3 brumaire an 12.	ARRÊTÉS DES PRÉFETS PORTANT AUTORISATION DE RADIER.	Les minutes des arrêtés des préfets, portant autorisation de radier des inscriptions hypothécaires, doivent être sur papier timbré de dimension, et enregistrées pour le droit fixe d'un franc, dans le délai de vingt jours de leur date, et les expéditions délivrées aux particuliers doivent être sur du papier à 75 cent. -- S'il s'agissait de radier des inscriptions mal-à-propos requises, les minutes de ces arrêtés seront visées pour timbre et enregistrées *gratis*. (*Décision du Ministre des finances du 11 vendémiaire an 12.*)	
196	26 nivôse an 12.	INSINUATION DES DONATIONS ENTRE VIFS, ABOLIE.	La formalité de l'insinuation des donations entre vifs est totalement abolie; elle est remplacée par la transcription des actes de donation aux bureaux des hypothèques dans l'arrondissement desquels les biens sont situés.	
197	id.	RADIATIONS - FORMALITÉS.	Les conservateurs des hypothèques peuvent, sans compromettre leur responsabilité, procéder aux radiations consenties par les personnes qui ont requis les inscriptions, toutes les fois qu'on leur remet l'expédition de l'acte authentique de ce consentement, revêtu de toutes les formalités nécessaires pour leur validité, et prescrites par l'art. 25 de la loi du 11 brum. an 7. (*Décisions des Ministres de la justice et des finances des 14 ventôse et 14 floréal an 10, 20 vend. et 12 nivôse an 12.*)	
198	30 nivôse an 12.	BAUX EMPHYTÉOTIQUES - DROIT DE TRANSCRIPTION.	La perception du droit de transcription des baux emphytéotiques sera déterminée sur une évaluation en capital des biens à raison de dix fois le prix annuel du bail, lorsqu'il n'excédera pas trente années, et à raison de vingt fois pour ceux au-dessus, en y joignant les charges et deniers d'entrée. Les droits d'hypothèques ne se prescrivent pas après deux ans comme ceux d'enregistrement. (*Décision du Ministre des finances du 19 nivôse an 12.*)	*V. l'instruction générale n.° 316, sous ce titre.*
209	12 ventôse an 12.	DONATION AUX PAUVRES ET AUX HOSPICES.	Les droits de transcription des actes de donation et d'acceptation d'immeubles susceptibles d'hypothèques, ainsi que la notification de l'acceptation faite par acte séparé au bureau des hypothèques, sont modérés en ce qui concerne les pauvres et les hôpitaux au droit fixe d'un franc, sans préjudice des droits dûs au conservateur. (*Loi du 7 pluviôse an 12.*)	
233	11 messidor an 12.	LOI DU 28 VENT. AN 12.-PRIVILÉGES ET HYPOTHÈQUES.	Envoi de la loi du 28 ventôse an 12 relative aux priviléges et hypothèques. -- Mode de constater la remise des pièces, soit pour inscription ou transcription. Reconnaissance à délivrer de ces pièces sur papier timbré de 25 centimes à la charge de la partie, ainsi que le timbre du registre fixé à 05 centimes. Désignation des registres à tenir en papier timbré et de ceux qui doivent être en papier libre.	*V. l'instruction n.° 206, au titre* Enregistrement, *relative au privilége du Gouvernement pour les droits d'enregistrement des déclarations de mutations par décès.*
251	30 thermid. an 12.	LOI DU 28 VENT. AN 12.-EXPROPRIATION ETC.	Envoi de la loi du 28 ventôse an 12, concernant l'expropriation forcée et les ordres entre les créanciers. -- Cas où elle peut être employée par l'administration pour assurer le recouvrement des créances sur l'état.	

HYPOTHÈQUES.

INSTRUCTIONS GÉNÉRALES. N.os	DATES.	OBJETS.	EXTRAIT DÉTAILLÉ DES INSTRUCTIONS.	OBSERVATIONS.
255	4 vendém. an 13.	FEMMES -- MINEURS. -- PAUVRES. -- TRANSCRIPTION.	Décisions du grand-juge et du ministre des finances, relatives à la transcription des actes sous seing privé, des actes de vente consentis par le tuteur et le mari, et à la radiation des inscriptions formées dans l'intérêt des pauvres sur des comptables.	*Addition à l'instruction générale num.* 233. *V. celle num.* 316, *n.* 8.
»	21 frimaire an 13.	TIMBRE DES ARRÊTÉS.	Le conservateur des hypothèques est seul tenu du remboursement du timbre des arrêtés mis chaque jour sur les registres des hypothèques, comme d'une charge de l'emploi, toutes les fois que l'arrêté ne peut pas être mis immédiatement après sa signature dans la dernière case remplie ce jour-là. (*Décision du Ministre des finances du* 13 *frimaire an* 13.)	
264	15 nivôse an 13.	RADIATIONS ORDONNÉES PAR JUGEMENT D'ORDRE.	Les conservateurs doivent effectuer les radiations régulièrement ordonnées par des jugemens d'ordre, lorsqu'il leur est justifié soit par jugement ou certificat de l'avoué poursuivant, que pendant la tenue d'état et procès-verbal, il ne s'est élevé aucune contestation sur l'article dont on demande la radiation. -- A l'égard des articles contestés, la radiation ne peut avoir lieu qu'à l'expiration du délai pour l'appel. Les conservateurs doivent néanmoins, dans tous les cas, faire les radiations, lorsqu'un jugement, même en première instance, les ordonne. (*Décision du Grand-Juge du* 25 *fruct. an* 12.)	*V. l'instruction n.°* 233 *pour le timbre et l'enregistrement du certificat de l'avoué.*
265	3 pluviôse an 13.	MINEURS ET INTERDITS-INSCRIPTIONS.	Les inscriptions au profit des mineurs et interdits, ne peuvent être radiées que sur le consentement en forme du tuteur, ou sur la délibération de famille homologuée par le tribunal. -- Un créancier peut requérir inscription en sous ordre, lorsque son débiteur, créancier envers un tiers, a négligé de la prendre. (*Décisions des Ministres de la justice et des finances des* 29 *frimaire et* 14 *nivôse an* 13.)	
274	30 pluviôse an 13.	CRÉANCES ANTÉRIEURES A LA LOI DU 11 BRUM. AN 7. LES FABRIQUES TENUES A L'AVANCE DES DROITS ET SALAIRES.	Depuis la publication du code civil, les créances antérieures à la loi du 11 brumaire an 7, continuent d'être inscrites sur la simple représentation des bordereaux, sans qu'il soit nécessaire de représenter le titre. (*Décision du Grand-Juge et du Ministre des finances des* 10 *et* 25 *nivôse an* 13) Les fabriques doivent comme les particuliers faire l'avance des droits et salaires pour les inscriptions prises dans leur intérêt; ils ne peuvent être assimilés ni aux établissemens publics, ni aux hospices. (*Décision du Ministre des finances du* 25 *nivôse an* 13.)	*V. l'instruction générale n.* 316 § 1.er, *n.* 1.r
276	8 ventôse an 13.	REGISTRE POUR LA REMISE DES BORDEREAUX.	Les conservateurs doivent pour l'exécution de l'article 2200 du code civil, tenir un registre particulier pour constater la remise des bordereaux à inscrire et des actes de mutation à transcrire. -- L'inscription est nécessaire pour conserver l'hypothèque légale du trésor public sur les biens des comptables. (*Lettres du Grand-Juge du* 30 *pluviôse an* 12, *et du Ministre des finances du* 23 *pluviôse an* 13.)	
316	11 septemb. an 1806.	PRESCRIPTION. -- SOLUTIONS DIVERSES.	Les droits d'hypothèque prescrivent après le laps de deux ans comme les droits d'enregistrement. -- Les dispositions de l'article 61 de la loi du 22 frimaire an 7, sont applicables aux perceptions des droits d'inscription et de transcription. (*Loi du* 24 *mars* 1806.) Solutions sur l'application des lois relatives à ces droits. §. 1.er INSCRIPTIONS. 1. INSCRIPTIONS prises dans l'intérêt des établissemens publics et des fabriques. 2. -- en vertu d'expéditions ou extraits d'actes formant titre au trésor public pour le recouvrement des droits et amendes.	

HYPOTHÈQUES.

INSTRUCTIONS GÉNÉRALES. N.os	DATES.	OBJETS.	EXTRAIT DÉTAILLÉ DES INSTRUCTIONS.	OBSERVATIONS.
			3. Inscriptions prises sur les comptables et autres débiteurs de l'état : mode de leur radiation. 4. -- dont la radiation est ordonnée par jugemens susceptibles d'opposition ou d'appel. 5. -- à renouveller après dix ans ; nouveau droit à percevoir. Mode de ce renouvellement. §. 2. TRANSCRIPTIONS. 6. Déclarations de command. 7. Ventes à réméré ; nécessité de transcrire l'acte constatant l'exercice de l'action en réméré. 8. Actes de vente sous seing privé et enregistrés peuvent être transcrits. §. 3. MANUTENTION. 9. Arrêté journalier des registres de transcriptions et d'inscript. 10. Délivrance des bulletins de dépôt de pièces ; salaires à raison de cette délivrance. 11. Délivrance d'extraits d'inscriptions. 12. Salaires dûs pour la délivrance des extraits d'inscription. §. 4. CAUTIONNEMENT. Supplément de cautionnement en immeubles, à exiger des conservateurs d'après l'augmentation de la population de l'arrondissement de leur bureau.	
»	14 fév. 1807.	SAISIES IMMOBILIÈRES-REGISTRES.	Les registres de transcription des saisies immobilières, de la dénonciation aux saisies et de la notification aux créanciers inscrits, doivent être en papier timbré. (*Décision du Ministre des finances du 10 février 1807.*)	
»	16 fév. 1807.	SALAIRES DU CONSERVATEUR RELATIVEMENT A LA TRANSCRIPTION.	Les conservateurs ne porteront sur chaque page de leurs registres de transcription, au timbre d'un franc 50 centimes, que le nombre de 35 lignes, de 18 syllabes chacune ; ils percevront leur salaire à raison de 35 centimes par rôle, non de l'acte ou de la pièce qu'ils transcrivent, mais de leur registre ; ils ne délivreront de copies ou extraits collationnés que sur du papier de 75 centimes la feuille, et ne demanderont que 25 centimes par chaque rôle à raison d'un demi centime par chacune des 25 lignes à la page et de 18 syllabes à la ligne que le rôle doit contenir. (*Décision du Ministre des fin. du 10 févr. 1807.*)	
»	24 fév. 1807.	DÉLAI POUR LES INSCRIPTIONS APRÈS LA TRANSCRIPTION.	Les inscriptions de créances peuvent être utilement faites dans la quinzaine de la transcription de l'acte de vente : art. 834 du code civil.	
341	21 septemb. 1807.	SAISIES IMMOBILIÈRES.	Obligation des conservateurs concernant la transcription des saisies immobilières, l'enregistrement de la dénonciation aux saisis, des notifications de placards aux créanciers inscrits et des radiations de saisies -- Clôture des anciens registres -- Salaires des conservateurs -- Registres à tenir au bureau des hypothèques.	
344	29 septemb. 1807.	OBLIGATIONS S. S. P. NON ÉCHUE - INSCRIPTION. - EXIGIBILITÉ.	On ne peut pas prendre d'inscription en vertu d'un jugement portant reconnaissance d'une obligation sous seing-privé, lorsqu'elle n'est pas échue, à moins de clause contraire. -- L'époque de l'exigibilité doit être insérée dans toutes les inscriptions à peine de nullité. -- Rectification des inscriptions qui ne contiennent pas cette mention. (*Lois des 3 et 4 septembre 1807.*)	
350	15 octobre 1807.	BIENS DES COMPTABLES. - PRIVILÈGE DU TRÉSOR.	Privilège et hypothèque du trésor public sur les biens des comptables ; mode de les exercer ; inscriptions à requérir en cas d'aliénation de ces biens ; inscriptions à prendre sur les biens acquis par eux postérieurement à leur nomination, dans	

INSTRUCTIONS GÉNÉRALES. N.os	DATES.	OBJETS.	EXTRAIT DÉTAILLÉ DES INSTRUCTIONS.	OBSERVATIONS.
			les deux mois de l'enregistrement de l'acte translatif de propriété (*Loi du* 5 *septembre* 1807.)	
362	21 décemb. 1807.	INSCRIPTIONS RECTIFIÉES.	Les salaires du conservateur et le droit de timbre du registre de remise des pièces, sont dûs pour les inscriptions à rectifier, d'après la loi du 4 septembre 1807, lorsque les bordereaux ne contenaient pas la mention de l'époque de l'exigibilité; dans le cas contraire, il n'est rien dû. (*Décision du Ministre des finances du* 15 *décembre* 1807.) Ordre de rectifier en temps utile les inscriptions de créances nationales.	
»	11 janvier 1808.	INSTANCES RELATIVES AUX FONCTIONS DES CONSERVATEURS. RADIATION-RENTE VIAGÈRE. CLÔTURE DES BUREAUX LES DIMANCHES ET FÊTES.	Un conservateur dans le cas d'être cité pour objets généraux de ses fonctions, doit être admis à jouir du mode de procéder dont les lois accordent le privilège à l'administration de l'enregistrement. S'il s'agissait au contraire d'omissions ou d'erreurs personnelles, il doit se servir des formes prescrites entre particuliers. (*Décision du Ministre des finances et de la justice du* 2 *décembre* 1807.) — Un jugement n'est pas nécessaire pour autoriser la radiation d'une inscription prise pour une rente viagère: l'acte en bonne forme qui établisse le droit, la qualité et le consentement des héritiers du titulaire de la rente suffit. (*Décisions des mêmes Ministres du* 17 *novembre* 1807.) — Les conservateurs doivent tenir fermés exactement leurs bureaux, les jours de dimanche et fêtes, pour tout le monde. (*Décisions des mêmes Ministres du* 22 *décembre* 1807.)	
»	27 février 1808.	TIMBRE DU REGISTRE.-INSCRIPTIONS RECTIFIÉES POUR L'ÉTAT.	On doit tenir compte aux conservateurs, du timbre de la partie des feuilles du registre de remise des pièces, employées à l'enregistrement des bordereaux de créances nationales rectifiées par les receveurs des domaines en vertu de la loi du 4 septembre 1807.	
370	26 mars 1808.	TRÉSOR DE LA COURONNE.-BIENS DES COMPTABLES.	Le privilège du trésor public sur les biens des comptables est rendu commun au trésor de la couronne. (*Avis du Conseil d'état du* 13 *février* 1808.)	
372	5 avril 1808.	RÉSERVE D'USUFRUIT-DROIT D'USAGE ETC.-INSCRIPTION D'OFFICE.	L'inscription d'office ne doit être prise, ni pour la réserve d'usufruit, ni pour celle des droits d'usage et d'habitation par les vendeurs ou donateurs; néanmoins celles prises à raison des réserves dont s'agit, antérieurement à cette décision, étant régulières, elles ne devront être annullées que sur la demande des parties intéressées, et faute de consentement, en vertu de jugement qui en ordonne la radiation. (*Décision des Ministres des finances et de la justice des* 7 *et* 22 *mars* 1808.)	
374	13 avr. 1808	RENOUVELLEMENS D'INSCRIPTIONS.	Toute inscription doit être renouvelée avant l'expiration du laps de dix ans. — Les maris et les tuteurs sont tenus de renouveler celles dont leurs biens peuvent être chargés, à raison du mariage ou de la tutelle. — Les vendeurs ou les créanciers intéressés doivent procéder au renouvellement des inscriptions prises d'office par les conservateurs. Les inscriptions éventuelles ne sont passibles du droit proportionnel d'hypothèque à leur renouvellement, qu'autant que le droit éventuel serait converti en créance réelle. (*Avis du Conseil d'état du* 13 *déc.* 1807.)	
383	17 juin 1808	INSCRIPTION INDÉFINIE-TIMBRE DU REGISTRE DES INSCRIPTIONS ET DE REMISE-SALAIRE.	Le timbre du registre des inscriptions, pour une case, doit être de 18 centimes 3/4; celui du registre de remise est fixé à 02 c., et pour le salaire du conservateur 50 c., en tout 73 centimes 3/4 qui sont, indépendamment des droits de timbre des deux bordereaux, tout ce qui doit former la perception d'une inscription indéfinie. — Les conservateurs s'abstiendront de délivrer des bulletins de dépôt aux préposés des droits-réunis, à moins d'une réquisition expresse qui sera mentionnée sur le bordereau remis à la partie et en marge du registre.	

HYPOTHÈQUES.

INSTRUCTIONS GÉNÉRALES. N.os	DATES.	OBJETS.	EXTRAIT DÉTAILLÉ DES INSTRUCTIONS.	OBSERVATIONS.
385	27 juin 1808.	ADJUDICATION JUDICIAIRE. -- ACQUÉREURS NON SOLIDAIRES.	Un conservateur ne peut refuser de transcrire un contrat d'adjudication judiciaire d'immeubles vendus en détail à des acquéreurs non solidaires. -- Cependant s'il y a autant de ventes différentes qu'il y a d'acquéreurs, chaque acquéreur en requérant la transcription qui le concerne, doit fournir le titre qui en est l'objet. (*Déc. des Min. des fin. et de la just. des 25 mai et 7 juin 1808.*)	
»	5 juillet 1808.	CONSCRITS RÉFRACTAIRES. -- DROIT ET SALAIRE.	Le droit proportionnel d'hypothèque du montant des condamnations à inscrire contre des conscrits réfractaires sera porté en débet ainsi que le salaire du conservateur. (*Décision du Ministre des finances du 17 mai 1808.*)	
»	30 juillet 1808.	INSCR.s AU PROFIT DU TRÉSOR. - ÉTAT A EN FOURNIR.	État à adresser au ministre du trésor public, des inscriptions prises au profit du gouvernement, du trésor public, des préfets, etc.	
393	24 août 1808.	RADIATIONS - SIGNIFICATION DE JUGEMENT.	Pour parvenir régulièrement aux radiations d'inscriptions hypothécaires, les significations de jugemens doivent être faites au domicile *réel* des créanciers inscrits. (*Déc. du Grand-Juge.*)	
394	26 août 1808.	EXIGIBILITÉ.	Le créancier n'est pas tenu, dans le bordereau d'une inscription pour la conservation d'une rente perpétuelle, d'indiquer l'époque de l'exigibilité du capital, qui peut avoir lieu en vertu de l'article 1912 du code Napoléon, mais il doit désigner le taux ou le montant des arrérages et l'époque de leur échéance. -- Il y a également lieu d'indiquer l'époque de l'exigibilité pour créances résultant de jugement. (*Décision du Ministre des finances et de la justice des 21 juin et 5 juillet 1808.*)	
»	31 août 1808.	INSCRIPTIONS AU PROFIT DU TRÉSOR.	Renseignemens pour fournir avec exactitude l'état des inscriptions prises au profit du trésor public.	
»	22 septemb. 1808.	RENOUVELLEMENT -- CRÉANCES NATIONALES.	Les directeurs sont tenus, sous leur responsabilité personnelle, de pourvoir au renouvellement des inscriptions requises pour les objets qui composent les attributions de l'administration.	
»	26 novemb. 1808.	SAISIES IMMOBILIÈRES. -- DÉNONCIATION ET RATIFICATION.	Les conservateurs doivent toujours indiquer dans leurs relations, certificats et copies relatifs à la transcription des saisies immobilières, que la dénonciation au saisi, et les notifications aux créanciers inscrits, ont été enregistrées et mentionnées en marge de la transcription de la saisie.	
409	6 décemb. 1808.	FAILLITES.	Formalités autorisées par le code de commerce en matière de faillite.	
411	3 janvier 1809.	SAISIE IMMOBILIÈRE. -- BIENS SITUÉS DANS PLUSIEURS ARRONDISSEMENS.	La saisie immobilière des biens d'un débiteur, situés dans plusieurs arrondissemens, pourra être faite simultanément, toutes les fois que la valeur totale des biens sera inférieure au montant réuni des sommes dues au saisissant et aux créanciers inscrits. -- La valeur des biens sera établie d'après les derniers baux authentiques sur le pied du denier 25, etc. (*Loi du 14 novembre 1808.*)	
413	12 janvier 1809.	MAJORATS.	Formalités hypothécaires et salaire des conservateurs relatifs aux actes portant création de majorats. (*Décret impérial du 1.er mars 1808.*)	
416	31 janvier 1809.	RADIATION DES INSCRIPTIONS - TRÉSOR PUBLIC.	La radiation des inscriptions requises à la requête de l'agent du trésor public, doit être opérée sur la remise des mains-levées authentiques consenties par cet agent, et qui feront mention des arrêts de la cour des comptes ou arrêtés ministériels en exécution desquels elles seront données. (*Décisions des Ministres des finances et du trésor, des 28 nov. 1808 et 24 janvier 1809*).	

HYPOTHÈQUES.

INSTRUCTIONS GÉNÉRALES. N.os	DATES.	OBJETS.	EXTRAIT DÉTAILLÉ DES INSTRUCTIONS.	OBSERVATIONS.
423	18 mars 1809.	MAJORATS.	Il n'y a lieu ni aux formalités d'inscription ni de transcription pour les rentes sur l'état et les actions sur la banque de france immobilisées, pour composer la dotation d'un majorat : elles deviennent sujettes aux droits ordinaires après avoir repris leur nature primitive d'effets mobiliers, soit par le rejet de la demande d'institution ou sa suppression, soit aussi par la suppression du titre. -- Mode de transcription de l'acte indicatif des biens composant le majorat, quand il est constitué en rentes, en actions et en immeubles.	
433	6 juin 1809.	SOLUTIONS DIVERSES.	Solutions sur l'application de la loi du 21 ventôse an 7, aux formalités hypothécaires : 1.° Renouvellement des inscriptions pour créances antérieures à la loi du 11 brumaire an 7, quotité du droit; 2.° transcription des actes communs à des donataires ou à des acquéreurs; 3.° le droit de transcription doit toujours être établi comme il a été réglé à l'enregistrement, quoiqu'il ait été reconnu que le prix était inférieur à sa valeur vénale, lorsque le délai pour demander l'expertise est expiré; 4.° délivrance des états et certificats des conservateurs; 5.° les états et certificats délivrés par les conservateurs ne sont pas soumis à l'enregistrement; 6.° reconnaissance de remise de bordereau; 7.° jours pendant lesquels les bureaux doivent être fermés.	
»	7 juin 1809.	SALAIRES. - REGISTRES A EN TENIR.	Registre à tenir par les conservateurs, des salaires qui leur sont payés, lequel est soumis à l'examen et à la vérification des employés supérieurs. - Tarif à afficher de leurs salaires dans les bureaux. -- Quittances détaillées à en donner.	
442	22 juillet 1809.	INSCRIPTION SUR LES BIENS DES COMPTABLES. MODÈLE DU BORDEREAU.	Modèle du bordereau d'inscription pour conserver les droits du trésor public sur les biens des comptables, en exécution de la loi du 5 septembre 1807. L'inscription doit être indéterminée et ne concerne que les receveurs généraux et particuliers, les payeurs généraux et divisionnaires et les payeurs des départemens, des ports et armées.	
445	8 août 1809.	CAUTIONNEMENT DES CONSERVAT.s -- INSCRIPTIONS A RENOUVELER.	Les inscriptions prises sur les immeubles affectés au cautionnement des conservateurs doivent être renouvelées dans les dix années de leur date. - Mode de ce renouvellement pour les inscriptions actuelles et pour les inscriptions à venir. Tenue à la direction d'un sommier pour les cautionnemens des conservateurs.	
»	25 septemb. 1809.	TIMBRE DE NOUVEAUX REGISTRES D'INSCRIPTIONS. -- REMBOURSEMENT.	Les conservateurs se feront rembourser du timbre des nouveaux registres d'inscriptions où les cases ont été supprimées, à raison de 37 centimes et demi par page qui se composera de 35 lignes de 18 syllabes, ou proportionnellement à la partie qui sera employée.	
464	12 février 1810.	DESSÉCHEMENT DES MARAIS.	Les actes concernant les desséchemens de marais ou travaux publics ne doivent pour droit d'hypothèque que le droit fixe d'un franc, sauf le salaire du conservateur. (*Décision du Ministre des finances du 19 décembre 1809.*)	
468	12 mars 1810.	PROCÈS-VERBAL D'AFFICHE.	Le procès-verbal d'affiches, en exécution de l'article 685 du code judiciaire, doit être rédigé sur du papier timbré, séparément de l'exemplaire du placard qui y demeure annexé et qui est aussi sujet au timbre. (*Décision du Grand-Juge ministre de la justice du 30 janvier 1810.*)	
477	8 juin 1810.	REGISTRES DES HYPOTHÈQUES-COMPTABILITÉ DU TIMBRE.	Les registres des hypothèques ne seront désormais expédiés de l'atelier général qu'après avoir été frappés du timbre ordinaire. -- Le garde-magasin s'en chargera comme de tous	

HYPOTHÈQUES.

INSTRUCTIONS GÉNÉRALES. N.os	DATES.	OBJETS.	EXTRAIT DÉTAILLÉ DES INSTRUCTIONS.	OBSERVATIONS.
			autres papiers timbrés ; les envois aux conservateurs s'en feront, et il en sera rendu compte par ces derniers, de la manière qui s'observe pour les papiers de la débite.	
480	9 juillet 1810.	DOTS ACCORDÉES A L'ANNIVERSAIRE DU COURONNEM.T	Les dots qui ont été ou seront accordées à l'occasion de l'anniversaire du couronnement de l'Empereur, de la célébration de son mariage ou de toute autre circonstance, ne seront sujettes pour la transcription qu'au droit fixe d'un franc. (*Décret impérial du 20 juin 1810*).	
487	13 août 1810.	INSCRIPTION SOUMISE AU DROIT. -- INSCRIPTION INDÉFINIE.	L'inscription prise par un vendeur pour assurer le prix de la vente est soumise au droit proportionnel; celle requise par l'acquéreur sur les biens du vendeur en cas d'éviction étant indéfinie et le droit étant éventuel, n'est point sujette au droit proportionnel. (*Déc. du Min. des fin. du 31 juillet 1810*).	
494	16 octobre 1810.	SALAIRES DES CONSERVATEURS-AUGMENTATION.	Augmentation des salaires des conservateurs. -- Tableau de ces salaires. -- Ordre de les porter sur le registre à ce destiné. (*Décret impérial du 21 septembre 1810*).	
505	22 janvier 1811.	RATIFICATION DES ERREURS COMMISES SUR LES REGISTRES.	Il n'y a pas lieu de faire intervenir l'autorité judiciaire pour rectifier les erreurs ou irrégularités commises sur les registres hypothécaires; le conservateur doit opérer cette rectification en portant sur ses registres et à la date courante, une nouvelle inscription ou seconde transcription plus conforme, accompagnée d'une note relatant la première inscription. (*Avis du Conseil d'état du 11 décembre 1810*).	
521	18 mai 1811.	INSCRIPTION D'OFFICE.	Les conservateurs seront tenus de faire une inscription d'office, de tout ou partie du prix restant dû d'après le contrat de vente, quoiqu'il existe au pied de l'expédition, une quittance sous seing-privé du paiement de ce prix. (*Décis. du Grand-Juge et du Ministre des finances du 30 avril et 7 mai 1811*).	
526	1 juin 1811.	CAUTIONNEMENT DES CONSERVAT.S -- SON REMPLACEMENT.	Un cautionnement en immeubles fourni par un conservateur des hypothèques, peut être remplacé par un autre cautionnement, fait dans la même forme que le premier ; ce remplacement fait, le premier cautionnement ne subsiste plus. (*Décision du Grand-Juge du 17 avril 1811*).	
530	29 juin 1811.	SALAIRES -- SOLUTIONS.	Solution du ministre, sur plusieurs questions relatives aux salaires des conservateurs.	
»	6 septembre 1811.	INSCRIPTIONS DE CRÉANCES DUES PAR DES ITALIENS, etc.	Les inscriptions des créances dues à l'empire français par des sujets italiens et au royaume d'italie par des français, se feront sans avance de droits de timbre, d'inscription et de salaire des conservateurs. (*Décr. impérial du 18 août 1811*).	
547	19 octobre 1811.	SALAIRES -- SOLUTIONS.	Il n'est dû aux conservateurs des hypothèques que le salaire d'un franc par chaque extrait d'inscription hypothécaire compris au cahier des charges, qu'ils sont tenus de délivrer aux parties, sans qu'il puisse être rien exigé pour tout certificat de clôture, attestant que les inscriptions délivrées sont les seules subsistantes. -- Le salaire d'un franc pour le certificat négatif ne leur est dû que dans le seul cas où il n'existerait aucune inscription sur l'individu qui en est l'objet. (*Avis du Conseil d'état du 10 septembre 1811, approuvé le 16*).	
»	20 décemb. 1811.	DROITS PERÇUS EN 1811.	État à fournir des formalités hypothécaires requises, des droits d'hypothèques perçus pour le trésor, et des salaires payés au conservateur pendant l'année 1811.	
575	20 avril 1812	ACTES ADMINISTRATIFS.	Les condamnations et les contraintes émanées des administrateurs dans le cas et pour les matières de leur compétence, emportent hypothèque de la même manière et aux mêmes conditions que celles de l'autorité judiciaire. Les radiations desdites	

INSTRUCTIONS GÉNÉRALES. N.os	DATES.	OBJETS.	EXTRAIT DÉTAILLÉ DES INSTRUCTIONS.	OBSERVATIONS.
			inscriptions doivent être poursuivies devant les tribunaux ordinaires, mais en cas de contestation sur le fond, les parties doivent être renvoyées devant l'autorité administrative. (*Avis du Conseil d'état, approuvé le 25 thermidor an 12.*)	
576	22 avril 1812.	ACTES ET CONTRAINTES DE L'AUTORITÉ ADMINISTRATIVE ET DES ADMINISTRATEURS.	Les arrêtés des préfets, fixant les débets des comptables des communes et établissemens publics, sont exécutoires sur leurs biens meubles et immeubles, sans l'intervention des tribunaux. -- (*Avis du Conseil d'état du 12 novembre 1811.*) Voir pour les autres dispositions de cette instruction celle précédente, n.° 573, dont celle-ci est l'ampliation.	
580	21 mai 1812.	DOMAINE EXTRAORDINAIRE DE LA COURONNE.	Les acquisitions faites pour le domaine extraordinaire de la couronne ne sont soumises qu'au droit de transcription de 3 fr. (*Décret impérial du 28 mars 1812.*)	
585	23 juin 1812	HYPOTHÈQUES DES FEMMES DEVENUES VEUVES ET DES MINEURS DEVENUS MAJEURS.	Le mode de purger les hypothèques légales des femmes et des mineurs, établi par le code Napoléon et par l'avis du Conseil d'état du 9 mai 1807 est applicable aux femmes veuves et aux mineurs devenus majeurs ainsi qu'à leurs héritiers ou représentans. -- Il n'y a pas nécessité de fixer un délai particulier aux femmes après la mort de leur mari, et aux mineurs devenus majeurs ou à leurs représentans pour prendre inscription. (*Avis du Conseil d'état du 5 mai 1812.*) Moyens à prendre pour prévenir les difficultés en matière d'hypothèques légales indépendantes de l'inscription. (*Avis du Conseil d'état du 9 mai 1807.*)	
594	12 août 1812	FRAIS DE JUSTICE.	Voir l'instruction sous ce n.° au titre *frais de justice*.	
598	7 septemb. 1812.	DOMAINE DE LA COURONNE.	Les contrats d'échange avec le domaine de la couronne seront transcrits *gratis*; il ne sera payé que le salaire du conservateur et le timbre des registres de formalité. (*Décret impérial du 11 juillet 1812.*)	
»	17 septemb. 1812.	REGISTRE DES SALAIRES.	Les conservateurs, à compter du 1.er octobre 1812, ne porteront, qu'à la fin du mois, et en une seule ligne, au registre des salaires, 1.° le nombre des articles enregistrés pendant ce mois au registre de dépôt des bordereaux à inscrire, et des actes de mutations à transcrire, et le montant en masse des salaires de ces articles; 2.° le nombre des inscriptions faites pendant le mois, et la totalité des salaires pour ces inscriptions.	
603	14 octobre 1812.	DIRECT.ON GÉNÉRALE DE LA CONSCRIPTION MILITAIRE.	Les inscriptions hypothécaires prises par la direction générale de la conscription militaire, pour sûreté du recouvrement des amendes en matière de conscription et de désertion peuvent être radiées en vertu d'un arrêté du préfet contenant le motif de la radiation, sans qu'il soit nécessaire que cet arrêté soit approuvé par le directeur général de la conscription. (*Décision du Ministre des finances, du 6 octobre 1812, et lettre du Directeur général de la conscription, du 20 juin précédent*).	

INSTRUCTIONS GÉNÉRALES.		OBJETS.	EXTRAIT DÉTAILLÉ DES INSTRUCTIONS.	*OBSERVATIONS.*
N.os	DATES.			

INSTRUCTIONS GÉNÉRALES.		OBJETS.	EXTRAIT DÉTAILLÉ DES INSTRUCTIONS.	*OBSERVATIONS.*
N.os	DATES.			

INSTRUCTIONS GÉNÉRALES.		OBJETS.	EXTRAIT DÉTAILLÉ DES INSTRUCTIONS.	*OBSERVATIONS.*
N.os	DATES.			

INSTRUCTIONS GÉNÉRALES.		OBJETS.	EXTRAIT DÉTAILLÉ DES INSTRUCTIONS.	*OBSERVATIONS.*
N.os	DATES.			

INSTRUCTIONS GÉNÉRALES.		OBJETS.	EXTRAIT DÉTAILLÉ DES INSTRUCTIONS.	*OBSERVATIONS.*
N.os	DATES.			

INSTRUCTIONS GÉNÉRALES.		OBJETS.	EXTRAIT DÉTAILLÉ DES INSTRUCTIONS.	OBSERVATIONS.
N.os	DATES.			

INSTRUCTIONS GÉNÉRALES.		OBJETS.	EXTRAIT DÉTAILLÉ DES INSTRUCTIONS.	*OBSERVATIONS.*
N.os	DATES.			

INSTRUCTIONS GÉNÉRALES.		OBJETS.	EXTRAIT DÉTAILLÉ DES INSTRUCTIONS.	OBSERVATIONS.
N.os	DATES.			

HOSPICES.

INSTRUCTIONS GÉNÉRALES. N.os	DATES.	OBJETS.	EXTRAIT DÉTAILLÉ DES INSTRUCTIONS.	OBSERVATIONS.
21	14 frimaire an 10.	HOSPITALIÈRES ET FILLES DE CHARITÉ.	Les biens des hospitalières et des filles de charité, et ceux affectés à des services de bienfaisance et de charité, sont rendus aux commissions administratives des hospices et des établissemens de secours à domicile. (*Arrêté des Consuls du 27 prairial an 9.*)	
115	8 nivôse an 11.	RENTES NATIONALES. -- CESSION.	Toute rente provenant de l'ancien domaine national, sur laquelle il n'y aura pas eu de paiement depuis l'an 1.er de la république ou pour le recouvrement de laquelle il n'aura pas été fait de poursuites soit devant les corps administratifs, soit devant les tribunaux par voie de contraintes, sera censée appartenir aux hospices; il en sera de même de toute rente provenant du clergé, des corporations supprimées etc. qui n'est pas inscrite sur les registres de l'administration, ou dont elle n'aurait pas fait le recouvrement, ou ne l'aurait pas fait poursuivre. (*Arrêté des Consuls du 27 frimaire an 11 sur l'application de la loi du 4 ventôse an 9.*) Demande d'un état, article par article, des rentes qui restent à percevoir.	*V. l'instruction num.* 333.
126	17 ventôse an 9.	BIENS EN REMPLACEMENT DE CEUX ALIÉNÉS.	Les commissions des hospices ont été chargées de dresser l'état de biens qui leur ont été attribués en remplacement de ceux aliénés, et de l'adresser au ministre de l'intérieur avant le 1.er germinal an 11. -- Les hospices pour lesquels on n'aura pas envoyé l'état ci-dessus, seront déchus de leurs droits, et l'administration des domaines reprendra possession des biens qui leur avaient été provisoirement assignés. (*Arrêté du Gouvernement du 14 nivôse an 11.*)	
159	28 prairial an 11.	PRESCRIPTION DES RENTES.	Le délai de six ans fixé par l'art. 2 du décret du gouvernement du 27 frimaire an 11 pour que les hospices acquièrent la prescription des rentes, ne doit compter que du jour de la main-mise *de fait* opérée en exécution des lois de suppression des corporations ecclésiastiques etc. (*Décision du Ministre des finances du 7 prairial an 11.*)	
156	15 fructidor an 11.	MAIN-MISE DE DROIT ET DE FAIT.	La main-mise nationale de *droit* est déterminée par la promulgation de la loi en vertu de laquelle les rentes en question ont été remises au domaine; celle de *fait*, l'est par l'apposition du séquestre ou la prise de possession des biens, ordonnée par la loi. (*Décision du Ministre des finances du 7 thermidor an 11.*)	
185	25 frimaire an 12.	DONATIONS ENTRE-VIFS ET TESTAMENTAIRES.	Les donations entre vifs et testamentaires en faveur des hospices ne sont assujetties qu'au droit fixe d'un franc d'enregistrement. -- Elles n'auront leur pleine exécution qu'après que leur acceptation aura été autorisée par le gouvernement. (*Arrêté du Gouvernement du 15 brumaire an 12.*)	
195	21 nivôse an 12.	RENTES CÉDÉES.	Les hospices n'ont droit aux capitaux de rentes qui leur ont été cédés par l'arrêté du 27 frimaire an 11 qu'autant qu'ils ont été découverts par leurs agens. (*Arrêté du Gouvernement du 7 nivôse an 12.*)	
»	15 ventôse an 12.	RENTES ET CAPITAUX DÛS ORIGINAIREMENT AUX HOSPICES.	Les remboursemens des rentes et capitaux dûs originairement aux hospices, faits aux caisses de l'administration postérieurement à la loi du 9 fruct. an 3, en exécution de celle du 23 messidor an 2, ne sont point dans le cas d'être restitués. (*Décision du Ministre des finances.*)	
»	2 complém. an 12.	BIENS EN REMPLACEMENT DE CEUX ALIÉNÉS.	Les biens attribués aux hospices en remplacement de ceux aliénés et compris dans les états des préfets en exécution des arrêtés des 14 nivose an 11 et 28 ventôse an 12 ne peuvent recevoir une autre destination jusqu'à ce qu'il ait été statué sur la demande des hospices. (*Décision du Ministre des finances du 25 fructidor an 12.*)	

HOSPICES.

INSTRUCTIONS GÉNÉRALES. N.os	DATES.	OBJETS.	EXTRAIT DÉTAILLÉ DES INSTRUCTIONS.	OBSERVATIONS.
»	1 pluviôse an 13.	Remboursement de rentes et capitaux. — Sursis.	Il y a lieu de surseoir au paiement des sommes dont la restitution serait demandée pour remboursement de rentes et capitaux dûs aux hospices, effectué entre les mains des préposés de l'administration postérieurement à la loi du 9 fructidor an 3. (*Lettre du Ministre des finances du 25 nivôse an 13.*)	
»	3 dudit.	Legs, dons etc. — Relevé à en faire.	Les receveurs doivent faire sur leurs registres et sur les tables alphabétiques, le relevé des legs, dons et autres avantages faits aux hospices et aux bureaux de bienfaisance, et le remettre à leur inspecteur à l'époque de chaque tournée. — Les directeurs, après l'avoir reçu des Inspecteurs, l'adresseront au préfet.	
»	19 germinal an 13.	Validité des remboursemens faits à l'état.	Tous remboursemens de rentes ou obligations contractées au profit des établissemens de bienfaisance ont pû être valablement faits à l'état, dans l'intervalle qui s'est écoulé entre les lois des 25 messidor an 3 et 16 vend. an 5. (*Avis du Conseil d'état approuvé par l'Empereur le 23 ventôse an 13.*)	
280	4 floréal an 13.	Jouissance provisoire non confirmée.	Les biens dont la jouissance provisoire a été accordée aux hospices par actes administratifs, non confirmés par le gouvernement, seront remis sous le séquestre. (*Décret impérial du 30 ventôse an 13.*) État à fournir des biens des hospices aliénés, et de ceux proposés en remplacement.	
298	11 janvier 1806.	Biens cédés en remplacement de ceux aliénés.	Les hospices jouiront pendant un an, à compter du 1 vendémiaire an 14, des biens portés sur les états remis au conseil d'état et qui ont été désignés pour servir en remplacement de ceux vendus. (*Décret impérial du 1 jour complémentaire an 13.*)	
319	24 octobre 1806.	Jouissance provisoire.	Les hospices conserveront jusqu'au 1 avril 1807. la jouissance provisoire des biens dont ils ont été mis en possession par le décret du 1 complément. an 13. Cette jouissance, pour le prix des fermages, se détermine d'après les échéances de paiement. (*Décision du Ministre des finances du 10 octobre 1806.*)	
355	23 octobre 1807.	Attribution gratuite. — Conditions.	Pour qu'un domaine, une rente ou une créance nationale puissent être attribués gratuitement aux hospices, il faut : 1.° qu'il n'en ait point été fait de déclaration conformément à l'art. 37 des décrets des 7 et 11 août 1790 ; 2.° qu'il n'en existe aucune mention sur les registres de l'administration ; 3.° qu'il n'ait été pris aucune inscription à la requête de l'administration ; 4.° que l'interruption des poursuites pendant les six ans, à partir de la main-mise nationale de *fait*, ne soit pas l'effet de circonstances majeures ; 5.° que la demande d'envoi en possession en ait été faite par les hospices, avant qu'aucune poursuite ait été dirigée par les préposés de l'administration. (*Avis du Conseil d'état du 30 avril 1807.*)	

HOSPICES.

INSTRUCTIONS GÉNÉRALES. N.os	DATES.	OBJETS.	EXTRAIT DÉTAILLÉ DES INSTRUCTIONS.	OBSERVATIONS.

HOSPICES.

INSTRUCTIONS GÉNÉRALES.		OBJETS.	EXTRAIT DÉTAILLÉ DES INSTRUCTIONS.	*OBSERVATIONS.*
N.os	DATES.			

MOBILIER MILITAIRE.

INSTRUCTIONS GÉNÉRALES. N.os	DATES.	OBJETS.	EXTRAIT DÉTAILLÉ DES INSTRUCTIONS.	OBSERVATIONS.
5	8 brumaire an 10.	ENREGISTREMENT	Les ventes de mobilier militaire, faites en exécution de l'arrêté des consuls du 9 floréal an 9, ne seront plus soumises à la formalité de l'enregistrement. (*Décision du Ministre des finances du 25 fructidor an 9.*)	*V. l'instruction générale n.o 58, ci-après.*
13	25 dudit.	PROCÈS-VERBAUX.	Les procès-verbaux de vente d'effets militaires, doivent comprendre tous ceux qui sont portés dans les états arrêtés par le ministre des finances. Relevés à en faire en cas de déficit.	
18	9 frimaire an 10.	ANCIENS POIDS ET MESURES.	Les anciens poids et mesures existant dans les magasins des subsistances militaires, seront remis aux receveurs des domaines pour être vendus conformément à l'arrêté des consuls du 9 floréal an 9.	
58	5 pluviôse an 10.	TIMBRE.	Les procès-verbaux de vente de mobilier militaire, (minutes et expéditions délivrées aux fonctionnaires publics) sont exempts du timbre. (*Décision du 25 nivôse an 10 du Ministre des finances.*)	
66	12 thermid. an 10.	EFFETS ET APPROVISIONNEMENS DE LA MARINE.	Les préposés de l'administration ne doivent s'immiscer dans aucune des ventes des effets mobiliers et approvisionnemens de la marine, lorsqu'elles seront passées devant l'administration de la marine ; mais dans les lieux où il n'en existe pas, les ventes seront faites à leur diligence dans les formes voulues par les arrêtés des 22 brumaire et 23 nivôse an 6, transmis par les circulaires num.o 1156. et 1220 : dans l'un et l'autre cas, ces procès-verbaux sont soumis au timbre et à l'enregistrement. (*Arrêté des Consuls du 13 prairial an 10.*)	*V. l'instruction n. 166. ci après.*
»	30 thermid. an 10.	CHEVAUX DE RÉFORME.	Les formalités d'affiches et de consentement des autorités administratives pour les ventes des chevaux de réforme, ont été supprimées : elles doivent être faites par les préposés des domaines, immédiatement après la remise que le sagens militaires leurs font de ces chevaux. (*Arrêté du Gouvernement du 15 prairial an 7.*)	
»	14 brumaire an 11.	EFFETS ET APPROVISIONNEMENS DE LA MARINE.	Les préfets maritimes et les directeurs des forges de l'état doivent remettre, tous les mois, aux receveurs des domaines, un bordereau certifié du produit des ventes faites en exécution de l'arrêté du 13 prairial an 10.	
94	13 brumaire an 11.	OBJETS DE SIÉGE.	Les receveurs devront procéder à la vente des objets de siége non destinés au service public, lorsqu'ils en seront requis ; celle des denrées avariées, sera faite immédiatement après que la remise en aura été effectuée.	
105	26 frimaire an 11.	CHEVAUX EN DÉPÔT.	En cas de décès du dépositaire d'un cheval du train d'artillerie, le maire fera constater l'état du cheval : s'il a les qualités requises, il le confiera à un autre citoyen solvable ; dans le cas contraire, il en réclamera le prix qu'il versera entre les mains du receveur de l'enregistrement. (*Arrêté du 3 brumaire an 11.*) Mode de son exécution.	
»	6 ventôse an 11.	CHEVAUX DE RÉFORME.	La vente des chevaux de réforme sera faite dorénavant en présence des membres du conseil d'administration de chaque corps et d'un inspecteur aux revues qui en dressera procès-verbal, et le produit de la vente sera versé dans la caisse du régiment. -- Les receveurs de l'administration n'auront plus à s'immiscer dans ces ventes. (*Arrêté du Gouvernement du 13 pluviôse an 11.*)	
»	6 prairial an 11.	RATIONS DE PAIN NON CONSOMMÉES.	Les receveurs des domaines doivent faire procéder aux ventes des rations de pain non consommées, quelle qu'en soit la cause, à l'exception cependant des cas particuliers où elles	

MOBILIER MILITAIRE.

INSTRUCTIONS GÉNÉRALES. N.os	DATES.	OBJETS.	EXTRAIT DÉTAILLÉ DES INSTRUCTIONS.	OBSERVATIONS.
			auraient été refusées à raison de leur mauvaise qualité. -- Procès-verbal à faire dresser dans l'un et l'autre cas.	
»	2 thermidor an 11.	RATIONS DE PAIN ET DENRÉES AVARIÉES.	Les rations de pain dans le cas spécifié dans la lettre du directeur général du 6 prairial an 11 et les denrées avariées par force majeure, doivent être vendues par les préposés de l'administration, et le produit en être versé à la caisse d'amortissement. (*Lettre du Ministre de la guerre du 17 nivôse an 10.*)	
166	5 complém. an 11.	EFFETS ET APPROVISIONNEMENS DE LA MARINE. -- ENREGISTRENENT ET TIMBRE.	Les procès-verbaux de vente d'effets mobiliers et objets d'approvisionnement de la marine jugés inutiles et hors d'état d'être employés au service, sont exempts de timbre et d'enregistrement. (*Décision du Ministre des finances du 12 fructidor an 11.*)	
»	30 avril 1806.	APPROVISIONNEMENS DE SIÉGE.	Tous les approvisionnemens de siège faits depuis le renouvellement de la guerre de la troisième coalition, seront vendus par les employés de l'administration de la même manière que l'établit l'arrêté du gouvernement du 9 floréal an 9, et le produit en sera versé à la caisse d'amortissement. (*Décret impérial du 23 mars 1806.*) Les procès-verbaux de vente ne sont soumis ni à l'enregistrement ni au timbre.	
»	19 juin 1806.	ÉTAT A FOURNIR.	Etat à fournir de toutes les ventes de mobilier militaire et d'objets reconnus inutiles au service des armées, faites depuis le 9 floréal an 9.	
»	4 juillet 1807.	PROCÈS-VERBAUX DE VENTE. -- RÉDACTION.-NOMBRE.	Les préposés de l'administration doivent faire autant de procès-verbaux de vente de mobilier militaire qu'il y a eu de procès-verbaux de remise, et relater dans les premiers la date des seconds, ainsi que les quantités y énoncées, à fin de constater plus facilement l'identité des quantités remises et de celles vendues.	
»	30 avril 1807.	EFFETS DES MILITAIRES DÉCÉDÉS DANS LES HOSPICES. COMPTABILITÉ.	Les prix de vente des effets des militaires décédés dans les hospices ou les prisons, ou qui s'en sont évadés, sera versé à la caisse d'amortissement par l'intermédiaire des caisses de l'administration. -- Mode de cette comptabilité. (*Décret impérial du 23 septembre 1806.*)	
349	8 octobre 1807.	*IDEM*, ET CHEVAUX DES HARAS. -ENREGISTREMENT.	Les ventes d'effets des militaires décédés dans les hôpitaux, ainsi que celles des chevaux provenant des haras, sont assujetties au droit proportionnel d'enregistrement. (*Déc. du Min. des fin.*)	
474	25 mai 1810.	CHEVAUX D'ARTILLERIE DES ARMÉES D'ALLEMAGNE ET D'ITALIE.	Les sommes que les receveurs des domaines pourront recevoir éventuellement en exécution du décret impérial du 11 avril 1810. en paiement de la valeur des chevaux provenant des compagnies d'artillerie des régimens d'infanterie des armées d'allemagne et d'italie, seront versées à la caisse d'amortissement comme prix de ventes d'effets militaires.	

MOBILIER MILITAIRE.

INSTRUCTIONS GÉNÉRALES.		OBJETS.	EXTRAIT DÉTAILLÉ DES INSTRUCTIONS.	OBSERVATIONS.
N.os	DATES.			

MOBILIER MILITAIRE.

INSTRUCTIONS GÉNÉRALES.		OBJETS.	EXTRAIT DÉTAILLÉ DES INSTRUCTIONS.	*OBSERVATIONS.*
N.os	DATES.			

MOBILIER ORDINAIRE.

INSTRUCTIONS GÉNÉRALES. N.os	DATES.	OBJETS.	EXTRAIT DÉTAILLÉ DES INSTRUCTIONS.	OBSERVATIONS.
»	29 ventôse an 10.	Glaces des maisons nationales.	Ordre de suspendre toute estimation et tous payemens pour aliénation de glaces des maisons nationales aux acquéreurs de l'immeuble.	
»	5 thermidor an 10.	Glaces. - Prix.	Décision du ministre des finances du 22 prairial an 10 portant une nouvelle fixation du prix des glaces, à suivre pour la vente de celles qui se trouvent dans les maisons nationales.	
»	17 thermid. an 11.	Glaces. - Estimation.	Les glaces garnissant les maisons nationales vendues, doivent être estimées d'après le tarif de l'an 7 et les bases déterminées par la décision du ministre, du 22 prairial an 10.	
»	7 brumaire an 14.	Glaces soumissionnées.	Sursis au paiement du prix des glaces soumissionnées ou à soumissionner par les acquéreurs de bâtimens nationaux, jusqu'à décision du Ministre des finances.	
»	9 frimaire an 14.		Les acquéreurs de glaces soumissionnées, qui ne les auraient pas payées au 1 avril 1806, ne pourront les acquitter que d'après les nouvelles bases que le ministre des finances croira devoir établir. (*Décision du Ministre des finances du 1 frimaire an 14.*)	
»	13 janvier 1806.		La décision du ministre des finances du 1 frimaire an 14, énoncée dans la lettre ci-dessus, est applicable aux soumissions qui pourront avoir lieu du 1 frimaire an 14 au 1 avril 1806, comme à celles qui ont été faites antérieurement. (*Décision du Ministre des finances du 3 janvier 1806.*)	
»	27 septemb. 1806.	Lots des ventes. —Les multiplier.	Les receveurs et employés de l'administration chargés de la vente du mobilier national, doivent en multiplier les lots le plus possible, afin d'augmenter le nombre des concurrens et de tirer un parti plus avantageux de la vente.	
»	8 décemb. 1806.	Glaces. -- Estimation.	Les bases contenues dans la décision du 22 prairial an 10 pour l'estimation des glaces des maisons domaniales sont maintenues jusqu'au 1 février 1807. -- Les soumissionnaires qui ne profiteront pas de ce délai seront déchus de leur soumission. (*Décision du Ministre des finances du 28 novembre 1806.*)	
326	15 mai 1807.	Préposés de l'enregistrement chargés des ventes de mobilier national.	Les ventes de mobilier national sont faites par les préposés de l'enregistrement et des domaines. (*Arrêté du 25 nivôse an 8.*)	
»	13 mai 1808.	Navires confisqués.	Les ventes de navires confisqués comme ayant été relachés en angleterre, ou ayant été visités en mer par des anglais, ne concernent pas les préposés de l'administration.	
»	23 juin 1808.	Navires prussiens, sardes etc.	Les préposés de l'administration ne sont chargés que des opérations qui sont la suite des saisies de navires prussiens, sardes et portugais. -- Celles relatives aux navires saisis et confisqués pour avoir relaché en angleterre, ainsi que celles concernant les navires américains, sont exclusivement confiées à l'administration des douanes. (*Décision du Ministre des finances du 7 juin 1808.*)	

MOBILIER ORDINAIRE.

INSTRUCTIONS GÉNÉRALES.		OBJETS.	EXTRAIT DÉTAILLÉ DES INSTRUCTIONS.	*OBSERVATIONS.*
N.os	DATES.			

POURSUITES ET INSTANCES.

INSTRUCTIONS GÉNÉRALES. N.os	DATES.	OBJETS.	EXTRAIT DÉTAILLÉ DES INSTRUCTIONS.	OBSERVATIONS.
2	8 brumaire an 10.	Communes.	On ne peut intenter aucune action en justice contre des communes, sans en avoir obtenu la permission du conseil de préfecture par écrit, sous les peines portées par l'édit d'août 1683. (*Arrêté des Consuls du 27 vendémiaire an 10.*)	
12	25 dudit.	Procès-verbaux -- Significations.	L'effet des procès-verbaux de contravention doit être suivi par voie de contrainte, sans assignation, devant le tribunal civil. Les poursuites concernant les droits et actions de l'administration de l'enregistrement et des domaines, ne peuvent être signifiées par des huissiers de juges de paix. (*Décision du Ministre de la justice du 15 fructidor an 9.*)	*V. l'instruction générale n.° 129.*
15	2 frimaire an 10.	Revenus nationaux -- Instances.	Les instances qui ont pour objet des revenus nationaux tels que fermages, loyers etc., sont soumises aux deux degrés de jurisdiction de première instance et d'appel lorsque la somme à recouvrer excède 1000.f (*Décision du Ministre de la justice du 4 complém. an 9. Cour de cassation, 9 prairial et 17 messidor an 7.*)	
39	14 pluviôse an 10.		Les instances relatives au recouvrement des revenus des domaines nationaux, lorsque l'objet excède 1000 francs, doivent subir deux degrés de jurisdiction. (*Cour de cassation, 12 messidor an 8, 2 et 4 germinal et 3 floréal an 9.*)	
41	23 *id.*	Expropriation -- Avances aux avoués.	Les directeurs sont autorisés à faire avancer aux avoués les sommes nécessaires pour frais de poursuites en expropriation forcée au nom de l'administration.	*V. la circulaire de l'administration n. 1903.*
44	5 ventôse an 10.	Délits forestiers.	Les frais faits pour la police et la conservation des forêts et pour la poursuite des délits forestiers, continueront d'être acquittés par l'administration de l'enregistrement conformément aux dispositions du titre 9 de la loi du 29 septembre 1791. (*Décision du Ministre des finances du 21 pluviôse an 10.*) Les receveurs feront, comme par le passé, le remboursement des frais de poursuites, d'après la taxe du tribunal, aux agens forestiers qui en auront fait l'avance, et en recouvreront le montant sur la partie condamnée.	
100	29 brumaire an 11.	Inscription -- Validité.	Les instances concernant la validité d'une inscription formée à la requête de l'administration, doivent s'instruire par simples mémoires, mais si la contestation est commune aux créanciers poursuivans la distribution, elles doivent l'être par le ministère d'un avoué. -- Pour le choix à en faire, suivre la marche tracée par la circulaire du 7 brumaire an 9 n.° 1903.	
115	15 nivôse an 11.	Actes -- Enregistrement.	Les actes de poursuites, jugemens, et autres actes ayant pour objet le recouvrement des droits confiés à l'administration de l'enregistrement, seront enregistrés *en débet.* (*Décision du Min. des finances.*)	
[illegible]	28 ventôse an 11.	Apposition de scellés. - Frais de justice. -- Recouvrement.	L'apposition des scellés pour recouvrement des frais de justice en matière criminelle, ne doit être employée que dans le seul cas, où il y a à craindre la dilapidation ou la soustraction des effets, et lorsqu'il s'agit d'un délit emportant peine afflictive et infamante. (*Lettre du Ministre des finances du 7 nivôse an 11.*)	
129	9 germinal an 11.	Contraintes -- Significations.	On doit se servir du ministère des huissiers des juges de paix pour la signification des contraintes en matière d'enregistrement et amendes. -- Les poursuites relatives au recouvrement des fermages et droits domaniaux doivent être faites par le ministère des huissiers près les tribunaux. (*Lettre d. G. Juge au Ministre des finances du 27 pluviôse an 11.*)	
130	9 dudit.	Recouvrement des amendes -- Contrainte par corps.	Les receveurs doivent employer la contrainte par corp[s] pour le recouvrement des amendes, préférablement à toute aut[re]	*V. l'instr. génér[ale] n. 600, au ti[tre]* Amendes.

INSTRUCTIONS GÉNÉRALES. N.os	DATES.	OBJETS.	EXTRAIT DÉTAILLÉ DES INSTRUCTIONS.	OBSERVATIONS.
			voie. Les frais d'emprisonnement, soit qu'il ait été poursuivi par l'administration ou qu'il ait eu lieu à la requête du procureur impérial, doivent être avancés par l'administration, sauf son recours. -- Chaque administration publique ou particulière qui a une manutention de deniers ou de domaines nationaux, doit payer tant au civil qu'au criminel, les frais de poursuites dirigées contre ses agens infidèles. (*Décision du Grand-Juge et du Ministre des finances des* 15 *brumaire et* 11 *ventôse an* 11.) Les receveurs de l'administration sont remboursés de ces frais de la manière prescrite par l'art. 66 de la loi du 22 frimaire an 7, et dans la forme indiquée par la circulaire de l'administration n.° 1739.	
»	5 prairial an 11.	Débiteurs de rentes et créances.	Les poursuites contre les débiteurs de rentes et créances ne peuvent, à défaut de titres, être régulières, qu'autant que l'indication de la rente ou de la créance est confirmée par la déclaration du débiteur sur les registres et sommiers. (*Décision des Ministres des finances et de la justice.*)	*V. la circulaire de l'administrat. num.* 1864.
»	*Idem..*	Insolvabilité des condamnés.	L'insolvabilité des condamnés à des amendes et à des frais au profit de l'état, ne peut être légalement prouvée que par des procès-verbaux de carence; on ne doit leur appliquer les peines prononcées par la loi du 5 octobre 1793, qu'autant qu'il est justifié que cette formalité a été remplie. (*Décision du Grand-Juge.*)	
202	21 pluviôse an 12.	Expropriations.	Les préposés de l'administration ne pourront poursuivre d'expropriations sans y avoir été autorisés formellement par l'administration; pareille autorisation leur sera nécessaire pour se rendre adjudicataires, et dans ce cas, l'acte devra être enregistré gratis, et il ne sera dû aucuns droits de greffe, d'hypothèque, ni salaire de conservateur, soit que l'adjudication reste à un particulier ou à l'administration. Le droit des actes pour parvenir à la confection de l'ordre, ainsi que tous les autres frais y relatifs dont l'avance aura été faite, devront être colloqués à son profit. (*Art.* 34 *de la loi du* 11 *brum. an* 7.)	*V. l'instruction num.* 41 *sous ce titre.*
238	24 messidor an 12.	Procès-verbaux de carence.	Les certificats d'indigence fournis par les redevables dont l'insolvabilité sera absolue, suffiront pour faire surseoir aux poursuites, sans qu'il soit nécessaire de faire dresser des procès-verbaux de carence. (*Décision du Ministre des finances du* 8 *nivôse an* 8.) Il est cependant nécessaire d'employer les procès-verbaux de carence, lorsque pour poursuivre des coobligés ou des cautions, l'administration doit discuter le débiteur principal, ou lorsque le défaut de paiement peut donner lieu à la peine de l'emprisonnement.	
288	19 messidor an 13.	Saisies des fruits pendant par racine.	Les fruits pendant par racine, quoique réputés immeubles par l'art. 620 du code civil, peuvent être saisis comme objets mobiliers, pourvu que la saisie soit faite dans un temps voisin de la récolte et en se conformant à l'usage des lieux. (*Décision du Grand-juge du* 11 *prairial an* 13.)	
306	11 juin 1806.	Simulations de prix etc. -- Expertise -- Prescription.	Pour la validité des demandes en expertise, à l'effet de constater les simulations de prix ou les fausses évaluations de revenus, les demandes doivent être présentées au tribunal, *signifiées à la partie et enregistrées* avant l'expiration du délai déterminé par la loi du 22 frimaire an 7 pour prévenir la prescription.	*Voir les circulaires de l'administration, n.* 1941 *et* 1992.
»	31 mars 1807.	Revenus nationaux - Ministère des avoués.	En matière de perceptions et de revenus nationaux l'administration n'est point tenue de se servir du ministère des avoués, même depuis la publication du code de procédure. (*Décision du G. Juge du* 28 *fevrier* 1807.) Elle ne les em-	

POURSUITES ET INSTANCES.

INSTRUCTIONS GÉNÉRALES. N.os	DATES.	OBJETS.	EXTRAIT DÉTAILLÉ DES INSTRUCTIONS.	OBSERVATIONS.
			5 ploie que pour les instances d'ordre et de distribution de prix, pour les poursuites en saisies immobilières et les questions de propriété.	
,,	4 juillet 1807.	FORME DE PROCÉDURE.	La forme de procéder dans les instances concernant l'administration devant les tribunaux et les cours, doit être la même depuis comme avant le premier janvier 1807, époque de l'exécution du code de procédure. (*Avis du Conseil d'état, du 12 mai* 1807.)	
345	24 septemb. 1807.	REVENUS -- COMPÉTENCE.	Dans quels cas les instances relatives à des fermages sont de la compétence des tribunaux ou des conseils de préfecture. Les Préfets seuls peuvent défendre sur les questions de propriété des biens meubles et immeubles contestés à l'état. (*Décision du G. Juge.*)	*V. l'instruction gén. n.* 606 *sous ce-titre.*
367	25 février 1808.	EXPÉDITIONS -- NOTAIRES.	Il n'est dû aux notaires pour les expéditions qu'ils délivrent aux préposés de l'administration que 75 c. à Paris, et 50 c. dans les départemens par chaque rôle, indépendamment des droits de timbre : ces expéditions doivent contenir 25 lignes à la page et 15 syllabes à la ligne. (*Décision des Ministres des finances et de la justice du* 9 *janvier* 1808.)	
,,	25 mars 1808.	DÉBITEURS INCONNUS etc.	Les frais de poursuites, faits contre des débiteurs inconnus, ou des personnes étrangères à l'objet des poursuites, ceux pour prétendues mutations verbales, sans qu'elles étaient constatées; ceux pour déclarations de succession, sans s'être assuré du fondement de la demande etc. resteront à la charge des préposés qui les auront occasionnés; il en sera de même de ceux d'instance, s'il n'y a pas autorisation spéciale du directeur ou de l'administration, et s'il n'y a taxe du président. Défense aux inspecteurs d'allouer aucun frais de l'espèce. (*Arrêté du Directeur général.*)	
369	25 dudit.	QUALITÉS -- SIGNIFICATIONS.	Les instances concernant l'administration de l'enregistrement, dans lesquelles il est nécessaire de signifier des qualités, sont celles qui ont pour objet les saisies immobilières, les ouvertures d'ordre, les questions de propriété et autres pour lesquelles elle employe le ministère d'avoués. Il n'y a pas lieu à la signification des qualités dans celles où l'administration procède par simples mémoires et sans avoués. (*Décision du Min. des finances du premier mars* 1808.)	
,,	30 avril 1808.	CONSIGNATIONS POUR ALIMENS DES DÉTENUS.	Les receveurs sont dispensés de faire des consignations pour les alimens des débiteurs de l'état, détenus à la requête de l'administration. (*Déc. imp. du* 4 *mars* 1808.)	*V. les instr. gén. n.* 285 *et* 338 *au titre* frais de just.e
380	21 mai 1808.	FÉODALITÉ -- COMPÉTENCE.	Toute contestation sur la féodalité ou la non féodalité d'une rente nationale soit qu'elle ait été aliénée par voie de transfert ou qu'elle soit encore entre les mains de l'état, est de la compétence des tribunaux ordinaires. (*Avis du Conseil d'état du* 8 *mars* 1808.)	
,,	6 juillet 1808.	AMENDE et DÉPENS EN CASSATION -- PAIEMENT.	Le receveur de l'administration près la cour de cassation est exclusivement chargé du paiement de l'amende de 150 fr. et des dépens auxquels l'administration est condamnée quand elle succombe dans sa demande en cassation.	*V. la circulaire du* 26 *novembre* 1807, *au titre* amendes.
389	16 dudit.	EXÉCUTION DES JUGEMENS -- PRÉCAUTIONS.	Précautions à prendre avant d'exécuter des jugemens ou arrêts des cours d'appel concernant l'administration, ou d'en provoquer l'exécution.	*V. ci-après l'instruction générale num.* 606.
413	30 janvier 1809.	GRANDE VOIRIE -- AMENDES -- OPPOSITIONS.	Les poursuites à exercer pour le recouvrement des amendes en matière de grande voirie, se font en vertu d'arrêté du conseil de préfecture, sans visa ni mandement des tribunaux,	

PORSUITES ET INSTANCES.

INSTRUCTIONS GÉNÉRALES. N.os	DATES.	OBJETS.	EXTRAIT DÉTAILLÉ DES INSTRUCTIONS.	OBSERVATIONS.
			par les garnisaires ou porteurs de contraintes, comme il est ordonné pour les contributions directes. -- Des oppositions ou pourvois au conseil d'état ne peuvent pas les arrêter. -- Les receveurs sont autorisés à prendre des inscriptions aux hypothèques sur les biens des condamnés, et même à les faire saisir réellement en vertu d'une expédition exécutoire de l'arrêté de condamnation. (*Loi du 29 floréal an 10.*) Les contraventions aux lois concernant les chemins vicinaux se poursuivent de la même manière.	
583	20 juin 1812.	BIENS PRÉTENDUS APPARTENIR A L'ÉTAT.	Aucune poursuite ne pourra être exercée pour biens prétendus appartenir à l'état, qu'en vertu de titres constatant la domanialité de ces biens d'une date *postérieure* à la publication de l'édit de février 1566 ou d'une date *antérieure* à ladite publication, si les titres contenaient clause de retour, ou réserve de rachat, le tout sauf les exceptions portées par l'art. 5 de la loi du 14 ventôse an 7. (*Décret impérial du 8 mai* 1808.)	
600	24 septemb. 1812.	AMENDES DE POLICE -- RECOUVREMENT.	Voir l'instruction générale sous ce num.°, au titre *Amendes.*	
606	25 octobre 1812.	CONTENTIEUX ADMINISTRATIF ET JUDICIAIRE.	Mode d'instruction des instances devant les conseils de préfecture ou les tribunaux; précautions à prendre pour l'exécution des jugemens ou arrêtés, et voies pour faire réformer les décisions etc.	
609	4 novemb. 1812.	FORMULES EXÉCUTOIRES.	La formule exécutoire ne concerne que les jugemens et les actes des notaires ; en matière administrative, il suffit que l'expédition soit délivrée conforme à la minute. (*Décision du Grand-Juge du 14 octobre* 1812.)	
615	15 décemb. 1812.	DÉBET RÉSULTANT DE DÉCOMPTES - POURSUITES.	Voir l'instruction générale sous ce numéro, au titre *Domaines - aliénations.*	

POURSUITES ET INSTANCES.

INSTRUCTIONS GÉNÉRALES.		OBJETS.	EXTRAIT DÉTAILLÉ DES INSTRUCTIONS.	*OBSERVATIONS.*
N.^{os}	DATES.			

PORSUITES ET INSTANCES.

INSTRUCTIONS GÉNÉRALES.		OBJETS.	EXTRAIT DÉTAILLÉ DES INSTRUCTIONS.	OBSERVATIONS.
N.os	DATES.			

RÉPERTOIRES.

INSTRUCTIONS GÉNÉRALES. N.os	DATES.	OBJETS.	EXTRAIT DÉTAILLÉ DES INSTRUCTIONS.	OBSERVATIONS.
24	23 frimaire an 10.	GREFFIERS DES TRIBUNAUX.	Les greffiers des tribunaux sont obligés de tenir des répertoires pour y inscrire tous les actes sujets à l'enregistrement sur la minute; il leur est accordé un mois pour les mettre en règle; passé ce délai, ils seront poursuivis pour le payement des amendes encourues. (*Décision du Ministre de la justice du 18 vend. an 10.*)	
»	22 nivôse an 12.	AMENDES ENCOURUES PAR LES NOTAIRES.	Remise aux notaires des amendes par eux encourues pour défaut de représentation de leurs répertoires aux receveurs de l'enregistrement ou de dépôt d'un double au greffe du tribunal dans les délais prescrits par la loi du 25 ventôse an 11. -- Délai d'un mois pour réparer ces omissions, après lequel le recouvrement de ces amendes sera suivi avec activité. (*Décision du Ministre des finances du 12 nivôse an 12.*)	
»	8 prairial an 12.	NOTAIRES COMMIS PAR UN TRIBUNAL.	Les notaires commis par un tribunal doivent garder la minute des actes qu'ils reçoivent et les porter sur leur répertoire. (*Décision du Ministre Grand-Juge du 28 floréal an 12.*)	
232	1 messidor an 12.	COLLATIONS ET EXTRAITS D'ACTES. -- NOTAIRES.	Les notaires sont tenus de porter sur leur répertoire les collations et extraits d'actes par eux délivrés et soumis à la formalité. Les employés doivent s'assurer de l'exactitude des officiers publics à ce sujet, et constater par des procès-verbaux les contraventions qu'ils reconnaîtront. (*Décision du Ministre des finances du 9 prairial an 12.*)	
318	9 octobre 1806.	DÉPOT AU GREFFE DU TRIBUNAL -- NOTAIRES -- SECRÉTAIRES GÉNÉRAUX. -- SOUS-PRÉFETS -- MAIRES -- VISA -- CONTRAVENTIONS ET DÉPÔT A CONSTATER.	Les notaires sont tenus depuis la loi du 25 ventôse an 11, comme auparavant, de déposer le double de leur répertoire dans les deux premiers mois de l'année pour l'année précédente, au greffe du tribunal de première instance, et de le faire viser par les receveurs de l'administration, aux époques fixées par l'art. 51 de la loi du 22 frimaire an 7. -- Les secrétaires généraux des préfectures, les sous-préfets et maires sont tenus d'avoir des répertoires en papier timbré, visés et paraphés, et de les présenter au visa du receveur aux époques ci-dessus. -- Il leur est accordé à tous, jusqu'au 1 décembre 1806 pour se mettre en règle, et aux notaires pour faire le dépôt du double du répertoire. La présentation au visa du receveur et la vérification qu'il en fera, seront constatées par un enregistrement dans une case particulière. A compter de l'an 1807, chaque receveur pour son arrondissement constatera au 11 de chacun des mois de janvier, avril, juillet et octobre, les contraventions commises pour défaut de présentation de leur répertoire. Le 1.er mars de chaque année, aussi à compter de 1807, le receveur près le tribunal de première instance constatera, par un procès-verbal, quels sont les notaires qui n'auront pas déposé le double de leur répertoire; il remettra ce procès-verbal au procureur impérial. Les receveurs et employés supérieurs sont rendus responsables du paiement des amendes pour contraventions non constatées ou qui n'auraient pas été relevées. (*Décision du Ministre des finances du 9 septembre 1806.*)	
322	26 décemb. 1806.	SOUS-PRÉFECTURES. -- TENUE DU RÉPERTOIRE -- COMMIS SPÉCIAL.	Les sous-préfets sont autorisés à nommer par un arrêté spécial, un commis de leurs bureaux pour la tenue et la présentation au visa du répertoire des actes soumis à l'enregistrement sur la minute, lequel sera responsable des contraventions encourues; le délai fixé au 11 janvier prochain pour présenter	

INSTRUCTIONS GÉNÉRALES. N.°	DATES.	OBJETS.	EXTRAIT DÉTAILLÉ DES INSTRUCTIONS.	OBSERVATIONS.
			au visa les répertoires, est définitivement prorogé jusqu'au 1 mars. (*Décision des Ministres de l'intérieur et des finances du 4 décembre* 1806.)	
325	7 mai 1807.	MAIRIES -- TENUE DU RÉPERTOIRE -- COMMIS SPÉCIAL.	Les maires sont autorisés comme le sous-préfets, à déléguer à un commis la tenue de leur répertoire, lequel se soumettra, sous sa responsabilité personnelle, à l'exécution des obligations imposées par la loi. -- Les maires côteront et parapheront eux-mêmes ce répertoire. (*Lettre du Ministre de l'intérieur du* 19 *février* 1807.)	
„	16 septemb. 1807.	AMENDES ENCOURUES -- REMISE -- NOTAIRES -- MAIRES.	L'ordre prescrit pour la tenue des répertoires étant actuellement rétabli, il n'y a pas lieu de revenir sur les répertoires déposés, ni d'inquiéter les notaires à ce sujet. -- On restituera aux maires les amendes qu'ils auront payées pour n'avoir pas présenté au visa du receveur leur répertoire, et on surseoira aux poursuites dirigées contre ces fonctionnaires, pour les contraventions qu'ils ont pû commettre. (*Décision du Ministre des finances du* 11 *août* 1807.) Les receveurs inviteront les maires à se mettre sans délai en règle sur ce point.	
363	18 février 1808.	RÉPERTOIRE. --- RÉDACTION --- PORTEURS DE CONTRAINTES.	Le numéro d'ordre des répertoires peut être écrit en chiffres; la date des actes doit être en toutes lettres, et il est nécessaire que la relation de l'enregistrement soit littéralement transcrite. (*Décision du Ministre des finances du* 5 *mai* 1807.) Les porteurs de contraintes sont tenus d'avoir un répertoire et d'y inscrire tous les actes de leur ministère sujets à l'enregistrement.	*V. l'instruction générale qui suit.*
382	7 juin 1808.	RÉDACTION DU RÉPERTOIRE.	Les notaires peuvent continuer à constater en chiffres sur leur répertoire, la date de leurs actes ainsi qu'à y relater l'enregistrement par la simple expression en chiffres des droits perçus et de la date de la formalité. (*Déc. du Min. des fin. du* 10 *mai* 1808.) Les répertoires des porteurs de contraintes seront visés pour timbre *gratis*. -- Mention de cet usage, à faire dans le visa. (*Autre du* 19 *avril* 1808.)	
388	14 juillet 1808.	HUISSIERS PRÈS LES COURS CRIMINELLES. COMMISSAIRES PRISEURS.	Les huissiers près les cours criminelles sont tenus d'avoir un répertoire et d'y inscrire, jour par jour, tous leurs actes, soit qu'il soient enregistrés *en débet* ou *gratis*, la loi n'ayant fait aucune distinction. (*Décision du Ministre des finances du* 9 *février* 1808. (Les commissaires priseurs sont également obligés à la tenue d'un répertoire, et à tout ce qui est prescrit à ce sujet aux officiers publics et ministériels, par la loi du 22 frimaire an 7. (*Décision des Ministres des finances et de la justice des* 31 *mai et* 28 *juin* 1808.)	
420	9 mars 1809.	PROTÊTS. -- NOTAIRES ET HUISSIERS.	Les notaires et huissiers sont tenus d'inscrire, jour par jour et dans un registre particulier, tous les protêts qu'ils signifient. Ce registre côté et paraphé, et tenu dans la forme des répertoires, n'est point sujet au visa du receveur comme le répertoire. (*Décision du Ministre des finances.*)	
453	25 octobre 1809.	DÉPÔT AU GREFFE -- AMENDES.	L'amende encourue par les notaires, pour n'avoir pas déposé le double de leur répertoire au greffe du tribunal de première instance dans les deux premiers mois de l'année, conformément aux lois des 6 octobre 1791 et 16 floréal an 4, est due le premier jour qui suit l'expiration du délai, comme pour le mois entier. (*Arrêt de la Cour de cassation du* 6 *juin* 1809.)	
458	2 janvier 1810.	GARDES ET AGENS FORESTIERS.	Il n'y a pas lieu d'appliquer aux gardes et agens forestiers les dispositions de la loi du 22 frimaire an 7 relatives à la tenue et au visa des répertoires. (*Décision du Ministre des finances du* 12 *décembre* 1809.)	

RÉPERTOIRES.

INSTRUCTIONS GÉNÉRALES. N.os	DATES.	OBJETS.	EXTRAIT DÉTAILLÉ DES INSTRUCTIONS.	OBSERVATIONS.
,,	19 avril 1810.	Modèle nouveau pour les notaires.	Modèle uniforme du répertoire des notaires, adressé par le grand-juge aux procureurs impériaux près les tribunaux.	
486	4 août 1810.	Côte et paraphe.	Les répertoires des huissiers établis près les cours et tribunaux doivent être côtés et paraphés par le président de ces cours et tribunaux, ou par les juges qu'il commet. (*Avis du Conseil d'état du 3 juillet* 1810.)	
590	14 juillet 1812.	Dépôt annuel par les notaires.	L'acte du dépôt annuel des répertoires des notaires est exempt de l'enregistrement, comme celui de l'état civil; le seul droit dû est celui de greffe d'un franc vingt-cinq centimes; il doit être fait autant d'actes de dépôt qu'il y a de notaires déposans. ((*Décision des Ministres de la justice et des finances des* 24 *et* 30 *juin* 1810.)	
596	28 août 1812.	Inscription des inventaires.	La première vacation des inventaires doit être inscrite à sa date sur le répertoire; il est utile de rappeler à la suite et dans le même contexte de l'article, la date successive des autres vacations. (*Décision du Ministre des finances du* 18 *août* 1812.)	

RÉPERTOIRES.

INSTRUCTIONS GÉNÉRALES.		OBJETS.	EXTRAIT DÉTAILLÉ DES INSTRUCTIONS.	*OBSERVATIONS.*
N.os	DATES.			

TIMBRE -- CIRCULAIRES DE L'ADMINISTRATION.

CIRCULAIRES DE L'ADMINISTRATION N.os	DATES.	OBJETS.	EXTRAIT DÉTAILLÉ DES CIRCULAIRES.	OBSERVATIONS.
1419	26 brumaire an 7.	LOI DU 13 BRUM. AN 7.	Envoi de la loi du 13 brumaire an 7, et instruction pour son exécution. -- Nomenclature des actes assujettis au timbre. -- Registres timbrés à tenir par les banquiers, négocians, etc. -- Actes faits dans les pays où le timbre n'est pas établi. -- Effets de commerce venant de l'étranger, quittances non soumises au droit. -- Les notaires, huissiers, greffiers, etc., ne peuvent faire timbrer à l'extraordinaire. -- Actes à viser pour timbre. -- Contravention à constater, etc.	
1496	29 pluviôse an 7.	PATENTES. -- PASSEPORTS etc.	Les expéditions de patentes, les passe-ports, les certificats de vie et de résidence, et les extraits de naissance, mariage et décès sont soumis au droit de 75 centimes.	
1500	5 ventôse an 7.	COMMISSIONS DES EMPLOYÉS DES ADMINISTRATIONS.	Les commissions délivrées aux préposés des administrations, sont assujetties au timbre : ce droit est à la charge de ceux qui en sont pourvus.	
1502	5 dudit.	PROCÈS-VERBAUX DES GARDES FORESTIERS.	Le papier destiné aux procès-verbaux des gardes forestiers et champêtres doit être visé pour timbre en débet. (*Décision du Ministre des finances du 26 pluviôse an 7.*)	
1508	16 dudit.	ÉCHANTILLONS DE PAPIER -- EMPREINTES DES TIMBRES A DÉPOSER.	Envoi des échantillons dont il sera fait usage lors des nouvelles adjudications. -- Empreintes des timbres à déposer au greffe des tribunaux.	
1511	19 dudit.	COMPTABILITÉ.	Comptabilité à établir d'après les dispositions de la loi du 13 brumaire an 7.	
1517	26 dudit.	EFFETS DE COMMERCE.	On ne peut frapper du timbre de dimension, le papier destiné aux effets de commerce.	
1566	2 prairial an 7.	SOLUTIONS DIVERSES.	Les procès-verbaux des gardes ruraux et forestiers, nommés par des particuliers, ne doivent pas jouir de l'exception faite pour ceux des gardes forestiers nommés par le gouvernement, d'être visés pour timbre sans paiement du droit. Les gardes particuliers doivent se servir du papier timbré ordinaire. Les pétitions en dégrèvement de contributions, sont soumises au timbre. Les commissions d'emploi et les affiches de publication de mariage y sont également assujetties. Les papiers timbrés enlevés d'un bureau de distribution doivent y être rétablis. L'arrêté de nomination d'un commissaire par une administration centrale (préfet), ainsi que le mandat de ses salaires, sont exempts du timbre. Distinction des actes et registres des corps administratifs qui sont soumis au timbre ou qui en sont exempts. Les actes délivrés aux particuliers par les préfets, doivent auparavant être timbrés : ils ne peuvent plus l'être, à la charge de les faire viser pour timbre. Les actes préparatoires et de communiqué, ne sont pas assujettis à un droit particulier de timbre. Les registres destinés à l'enregistrement des pétitions n'y sont pas soumis. Les expéditions d'arrêtés ne peuvent être transcrites en marge des pétitions. Les procès-verbaux des agens des communes et gendarmes sont exempts du timbre. Les minutes d'arrêtés peuvent être écrites en marge des pétitions. Les déclarations de command peuvent être placées à la suite des ventes dont elles ne sont que le complément.	

CIRCULAIRES DE L'ADMINISTRATION. N.°	DATES.	OBJETS.	EXTRAIT DÉTAILLÉ DES CIRCULAIRES.	OBSERVATIONS.
			Un arrêté sur un acte assujetti au timbre, ne peut être pris qu'autant que l'acte est timbré. Les imprimés pour expéditions des actes administratifs, sont conservés, en acquittant le droit de 75 cent. par feuille. Les certificats de conscription sont exempts du timbre. Les lettres de change ne peuvent être endossées, sans contravention, qu'autant que l'effet est timbré. Les procès-verbaux des employés des douanes doivent être sur papier timbré. Les quittances de contributions et les cartes de sûreté sont exemptes du timbre. Les extraits d'actes reçus en minute sont soumis au droit de 75 centimes. Les déclarations pour l'assiette des contributions directes sont exemptes du droit. L'expédition des mandats des administrations publiques au profit des entrepreneurs et fournisseurs, est passible du timbre. Les quittances de secours aux indigens, et des indemnités pour incendies, inondations, épizooties et autres cas fortuits, et celles des secours accordés aux parens des défenseurs de la patrie, sont exemptes du timbre. Les imprimés des actes de l'état civil, même ceux délivrés aux indigens, quelle que soit la petitesse du format, doivent être timbrés à 75 centimes. Les actes des bureaux de paix, des tribunaux, des juges et greffiers, sont soumis au timbre, dans le cas où ils doivent être enregistrés sur la minute. S'il n'est tenu qu'un seul registre de tous les actes, il doit être timbré. Les répertoires des greffiers sont passibles du timbre. Les actes des procureurs impériaux en sont exempts, lorsqu'ils ne concernent que la police générale et la vindicte publique. Définition de la police administrative et de la police judiciaire. Actes des agens du ministère public qui peuvent être visés en débet. Pièces relatives à la liquidation de la dette publique. Les actes passés en forme authentique dans les pays réunis, avant l'établissement du timbre, en sont exempts; ceux sous seing privé, passés et produits depuis cet établissement, sont passibles du droit. Les imprimés des porteurs de contrainte, peuvent être timbrés à l'extraordinaire. Registres en papier timbré à tenir par certaines professions. Les certificats de paiement ou de sommes restant à payer, délivrés par les payeurs généraux, sont soumis au timbre comme formant titre aux parties. Les registres et feuilles de route des messageries, les quittances et reconnaissances au-dessus de 10 francs qu'elles délivrent, sont soumis au droit. Les reconnaissances de l'administration des postes sont soumises au timbre, à l'exception de celles pour envois aux militaires, qui n'excèdent pas 10 francs. Les actes sous seings privés, passés en pays étranger doivent être visés pour timbre avant l'inscription aux hypothèques.	*V. la circulaire ci-après n. 1738.*
1574	11 prairial an 7.	DÉCIME PAR FRANC	Loi du 6 prairial an 7 qui établit, à compter du jour de sa publication, la perception au profit du gouvernement, du décime par franc en sus des droits d'enregistrement, de timbre, hypothèques, droits de greffes, amendes et condamnations pécuniaires. -- Instruction pour son exécution.	*V. pour la comptabilité du décime par franc, la circulaire de l'administration, n. 1591.*

TIMBRE.

CIRCULAIRES DE L'ADMINISTRATION N.os	DATES.	OBJETS.	EXTRAIT DÉTAILLÉ DES CIRCULAIRES.	OBSERVATIONS.
1580	18 prairial an 7.	Loi du 16 prairial an 7.	Envoi de la loi du 16 prairial an 7, relative au timbre des avis imprimés, des lettres de voiture, connaissemens et des billets et obligations non négociables.	
1593	26 dudit.	Effets négociables venant de l'étranger.	Les effets négociables venant de l'étranger ou des îles et colonies françaises où le timbre n'aurait pas été établi, seront visés pour timbre avant qu'ils puissent être négociés, acceptés ou acquittés en France : on ne peut apposer sur ces effets le timbre de dimension.	
1643	2 fructidor an 7.	Décime par franc, dommages-intérêts.	Les dommages-intérêts prononcés en faveur du gouvernement pour délits forestiers etc., ne sont pas soumis au décime par franc. (*Décision du Ministre des finances du 16 thermidor an 7.*)	
1676	1.er brum. an 8.	Bordereaux d'inscriptions. — Procureurs impériaux.	On doit admettre au *visa* pour timbre *en débet* les feuilles de papier que les procureurs impériaux destineront aux bordereaux d'inscriptions dont la loi les charge, sauf à recouvrer ces droits sur les grevés.	
1695	1.er frimaire an 8.	Registre d'ordre tenu par les greffiers.	Les greffiers peuvent tenir en papier libre le registre d'ordre sur lequel ils inscrivent les actes sujets aux droits de greffe. (*Décision du Ministre des finances du 6 brumaire an 8.*)	
1705	9 dudit.	Solutions diverses.	Les mandats et ordonnances des préfets autres que celles pour le traitement des fonctionnaires et salariés du gouvernement, doivent être sur papier timbré. — Arrêtés des préfets à mettre en marge des pétitions. — Les minutes d'arrêtés sujets à l'enregistrement sur la minute ne peuvent être placées sur la même feuille des pétitions. — Les récépissés de titres déposés à la préfecture, doivent être sur papier timbré. — Les registres des hospices civils, relatifs à l'administration intérieure, sont exempts du droit; les autres sont soumis au timbre. — Les duplicata de reconnaissances de sommes déposées dans les bureaux des postes sont passibles du droit; les registres de l'administration des postes en sont exempts. — Les procès-verbaux d'échouement de navire y sont soumis. — L'expédition des rôles à l'armement et au désarmement des bâtimens de commerce sont soumis au timbre et ne peuvent être visés. — Les acquits à caution délivrés aux voituriers conduisant des subsistances à une armée sont soumis au droit. — Les ventes d'équipages licenciés, faites par des entrepreneurs d'équipages militaires, sont sujettes au timbre. — Les répertoires des notaires ne peuvent être formés qu'avec du papier distribué par la régie. — Les effets de commerce, billets au porteur mis en circulation par des fabricans, sont sujets au timbre proportionnel.	
1734	15 nivôse an 8.	Liquidation de la dette publique.	Les actes sous seing privé tendant uniquement à la liquidation de la dette publique, sont dispensés du timbre. (*Loi du 28 frimaire an 8.*)	
1738	id.	Registres des messageries.	Registres et expéditions des messageries qui sont soumis à la formalité du timbre.	
1762	15 pluviôse an 8.	Procès-verbaux. — Gendarmes.	Les procès-verbaux rédigés par les gendarmes dans l'exercice de leurs fonctions doivent être visés pour timbre *en débet.*	
1796	12 germ. an 8	Comptabilité.	Mode de comptabilité du timbre extraordinaire.	
1801 *bis.*	22 germinal an 8.	Procès-verbaux de vente d'effets de marins morts en mer.	Mode de perception des droits de timbre des procès-verbaux de vente d'effets de marins et passagers morts en mer.	
1810	5 flor. an 8.	Vente d'effets militaires.	Le procès-verbal de vente d'effets militaires, faite par un commissaire des guerres, est assujetti au timbre. (*Décision du Ministre des finances du 8 germinal an 8.*)	

TIMBRE.

CIRCULAIRES DE L'ADMINISTRATION. N.°	DATES.	OBJETS.	EXTRAIT DÉTAILLÉ DES CIRCULAIRES.	OBSERVATIONS.
1819	23 floréal an 8.	OBLIGATIONS DES RECEVEURS GÉNÉRAUX.	Les obligations souscrites par les receveurs généraux de département et les soumissions que les receveurs particuliers sont tenus de leur fournir, ne sont point soumises au timbre. (*Décision du Ministre des finances du 9 floréal an 8.*)	
1834	24 prairial an 8.	PAPIER DE 25 C. A DISTRIBUER EN DEMI-FEUILLE.	Ordre de faire couper en demi-feuille le petit papier à deux timbres et de n'en plus distribuer de feuilles entières.	
1855	28 dudit.	FAÇON DES BALLOTS ET TRANSP.t	Prix alloué pour façon des ballots de papier timbré envoyés par les gardes-magasins aux distributeurs, et leur transport du magasin à la messagerie.	
1887	1.er compl. an 8.	EXTRAITS. -- EXPÉDITIONS.	Les extraits comme les expéditions des actes ne peuvent être délivrés que sur du papier de 75 centimes.	
1896	15 vendém. an 9.	PATENTES.	Les quittances des droits de patente doivent être sur du papier à 25 cent., les patentes sur papier à 75 cent.	
1908	13 brumaire an 9.	AFFICHES POUR EXPROPRIATION.	Les affiches pour parvenir aux expropriations forcées, sont soumises au timbre de dimension comme tous les actes judiciaires. (*Décision du Ministre des finances du 18 vendémiaire an 9.*)	
1913	19 dudit.	PERCEPTION DES CONTRIBUTIONS. -- PROCÈS-VERBAUX.	Les procès-verbaux d'adjudication de la perception des contributions directes et les cautionnemens qui sont fournis en conséquence, sont assujettis au timbre.	
1985	9 germinal an 9.	ACTES CIVILS. -- REGISTRES.	Les registres contenant la publication des actes d'adoption, de mariage et de divorce doivent être tenus en papier timbré.	
2006	1 prairial an 9.	OCTROIS. -- REGISTRES.	Les registres de recette des octrois municipaux et de bienfaisance qui auraient été tenus en papier libre, seront timbrés à l'extraordinaire ou visés pour timbre sans amende; à l'avenir ces registres doivent être formés avec du papier timbré avant qu'il en soit fait usage.	*V. l'instruction générale n.° 597 ci-après.*
2033	7 fructidor an 9.	ADMINISTRATION FOREST.e-ACTES ET PROCÈS-VERBAUX.	Décisions relatives au timbre de différens actes concernant les préposés de l'administration forestière: Les certificats de service des gardes principaux et particuliers, délivrés par les conservateurs; ceux délivrés par les administrateurs aux conservateurs, et par ceux-ci aux inspecteurs et sous-inspecteurs, sont exempts du timbre. Les mandats ou ordonnances des préfets pour le paiement des traitemens, en sont aussi exempts. Les commissions des employés de l'administration forestière, sont soumises au droit. Les procès-verbaux, rapports, exploits et significations des gardes, doivent être timbrés en débet.	
2042	29 dudit.	SOLUTIONS DIVERSES.	Les jugemens préparatoires et définitifs des juges-de-paix, rendus dans la même affaire, peuvent être écrits à la suite les uns des autres, tant en minute qu'en expédition. -- Les passavans doivent être écrits sur papier timbré. -- Les quittances de contributions de 10 fr. et au-dessous et tous autres actes affranchis du timbre, ne peuvent y être assujettis dans aucun cas, même dans celui de leur production en justice. -- Bons de fournitures militaires, sujets au timbre; Bons pour paiement de réquisition de chevaux, grains et autres denrées, exempts. Les passe-ports des agens directs, et autres préposés de la partie administrative des armées doivent être timbrés. -- Les lettres de voiture pour transport d'effets militaires en sont exemptes, lorsqu'elles sont délivrées pour le compte direct du gouvernement.	

TIMBRE.

CIRCULAIRES DE L'ADMINISTRATION. N.os	DATES.	OBJETS.	EXTRAIT DÉTAILLÉ DES CIRCULAIRES.	OBSERVATIONS.
			Les billets de confiance et bons au porteur, et, lors de leur renouvellement, ceux qui les remplacent, sont soumis au timbre gradué. — Ceux de 25 francs et au-dessous sont sujets au même timbre.	
			Les prospectus d'ouvrages, notices d'avis et catalogues de livres qui se distribuent ou que l'on fait circuler par la poste, doivent être timbrés.	
			Les ordonnances pour décharge, dégrèvement de contributions ou de patentes, sont assujetties au timbre de 75 centimes, comme expéditions, lorsqu'elles sont délivrées aux parties.	
			Les pétitions tendant à décharge de contributions ou de droits, sont assujetties au timbre.	
			INSTRUCTIONS GÉNÉRALES.	
58	5 pluviôse an 10.	VENTE DE MOBILIER MILITAIRE. -- PROCÈS-VERBAUX.	Les minutes et expéditions délivrées aux fonctionnaires publics, des procès-verbaux de vente de mobilier militaire, sont exemptes du timbre. (*Décision du Ministre des finances du 25 nivôse an 10.*)	
»	6 pluv. id.	MENUES DÉPENSES DU TIMBRE.	Mode de payement des menues dépenses du timbre.	
»	9 pluviôse an 10.	PATENTES DE L'AN 10.	Les quittances délivrées par les percepteurs pour droits de patentes de l'an 10, sont exemptes du timbre.	
44	5 ventôse an 10.	GARDES DES FORÊTS. -- PROCÈS-VERBAUX.	Les procès-verbaux des gardes des forêts nationales doivent être visés pour timbre *en débet* (*Décision du Ministre des finances, du 29 pluviôse an 7.*)	
45	25 dudit.	OCTROIS. -- REGISTRES. -- DÉLAI.	Délai pour soumettre au timbre sans amende les registres à souche tenus par les employés aux octrois. -- Registres à timbrer; deux registres à tenir, l'un pour les perceptions au-dessus de 10 francs, l'autre pour les perceptions au-dessous. -- Registres d'ordre exempts du timbre.	*V. ci-après l'instruction générale num.* 597.
»	29 floréal an 10.	REGISTRES DE L'ÉTAT CIVIL. -- ARRIÉRÉ.	Demande de l'état du montant des droits de timbre qui restent à recouvrer sur les années 5, 6, 7, 8, 9 et 10, et qui ont été fournis pour registres de l'état civil et pour les tables décennales.	
65	21 messidor an 10.	RÉPARATION ET ENTRETIEN DES PORTS.-REGISTRES.	Les registres de perception d'un droit destiné à la réparation et entretien des ports, et qui est faite par les employés des douanes, sont assujettis au timbre comme ceux concernant les droits de douanes.	
»	9 thermid. an 10.	ÉTAT-CIVIL.	Le papier timbré destiné à la formation des registres de l'état civil de l'an 11, doit être fourni à crédit ainsi que pour les années précédentes.	
66	12 thermid. an 10.	VENTE D'EFFETS DE LA MARINE.	Les procès-verbaux de vente d'effets et objets d'approvisionnement de la marine, soit qu'elle soit faite par l'administration de la marine ou par le receveur des domaines, sont soumis au timbre.	*V. l'instruction générale n.°* 166 *ci-après.*
»	19 fructidor an 10.	NOUVEAUX TIMBRES; SUPPRESSION DES ATELIERS PRÈS CHAQUE DIRECTION.	Les papiers frappés des timbres établis par l'arrêté du gouvernement du 7 fructidor an 10, seront mis en débite à dater du premier vendémiaire an 11; suppression des ateliers du timbre existans près chaque direction, remplacés par un entrepôt qui sera entretenu par l'atelier général de Paris.	

TIMBRE.

INSTRUCTIONS GÉNÉRALES. N.os	DATES.	OBJETS.	EXTRAIT DÉTAILLÉ DES INSTRUCTIONS.	OBSERVATIONS.
72	27 fructidor an 10.	Solutions diverses.	Solutions sur différentes questions relatives au timbre: 1. Expéditions des actes des autorités administratives. -- 2. Bulletins administratifs. -- Journaux officiels. -- Prospectus. -- 3. Mandats délivrés par les préfets, pour payement des dépenses diverses. -- 4. Feuilles contenant conclusions des parties présentées à l'audience. -- 5. Certificats de besoin ou de destination des grains transportés à la frontière. -- 6. Expéditions d'actes des juges-de-paix ou commissaires de police pour constater des morts violentes. -- 7. Registres et expéditions des douanes. -- 8. Pétitions. -- 9. Marchés pour les départemens de la guerre et de la marine. -- 10. Registres de l'état civil. -- Mode de recouvrement des droits de timbre des papiers qui ont servi à les former. -- 11. Affiches portant publication de promesse de mariage.	
73	29 fructidor an 10.	Receveurs du timbre extraordinaire et timbreurs conservés	Désignation des départemens où sont conservés des receveurs du timbre extraordinaire et des timbreurs. Dans les autres la recette du timbre extraordinaire sera confiée par le directeur à un des receveurs du chef-lieu. Suppression de tous les tourne-feuilles.	*V. l'instruction générale n. 122 ci-après.*
»	5 vendém. an 11.	Registres des hypothèques.	Les registres des hypothèques seront à l'avenir timbrés à l'extraordinaire: les conservateurs auront en conséquence un compte à tenir avec le receveur du timbre extraordinaire qui sera soldé tous les trois mois, d'après le bordereau qu'en établiront les inspecteurs lors de leur tournée. Il ne sera fait mention de cette comptabilité ni dans les comptes, ni dans les états de mois.	
»	13 brumaire an 11.	Adjudication de coupes de bois. --	La minute des procès-verbaux d'adjudication de coupes de bois et les expéditions qui en sont délivrées, sont soumises au timbre. Celles à remettre au préfet et à l'administration générale à Paris, sont les seules exemptes, pourvu qu'on y mentionne cette destination.	
96	15 brumaire an 11.	Octrois -- Contraventions.	Il y a contravention à la loi sur le timbre de la part des percepteurs aux octrois, soit qu'ils négligent de tenir des registres à souche, soit qu'ils en emploient en papier non timbré. (*Décision du Ministre des finances du 4 brumaire an 11.*)	*V. l'instruction générale n.° 597 ci-après.*
99	27 brumaire an 11.	Patentes de l'an 11.	Les patentes de l'an 11 seront timbrées à l'extraordinaire ainsi que l'ont été celles de l'an 10. Il sera ouvert un crédit de 3 mois aux percepteurs des contributions directes, sur lesquels le recouvrement devra en être effectué par l'intermédiaire du receveur général. (*Lettre du Ministre des finances du 20 brumaire an 11.*)	
104	16 frimaire an 11.	Papiers à l'ancien timbre. -- Inventaires.	Inventaire à dresser le 1.er nivôse an 10, de tous les papiers, à l'ancien timbre, à renvoyer au magasin général.	
122	13 ventôse an 11.	Tourne-feuilles rétablis dans 11 directions.	Rétablissement d'un tourne-feuilles, dans onze directions. Les directeurs auprès desquels il a été conservé un receveur du timbre extraordinaire et un timbreur, pourront se servir momentanément d'un tourne-feuilles, etc.	
128	30 ventôse an 11.	Ancien timbre -- Comptabilité.	Mode de comptabilité du timbre pour le trimestre de nivôse an 11, relativement au papier timbré, frappé du timbre, dont l'usage a cessé le 1.er vendémiaire an 11, et qui a dû être renvoyé au magasin avant le 1.er nivôse suivant.	
137	22 prairial an 11.	Solutions diverses.	Les actes faits à différentes époques et susceptibles d'être à la suite l'un de l'autre, peuvent être sur la même feuille de papier timbré nonobstant le changement de timbre. (*Décision du Ministre des finances du 4 brumaire an 11.*) -- Les	

TIMBRE.

INSTRUCTIONS GÉNÉRALES. N.os	DATES.	OBJETS.	EXTRAIT DÉTAILLÉ DES INSTRUCTIONS.	OBSERVATIONS.
			affiches judiciaires et les mémoires imprimés peuvent être timbrés à l'extraordinaire. (*Décision du Ministre des finances du 5 pluviôse an* 11.) — Les extraits de matrices des rôles ne sont pas sujets au timbre. (*Décision du Ministre des finances du* 18 *germinal an* 11.) -- Les procès-verbaux d'experts, pour constater des faits à raison desquels on réclame des dégrèvemens de contributions ne sont soumis au timbre que lorsqu'ils sont dressés à la requête des particuliers. (*Décision du Ministre des finances du* 22 *germinal an* 11.) Les traites, rescriptions et mandats tirés par l'agence des receveurs généraux doivent être timbrés. (*Décision du* 15 *floréal an* 11.) Les minutes et expéditions des procès-verbaux de vente des domaines nationaux, en vertu des lois des 15 et 16 floréal an 10, sont soumis au timbre, et sont à la charge des adjudicataires. (*Arrêté du Gouvernement du* 23 *floréal an* 11.)	
143	30 messidor an 11.	TIMBRE PROPORTIONNEL.	Les papiers frappés du timbre proportionnel dans l'atelier général, seront mis en débite le premier vendémiaire an 12. Mode de comptabilité et de manutention des anciens papiers rapportés aux magasins.	
»	10 thermid. an 11.	ACTIONS DANS LES ARMEMENS EN COURSE.	Les actions dans les armemens en course ne sont pas sujettes au droit de timbre proportionnel. (*Décision du Ministre des finances du* 7 *thermidor an* 11.)	
»	16 thermid. an 11.	PAPIERS TIMBRÉS EMPLOYÉS DANS LA 27.ème DIVISION.	Les papiers timbrés employés dans la 27.e division continueront d'y être en usage. — Ils ne peuvent servir à aucun acte hors des départemens qui composent cette division sans être en contravention à la loi, à cause du décime pour franc dont la perception n'est pas établie en Piémont.	
154	6 fructidor an 11.	INSTANCES CONTRE LES COMMUNES.	Il y a lieu de viser pour timbre *en débet* les papiers nécessaires pour les procédures relatives à la police intérieure des communes, instruites en conformité de la loi du 10 vendémiaire an 4, sauf à recouvrer le montant du droit de timbre contre les communes lorsqu'il y aura condamnation. (*Décis. du Min. des finances du* 28 *thermidor an* 11)	
»	12 fructidor an 11.	COMMUNES. -- REGISTRES DE L'ÉTAT CIVIL-ARRIÉRÉ.	On ne peut faire remise aux communes des sommes qu'elles doivent pour timbre des registres des actes civils; mesures à prendre pour faire rentrer ce qui est arriéré. (*Décision du Ministre des finances des* 15 *floréal et* 5 *fructidor an* 11.)	
166	5e compl.e an 11.	VENTE D'EFFETS DE LA MARINE.	Les procès-verbaux de vente des effets mobiliers et objets d'approvisionnement de la marine sont exempts du timbre. (*Décision du Ministre des finances du* 12 *fructidor an* 11.)	
169	22 vendém. an 12.	ACTES DES PROCUREURS IMPÉRIAUX.	Les actes faits à la requête des commissaires du gouvernement près les tribunaux civils et criminels, doivent être visés pour timbre *en débet*, sauf le recouvrement sur les parties condamnées. (*Décis. du Min. des finances des* 7 *frimaire an* 8 *et* 5 *fructidor an* 11.)	
176	3. brumaire an 12.	ARRÊTÉS DES PRÉFETS -- RADIATION D'INSCRIPTIONS.	Les minutes des arrêtés des préfets portant autorisation de radier des inscriptions hypothécaires, doivent être sur papier timbré de dimension, et les expéditions délivrées aux parties, sur du papier de 75 centimes. S'il s'agissait de radier des inscriptions mal à propos requises, les minutes devraient être visées pour timbre *gratis*. (*Décision du Ministre des finances du* 11 *vendémiaire an* 12.)	
»	10 frimaire an 12.	OCTROI DE NAVIGATION.	Les registres de recette de l'octroi de navigation sont exempts du timbre.	

TIMBRE.

INSTRUCTIONS GÉNÉRALES. N.os	DATES.	OBJETS.	EXTRAIT DÉTAILLÉ DES INSTRUCTIONS.	OBSERVATIONS.
188	30 frimaire an 12.	ADMINISTRATION DES MESSAGERIES -- PERTES ET AVARIES.	L'administration générale des messageries à Paris, par le traité qu'elle a passé avec l'administration de l'enregistrement, est responsable des pertes et avaries des ballots de papiers timbrés qu'elle se charge de transporter dans les départemens, sauf les événemens de force majeure. Mode de constater ces pertes et avaries.	
193	19 nivôse an 12.	PASSAVANTS - ACQUITS A CAUTION. - DOUANES.	Les passavants délivrés dans les bureaux des douanes pour le transport et la circulation des denrées et marchandises dans les deux myriamètres des frontières, les acquits à caution délivrés pour la circulation des grains, et les certificats des maires et adjoints relatifs aux transports des grains, sont dispensés de la formalité du timbre. (*Arrêté du Gouvernement du 30 frimaire an* 12.)	
»	23 nivôse an 12.	TIMBRE EXTRAORDINAIRE. -- SEINE.	Les papiers timbrés à l'extraordinaire dans le département de la Seine sont dispensés de la griffe. (*Décision du Ministre des finances du 14 frimaire an* 12.)	
201	9 pluviôse an 12.	RENTES. — HOSPICES.	Les actes faits par les commissaires impériaux, tendant à la rentrée des rentes nationales et domaines usurpés, attribués aux hospices par la loi du 4 ventôse an 9, doivent, comme ceux où ils représentent une partie civile, être timbrés moyennant le payement du droit, et non *en débet*. (*Avis du Conseil d'état du 5 nivôse an* 12.)	
203	27 pluviôse an 12.	PRÉSENTATIONS, DÉFAUTS ET CONGÉS.	Les minutes des présentations, défauts et congés dans les cours d'appel comme dans les tribunaux de première instance et de commerce, doivent être sur papier timbré de 25 centimes. Les registres que les greffiers sont tenus d'avoir de ces actes, sont aussi sujets au timbre; les expéditions des présentations, défauts et congés, ne peuvent être écrites sur du papier au-dessous de 75 centimes. (*Instruction du Grand-Juge et lettre du Ministre des finances des 7 frimaire et 14 pluviôse an* 12.)	
204	28 pluviôse an 12.	DÉPÔT PAR LES NOTAIRES. -- RECONNAISSANCES.	Les reconnaissances délivrées par les greffiers des tribunaux de première instance aux notaires, du dépôt de leurs titres et pièces de réception, en exécution de la loi du 25 ventôse an 11, sont assujetties au timbre; celles délivrées aux médecins, chirurgiens, etc., en exécution de la loi du 19 ventôse, le sont également. (*Décision du Ministre des finances du 14 pluviôse an* 12.)	
207	5 ventôse an 12.	ACTES DE REMPLACEMENT DES CONSCRITS.	Les actes de remplacement de conscrits, lorsqu'ils sont purs et simples, sont considérés comme enrolemens volontaires, et comme tels exempts du timbre; si au contraire ils contiennent les conditions pécuniaires du remplacement, ils rentrent dans la classe des conventions civiles, et sont soumis au timbre et à l'enregistrement. (*Décision du Ministre des finances du 24 pluviôse an* 12.)	
»	8 prairial an 12.	BALLOTS CONDUITS DANS LES VILLES FRONTIÈRES.	Les ballots de papiers timbrés, conduits dans les villes frontières, doivent être transportés, sous l'assistance de deux préposés de la douane, au domicile du directeur de l'enregistrement, pour y être vérifiés en présence de ces préposés. (*Décision du Ministre des finances du 2 prairial an* 12.)	
229	27 prairial an 12.	RECOUVREMENT D'AMENDES. -- JUGEMENS.	Les receveurs doivent timbrer *en débet* les jugemens dont les extraits leur seront remis par les greffiers, pour le recouvrement des amendes de police, sauf à en faire payer le droit par la partie condamnée.	
»	14 messidor an 12.	REGISTRES DE L'ÉTAT CIVIL POUR L'AN 13.	Les directeurs sont autorisés à délivrer au préfet de chaque département les papiers timbrés nécessaires pour la formation des registres de l'état civil de l'an 13; ils sont également	

TIMBRE.

INSTRUCTIONS GÉNÉRALES. N.os	DATES.	OBJETS.	EXTRAIT DÉTAILLÉ DES INSTRUCTIONS.	OBSERVATIONS.
			autorisés à faire timbrer à l'extraordinaire les papiers non filigranés que les préfets préféreraient employer à cet usage. Dans l'un et l'autre cas le recouvrement des droits de timbre aura lieu suivant le mode prescrit par l'instruction générale n.° 72.	
»	25 messidor an 12.	Droits-réunis. -- Quittances.	Les directeurs des droits réunis sont admis, pour cette fois seulement, à faire timbrer *en débet*, les quittances, dont ils ont besoin pour l'approvisionnement de leurs bureaux. (*Lettre du Ministre des finances, du 14 messidor an 12.*)	
248	23 thermid. an 12.	Commissions des employés.	Les commissions des employés de toutes les administrations et régies, doivent être timbrées. -- Aucun acte ne peut être inscrit à la suite de ces commissions. -- Les minutes des actes de prestation de serment doivent être sur du papier de dimension, et les expéditions qui en sont délivrées, sur du papier de 75 centimes. (*Décision du Ministre des finances, du 12 thermidor an 12.*)	*V. l'instruction générale n.* 534
»	14 fructidor an 12.	Compte du timbre du dernier trimestre de l'année	Le compte du timbre, lors de l'arrêté des produits du dernier trimestre de l'année, ne doit comprendre que les papiers effectivement distribués jusqu'au dernier jour de l'année inclusivement, et non jusqu'au jour de l'arrêté. Les receveurs, le 31 décembre au soir, dresseront l'état exact des papiers restant en nature, qu'ils feront certifier véritable par le maire, ou un adjoint de la commune, et l'annexeront au compte arrêté par l'inspecteur.	
»	1 brumaire an 13.	Cartes à jouer et musique exportées.	Les droits de timbre sur les cartes à jouer et sur la musique gravée, seront remboursés, sur les quantités dont l'exportation à l'étranger sera justifiée, suivant le mode prescrit par les art. 2, 3 et 4 du décret impérial du 30 thermidor an 12.	
»	30 frimaire an 13.	Patentes de l'an 13.	Les patentes de l'an 13 seront timbrées à l'extraordinaire et à crédit comme celles des années 10, 11 et 12, conformément au mode déterminé par l'instruction n.° 99.	
271	20 pluviôse an 13.	Ouvriers et apprentis. -- Manufacturiers etc.	Les décisions rendues par les maires et adjoints, préfets et commissaires de police dans toutes les affaires de police entre les ouvriers et les apprentis, les manufacturiers, fabriquans et artisans, sont soumises au droit de timbre comme les jugemens rendus contre les contrevenans aux règlemens de la police ordinaire (*Lettres du Ministre des finances des 24 vendémiaire et 14 nivôse an 13*).	
275	8 ventôse an 13.	Droits-réunis. Expéditions.	Les expéditions de la régie des droits-réunis, pendant chaque exercice, seront timbrées *en débet*, sur quatre reconnaissances du directeur des droits-réunis, payables à la fin de chaque trimestre; on timbrera *gratis* au commencement de l'année, sur les registres de la dernière année, un nombre d'expéditions pareil à celui existant sur les registres de l'année précédente non employés. Les obligations souscrites par les brasseurs et fabriquans de tabacs sont sujettes au timbre proportionnel. (*Décision du Ministre des finances du 25 nivôse an 13.*)	
»	27 messidor an 13.	Registres de l'état civil pour l'an 14.	Les papiers destinés aux registres de l'état civil pour l'an 14, seront fournis par les receveurs de l'enregistrement du chef-lieu du département comme ils l'ont été pour les années précédentes. Ils seront délivrés au secrétaire général du département qui en donnera sa reconnaissance, et le prix en sera recouvré de la manière indiquée par l'instruction générale n.° 72.	
»	20 fructidor an 13.	Patentes de l'an 14.	Les patentes pour l'an 14 seront timbrées à l'extraordinaire et à crédit ainsi qu'elles l'ont été en l'an 13, et années antérieures, conformément au mode prescrit par l'instruction générale, n.° 99.	

TIMBRE.

INSTRUCTIONS GÉNÉRALES. N.os	DATES.	OBJETS.	EXTRAIT DÉTAILLÉ DES INSTRUCTIONS.	OBSERVATIONS.
293	13 vendém. an 14.	COMMUNES ET ÉTABLISSEMENS PUBLICS. -- DROITS DUS. -- DÉLAI.	Il est accordé un délai de six mois aux communes et établissemens publics pour acquitter, sans amende, les droits de timbre et d'enregistrement auxquels leurs registres et actes étaient assujettis. Il doivent tenir un registre en papier timbré pour la rédaction des actes qui peuvent être soumis à l'enregistrement. (*Décret impérial du 4 messidor an 13.*)	*V. l'instruction num.* 395.
»	20 vendém. an 14.	LETTRES DE VOITURE.	Sursis à l'exécution des poursuites contre les redevables de droits de timbre des lettres de voiture en contravention au décret impérial du 16 messidor an 13.	*V. l'instruction générale n.* 419.
»	4 frimaire an 14.	TIMBRE EXTRAORDINAIRE. -- GRIFFE.	Tous les papiers à timbrer à l'extraordinaire doivent au préalable être empreints de la griffe. Surveillance à exercer pour s'assurer que cette mesure est régulièrement exécutée.	
»	9 dudit.	REGISTRES DE L'ÉTAT CIVIL ET TABLES DÉCENNALES. -- ÉTAT.	État à fournir des papiers timbrés délivrés aux communes pour les registres de l'état civil et les tables décennales, et qui sont dûs au 1.er frimaire an 14.	
»	*Idem.*	MUSIQUE EXPORTÉE.	Les préposés de la régie de l'enregistrement sont chargés de remplir les formalités prescrites par l'arrêté du 30 thermidor an 12 pour le remboursement aux fabriquans et marchands de musique gravée, des droits de timbre perçus sur les quantités exportées à l'étranger. (*Décret imp. du* 10 *brum. an* 14.)	
»	7 janvier 1806.	LETTRES DE VOITURE.	Mode de comptabilité des sommes acquittées par les contrevenans au décret impérial du 16 messidor an 13 sur le timbre des lettres de voiture et du paiement de la moitié des amendes attribuées par ce décret.	*V. l'instruction num.* 419.
»	16 dudit.	EMPREINTE DES NOUVEAUX TIMBRES A DÉPOSER.	Ordre de déposer aux greffes des tribunaux l'empreinte des nouveaux timbres dont la confection a été ordonnée par le décret impérial du 22 brumaire an 14.	
»	19 avril 1806.	LETTRES DE VOITURE.	Addition à la lettre du 7 janvier ci-dessus, relative à la comptabilité des sommes acquittées par les contrevenans au décret impérial du 16 messidor an 13, du paiement des amendes et du remboursement des frais avancés par les préposés des octrois, droits-réunis et douanes.	*V. l'instr. n.* 419. *et celle n.* 575.
»	30 mai 1806.	TIMBRE DE DIMENSION CHANGÉ.	Les timbres de dimension à l'extraordinaire seront changés, les nouveaux seront mis en activité au 1.er juillet prochain. (*Décret impérial du* 17 *avril* 1806.)	
»	7 juin 1806.	REGISTRES DU VISA.	Les receveurs des actes civils, ceux des actes judiciaires et les conservateurs des hypothèques tiendront, chacun pour ce qui le concerne, un registre de visa pour timbre.	
»	28 août 1806.	EXPÉDITIONS A L'ANCIEN TIMBRE. -- ADMINISTRATIONS PUBLIQUES.	Les autorités et administrations publiques peuvent faire contre-timbrer sans frais, aux timbres établis par le décret impérial du 17 avril dernier, dans le délai de 3 mois à partir du premier septembre prochain, les expéditions frappées de l'ancien timbre, qu'elles rapporteraient comme n'ayant pas été employées avant le premier juillet 1806. (*Décisions du Ministre des finances des* 15 *et* 29 *juillet* 1806.)	
»	12 septemb. 1806.	REGISTRES DE L'ÉTAT CIVIL. -- PAIEMENT.	Les papiers timbrés qui seront livrés à l'avenir pour la formation des registres de l'état civil doivent être payés comptant. (*Décision du Ministre des finances*); il en sera de même s'ils sont timbrés à l'extraordinaire.	*V. ci-après la circulaire du* 8 *novembre* 1806.
»	13 dudit.	VENTE DES PAPIERS HORS D'USAGE.	Les papiers aux anciens timbres et filigranes, les papiers cartes, les impressions filigranées, timbrées ou non timbrées et qui sont hors d'usage, seront vendus comme mobilier national; mode et conditions de cette vente. (*Décision du Ministre des finances du* 26 *août* 1806.)	

TIMBRE.

INSTRUCTIONS GÉNÉRALES. N.°	DATES.	OBJETS.	EXTRAIT DÉTAILLÉ DES INSTRUCTIONS.	OBSERVATIONS.
»	6 octobre 1806.	IMPRESSIONS. -- REGISTRES HORS DE SERVICE.	Les impressions reliées, telles que registres de recette, de patentes et autres hors de service, font partie des impressions à vendre en exécution de l'ordre du Ministre des finances du 26 août 1806.	
»	8 novemb. 1806.	REGISTRES DE L'ÉTAT CIVIL DE L'AN 1807.	Les papiers timbrés pour les registres de l'état civil de l'an 1807, seront fournis à crédit aux communes qui ne sont pas en état de les payer comptant. Les maires fourniront à cet effet des mandats acceptés par les percepteurs pour être acquittés le 31 mars prochain fixe, au plus tard. (*Lettre du Ministre des finances des 30 septembre, 21 octobre et 1 novembre* 1806.)	
»	12 décemb. 1806.	NOUVEAU TIMBRE	Les papiers de dimension et les effets de commerce frappés du timbre établi par le décret impérial du 17 avril 1806, seront mis en débite au 1.er janvier 1807. Mesures à prendre au 31 décembre pour constater le restant en nature des papiers hors d'usage à cette époque. (*Décret impérial du* 17 *avril* 1806.)	
»	15 dudit.	PATENTES DE 1807.	Les patentes de l'an 1807 seront timbrées à l'extraordinaire et à crédit, ainsi qu'elles l'ont été pour l'an 1806 et années antérieures, suivant le mode prescrit par l'instruction gén. n. 99.	
»	26 dudit.	DROITS DUS PAR LES COMMUNES. -- DÉLAI.	Il est accordé aux maires un nouveau délai jusqu'au 1.er mars 1807 pour soumettre au timbre et à l'enregistrement les registres et actes de leur administration qui y étaient assujettis. (*Décision du Ministre des finances du* 16 *décembre* 1806.)	
„	24 janvier 1807.	PASSE-PORTS.	Les passe-ports envoyés aux préfets par le ministère de la police générale seront timbrés à l'extraordinaire et à crédit. Mode de cette comptabilité.	
„	10 février 1807.	REGISTRES DES NOTAIRES CERTIFICATEURS.	Les registres que les notaires certificateurs tiennent des certificats de vie qu'ils délivrent aux rentiers et pensionnaires de l'état sont exempts du timbre. (*Déc. du Min. des fin. du* 7 *février* 1807.)	
„	14 février 1807.	REGISTRES DES SAISIES IMMOBILIAIRES.	Les registres de transcription des saisies immobilières, de la dénonciation aux saisis et de la notification aux créanciers inscrits, doivent être en papier timbré. (*Décis. du Ministre des finances du* 10 *février* 1807.)	
„	24 février 1807.	PAPIER AU TIMBRE SUPPRIMÉ. -- NOTAIRES. -- HUISSIERS.	Les papiers au timbre supprimé et que des notaires, huissiers et avoués auraient fait imprimer pour actes de leur ministère, ne sont point admis à l'échange. (*Décision du Ministre des finances du* 10 *février* 1807.)	
„	7 mars 1807.	FORMULES HYPOTHÉCAIRES. -- CONTRAINTES.	Les formules hypothécaires, les contraintes et les impressions pour ventes de coupes de bois nationaux qui se sont trouvées dans les magasins du timbre au 1.er janvier 1807, et qui étaient frappées de l'ancien timbre, seront contre-timbrées *gratis* du timbre actuel (*Déc. du Min. des fin. du* 3 *mars* 1807.)	
»	2 avril 1807.	CERTIFICATS DE VIE. -- RENTIERS ET PENSIONNAIRES.	Les certificats de vie des rentiers et pensionnaires peuvent être délivrés sur des formules timbrées à l'extraordinaire. (*Décision du Ministre des finances du* 24 *mars* 1807.)	
326	15 mai 1807.	JOURNAUX. -- SOLUTIONS DIVERSES.	Analyse des lois, décrets impériaux, arrêtés, avis du conseil d'état, décisions, arrêtés, jugemens et circulaires concernant le timbre des journaux, affiches, avis, annonces, etc. §. 1.er *Du timbre des journaux, gazettes, feuilles publiques, etc.* 1. Dispositions générales. 2. Exceptions.	

INSTRUCTIONS GÉNÉRALES. N.os	DATES.	OBJETS.	EXTRAIT DÉTAILLÉ DES INSTRUCTIONS.	OBSERVATIONS.
			3. Timbrage du papier avant l'impression. 4. Forme du timbre actuel. 5. Fixation et liquidation des droits. 6. Contraventions et peines. 7. Comment doivent être constatées les contraventions. 8. Poursuites à faire d'après le procès-verbal. §. 2. *Du timbre des avis et annonces.* 1. Dipositions générales. 2. Exceptions. 3. Timbrage. 4. Forme du timbre actuel. 5. Fixation et liquidation des droits. 6. Contraventions et peines. 7. Mode de les constater. 8. Poursuites. §. 3. *Du timbre des lettres de voiture, connaissemens, chartes-parties et polices d'assurance.* 1. Dispositions générales. 2. Exceptions. 3. Amendes et peines. 4. Mode de les constater. 5. Poursuites. 6. Dispositions particulières aux lettres de voiture. §. 4. *Du timbre du papier musique.* 1. Dispositions concernant les feuilles de papiers gravées ou imprimées depuis la loi du 9 vendémiaire an 6. 2. Dispositions concernant celles gravées ou imprimées lors de la publication de la loi du 9 vendémiaire an 6. §. 5. *Des ventes publiques de meubles.* 1. Dispositions générales. 2. Exceptions. 3. Déclaration préalable. 4. Forme de cette déclaration. 5. Transcription des déclarations, en tête des procès-verbaux. -- Rédaction de ces procès-verbaux. 6. Bureaux où les procès-verbaux doivent être enregistrés. 7. Additions à vérifier et perceptions du droit d'enregistrement. 8. Amendes encourues. 9. Moyens accordés pour constater les contraventions. 10. Procès-verbaux à rapporter. 11. Poursuites et instances.	
527	16 mai 1807.	DROITS-RÉUNIS.	Tous les actes faits et délivrés directement par les préposés des droits réunis aux redevables, pour les mettre à portée de justifier le paiement des droits par eux dus ou qu'ils ont rempli les formalités prescrites, doivent être frappés du timbre de cette régie. — Les originaux et copies des significations de contrainte, tous procès-verbaux, toutes significations et autres actes judiciaires faits par les préposés, ainsi que les transactions sur	

TIMBRE.

INSTRUCTIONS GÉNÉRALES. N.os	DATES.	OBJETS.	EXTRAIT DÉTAILLÉ DES INSTRUCTIONS.	OBSERVATIONS.
			procès, passées avec les contrevenans, doivent être sur papier de dimension créé par la loi du 13 brumaire an 7. -- Le timbrage des formules de contrainte et autres imprimés, passibles du timbre de dimension, sera fait à crédit pour le service d'une année, sur la remise de quatre reconnaissances égales, souscrites par les directeurs des droits réunis, et payables à la fin de chaque trimestre, comme le prescrit l'instruction n.° 275. -- Les obligations que les redevables des droits réunis sont autorisés à souscrire et qui sont assujetties au timbre proportionnel, seront timbrées, ou visées pour timbre, mais sans crédit. (*Décision du Ministre des finances du 5 mai 1807.*)	
328	16 mai 1807	Déclarations des pères de famille et des détenteurs des biens communaux.	Les déclarations des pères de famille, en vertu de la loi du 29 ventôse an 13, pour l'admission d'un de leurs enfans aux lycées, celles des détenteurs des biens communaux en vertu de la loi du 9 ventôse au 12, sont assujetties au timbre. (*Décision du Ministre des finances du 5 mai 1807.*)	
»	6 juin 1807.	Objets consignés par les manufacturiers. -- Vente.	Les ventes des objets consignés par les manufacturiers pour obtenir un prêt sur la somme de 6,000,000 fr. dont la caisse d'amortissement a été autorisée de disposer pour cet objet, ne sont pas soumises au timbre. (*Décret impérial du 11 mai 1807.*)	
332	14 juillet 1807.	Décomptes.	Les décomptes délivrés par les directeurs de l'administration aux acquéreurs de domaines nationaux, doivent être sur papier timbré. (*Décision du Ministre des finances du 23 juin 1807.*)	
333	15 dudit.	Droits-réunis. -- Contraintes.	Les directeurs des droits réunis sont autorisés à faire timbrer *gratis* des contraintes à l'usage actuel de leur administration pour une somme égale au montant des droits de timbre des expéditions timbrées et non employées. -- Les directeurs pourront faire timbrer *en débet* le nombre de contraintes qu'ils jugeront à propos, mais en une seule fois par trimestre, et à la charge d'acquitter les droits de timbre, le 20 fixe du troisième mois du même trimestre, quelle que soit l'époque du timbrage.	
336	13 août 1807	Droits de pâturage.	Les arrêtés des conseils de préfecture qui confirment des communes ou des habitans dans la jouissance des droits de pâturage, pacage, etc. dans les forêts nationales, sont soumis au timbre. (*Décision du Ministre des fin. du 28 juillet 1807.*)	
»	9 septemb. 1807.	Soumissions pour fournir des logemens à la gendarmerie.	La soumission faite devant les préfets par des particuliers pour fournir des logemens à la gendarmerie doit être sur papier timbré, ainsi que le bail qui peut en être passé. (*Décis. du Ministre des finances.*)	
,,	27 octobre 1807.	Registres de l'état civil 1808.	Les papiers timbrés pour registres de l'état civil de 1808, seront fournis comme ils l'ont été pour les registres de 1807.	
339	24 novemb. 1807.	Suscription de testament mystique.	L'acte de suscription d'un testament mystique présenté à un notaire, peut être fait sur une enveloppe non timbrée sans contravention de sa part; il y aura lieu seulement de faire payer le droit du visa pour timbre lors de l'enregistrement du testament. (*Décis. du Ministre des finances du 3 déc. 1807.*)	
,,	25 novemb. 1807.	Patentes de 1808.	Les patentes de l'an 1808 seront timbrées à l'extraordinaire comme l'ont été celles de l'an 1807.	
,,	30 mars 1808.	Papiers et filigranes supprimés. -- Vente.	La vente des papiers et filigranes supprimés le 1.er janvier 1807 par le décret impérial du 17 avril 1806, sera faite par soumission plutôt que par adjudication. -- Les registres et impressions hors d'usage seront vendus de la même manière. -- État à fournir des ventes ordonnées en 1806.	

TIMBRE.

INSTRUCTIONS GÉNÉRALES. N.os	DATES.	OBJETS.	EXTRAIT DÉTAILLÉ DES INSTRUCTIONS.	OBSERVATIONS.
371	2 avril 1808.	Solutions diverses.	Solutions sur l'application des droits de timbre aux actes ci-après : 1. Arrêtés de compte constatant reliquat de sommes. 2. Certificats de publication de promesses de mariage. 3. Exécutoires pour frais de justice. 4. Passe-debouts délivrés par les préposés des octrois. 5. Quittances d'appointement des employés des administrations, des communes ou commissions des hospices et des commissaires de police. 6. Registres des receveurs des communes.	
373	6 avril 1808	Registres de greffe.	Registres du greffe, dont la tenue est prescrite par les codes Napoléon et de procédure, et qui sont assujettis à la formalité du timbre, ou qui en sont exempts.	*Voir pour la désignation de ces registres, l'instr. sous ce nº au titre* Greffe.
377	17 mai 1808.	Obligation sous le nom de dépôt. Tables annuelles et décennales. Certificats de visite des bois des particuliers.	Toute obligation déguisée sous le nom de reconnaissance de dépôt entre toute sorte de personnes, est assujettie au droit de timbre proportionnel comme les autres obligations désignées en l'article 6 de la loi du 6 prairial an 7. -- Le papier des tables annuelles et décennales des actes de l'état civil doit être d'une dimension égale à celle des registres auxquels elles sont annexées et soumis aux mêmes droits de timbre. (*Décision du Ministre des finances du* 15 *mars* 1808.) Les certificats de visite des bois des particuliers doivent être délivrés sur papier timbré par les agens du ministère de la marine. (*Autre décision du* 1.er *mars* 1808.)	
382	7 juin 1808	Répertoires des porteurs de contraintes.	Les répertoires des porteurs de contraintes seront visés pour timbre *gratis*. Mention, de l'usage auquel est destiné ce papier, devra être faite dans le visa. (*Décision du Ministre des financ. du* 19 *avril* 1808.)	
»	5 juillet 1808.	Expéditions de jugement qui rendent exécutoires ceux des conseils de guerre.	Les expéditions des jugemens des tribunaux de première instance qui rendent exécutoires ceux des conseils de guerre spéciaux contre les déserteurs ; les exemplaires imprimés servant d'expéditions des jugemens contre les conscrits réfractaires, et le bordereau pour prendre inscription, seront visés pour timbre en débet et recouvrés sur les condamnés. (*Décision du Ministre des finances du* 17 *mai* 1808.)	
387	7 juillet 1808.	Réparation et entretien des digues. -- Cadastre.	Les rôles et les quittances des contributions pour les réparations et l'entretien des digues et les réclamations concernant le cadastre sont exemptes du timbre. (*Décisions du Ministre des finances des* 31 *mai et* 7 *juin* 1808.)	
391	4 août 1808.	Militaires décédés dans les hospices.	Les procès-verbaux de vente d'effets des militaires décédés dans les hospices ou les prisons, sont assujettis au timbre.	
395	30 dudit.	Communes et établissemens publics. — Droits arriérés.	Le Ministre des finances est autorisé à accorder aux communes et établissemens publics pour lesquels il le jugera nécessaire, la faculté d'acquitter, par à-comptes, dans un temps déterminé, les droits arriérés de timbre et enregistrement qu'ils doivent aux termes du décret impérial du 4 messidor an 13 ; il peut également autoriser l'exemption totale. A l'avenir, les communes et établissemens publics ne pourront faire aucun usage d'un acte sujet au timbre qu'il n'ait été préalablement soumis à cette formalité. (*Décret impérial du* 17 *juillet* 1808.)	
396	31 dudit.	Déclaration préalable à la vente de meubles.	Les officiers publics chargés de procéder à la vente publique de meubles peuvent être admis à se faire suppléer par un mandataire muni d'une procuration spéciale, pour la déclaration à faire au bureau de l'enregistrement, préalablement à la vente. (*Décision du Ministre des finances.*)	

TIMBRE.

INSTRUCTIONS GÉNÉRALES. N.os	DATES.	OBJETS.	EXTRAIT DÉTAILLÉ DES INSTRUCTIONS.	OBSERVATIONS.
397	1 septemb. 1808.	FEUILLES D'AUDIENCE. QUITTANCES DE RESTITUTION.	Les feuilles d'audience sont soumises au timbre, attendu qu'elles tiennent lieu de registre, et qu'elles doivent contenir tous les jugemens sans distinction. Abus à réprimer dans les copies signifiées. — Les quittances de restitution de droits indûment perçus ne sont pas soumises au timbre. (*Décision du Ministre des finances du* 16 *août* 1808.)	
"	5 septemb. 1808.	REGISTRES DE L'ÉTAT CIVIL POUR 1809.	Les papiers timbrés pour les registres de l'état civil de 1809 seront fournis comme ils l'ont été pour ceux de 1808.	
399	23 dudit.	MAÎTRES DE POSTES, POSTILLONS. -- QUITTANCES DE GAGE.	Les quittances des gages des maîtres de poste aux chevaux, celles des postillons, de leurs veuves et enfans pensionnaires pour pensions et secours qui leur sont accordés, sont exemptes du timbre. (*Décis du Ministre des finances du* 30 *août* 1808.)	
402	14 octobre 1808.	GRANDS RAPPORTS. -- MARINE.	Les rapports connus par la marine sous le nom de grands rapports, et qui sont faits à la suite d'un voyage de long cours par les capitaines de navire, doivent être timbrés; les relevés de ces actes pour être envoyés au ministre de l'intérieur sont exempts de toute formalité. — Ces rapports doivent être timbrés en débet lorsqu'ils sont faits par des capitaines échappés d'un naufrage. (*Décision du Ministre des fin. des* 15 *juillet*, 2 *août et* 24 *septembre* 1808.)	
»	26 dudit.	TIMBRE EXTRAORDINAIRE.	Demande d'un état du produit en principal du droit de timbre extraordinaire en 1807.	
405	27 dudit.	SOLUTIONS DIVERSES. BULLETINS. TIMBRE DES QUITTANCES.	Les notaires peuvent expédier sur la même feuille les actes ou extraits d'actes et les procurations en vertu desquelles ils ont été passés. (*Décision du Ministre des finances du* 11 *octobre* 1808.) Les bulletins des actes administratifs, lorsqu'ils ne sont pas adressés par une administration ou fonctionnaire public à une autre administration ou fonctionnaire public, sont soumis au timbre. (*Décision du Ministre des fin. du* 23 *août* 1808.) Les amendes pour quittances écrites sur papier non timbré, sont à la charge des débiteurs. (*Décisions des Ministres des finances et de la justice des* 7 *et* 24 *septembre* 1808.)	*V. ci-après l'instruction générale num.* 591.
413	12 janvier 1809.	MAJORATS.	Droits de timbre auxquels donnent lieu les actes pour la création des majorats. (*Décret impérial du* 1.er *mars* 1808.)	
415	30 dudit.	GRANDE VOIRIE.	Les procès-verbaux de contravention et actes de poursuites en matière de grande voirie, et à l'égard des chemins vicinaux, seront timbrés en débet; le montant en sera liquidé dans les arrêtés de condamnation.	
417	24 fév. 1809.	CONSULTATIONS D'AVOCATS.	Les consultations des avocats sont indistinctement sujettes au timbre. (*Décision du Grand-Juge du* 28 *janvier* 1808.)	
419	6 mars 1809.	PROCURATION DES SOUS-OFFICIERS ET SOLDATS EN RETRAITE. LETTRES DE VOITURE.	La procuration des sous-officiers et soldats en retraite ou en réforme, à fin de toucher pour eux à la caisse du payeur les arrérages qui leur sont dus, pourra être sur papier libre et exempte de tout droit. (*Décret impérial du* 21 *décembre* 1808.) Les lettres de voiture, connaissemens, chartes-parties et polices d'assurance continueront d'être assujettis au timbre de dimension. Les parties pourront se servir pour ces actes de telle dimension de papier qu'elles jugeront convenable, sans être tenus d'employer à cet usage du papier d'un franc. -- Ne sont point assujettis à se pourvoir de lettres de voiture timbrées, les propriétaires qui font conduire par leurs voituriers et leurs propres domestiques ou fermiers les produits de leurs récoltes. (*Décret impérial du* 3 *janvier* 1809.)	*V. l'instruction générale n.* 575.

TIMBRE.

INSTRUCTIONS GÉNÉRALES. N.os	DATES.	OBJETS.	EXTRAIT DÉTAILLÉ DES INSTRUCTIONS.	OBSERVATIONS.
"	6 mai 1809.	PATENTES. -- ÉTAT.	État à fournir de la situation, au 1.er janvier 1809, du recouvrement des droits de timbre des patentes.	
435	21 juin 1809.	MÉMOIRES IMPRIMÉS.	Les mémoires imprimés, distribués au public, où l'on se borne a rappeler les signatures des avocats, jurisconsultes, etc. ne sont pas soumis au timbre, ainsi que les exemplaires distribués aux juges ou au public; ceux produits en justice ou signifiés aux parties sont assujettis à la formalité. (*Décision du Ministre des finances du* 13 *juin* 1809).	
437	5 juillet 1809.	CONSEILS DE PRUD'HOMMES.	Actes et jugemens des conseils de prud'hommes qui peuvent être assujettis au timbre.	
454	23 novemb. 1809.	MAIRIES ET ÉTABLISSEM.S PUBLICS.	Solutions du Ministre des finances sur l'application des lois sur le timbre aux actes des mairies et établissemens publics. (*Lettre du Ministre des finances du* 17 *octobre* 1809).	
"	1 décemb. 1809.	REGISTRES DE L'ÉTAT CIVIL 1810.	Les papiers timbrés pour registres de l'état civil de 1810, seront fournis comme ils l'ont été pour 1809.	
"	2 dudit.	PATENTES DE 1810.	Les patentes de 1810 seront timbrées à l'extraordinaire et à crédit, comme elles l'ont été ou dû l'être en 1809, conformément à l'instruction n.° 99.	
460	4 janvier 1810.	QUITTANCES ET DÉCHARGES DE PRIX DE VENTE DE MEUBLES.	Les quittances et décharges données par les parties aux notaires et autres officiers publics procédant à des ventes publiques de meubles, peuvent sans contravention à la loi du 13 brumaire an 7, être mises en marge des procès-verbaux de vente, et dans ce cas elles doivent être rédigées en forme authentique, et signées par la partie et l'officier public; ces quittances ainsi rédigées sont soumises à l'enregistrement dans le délai de la loi. (*Avis du Conseil d'état du* 7 *octobre* 1809).	
"	11 dudit.	RENTES ALIÉNÉES PAR LA CAISSE D'AMORTISSEMENT.	Le procès-verbal d'adjudication des rentes aliénées par la caisse d'amortissement, est assujetti au droit de timbre. (*Décret impérial du* 9 *décembre* 1809).	
464	12 fév. 1810.	DESSÉCHEMENT DES MARAIS.	Les actes faits en exécution de la loi du 16 septembre 1807, sur le desséchement des marais, sont passibles de la formalité du timbre.	
468	12 mars 1810.	PROCÈS-VERBAL D'AFFICHE. - SAISIE IMMOBILIÈRE.	Le procès-verbal d'apposition d'affiches en exécution de l'art. 685 du code judiciaire doit être rédigé sur du papier timbré de dimension et séparé de l'exemplaire du placard qui y demeure annexé, lequel doit être aussi sur papier timbré. (*Décision du Grand-Juge du* 30 *janvier* 1810).	
"	24 mai 1810.	OCTROIS -- REGISTRES.	Il y a lieu de timbrer *gratis* un nombre de feuilles nouvelles des registres des octrois, égal à celui des feuilles anciennes déjà timbrées et qui se trouvent hors de service, mais cette faveur est spéciale pour les papiers présentés au timbre antérieurement au décret du 17 mai 1809. -- On peut également admettre les directeurs des droits-réunis à faire timbrer *gratis* autant de nouveaux imprimés pour contrainte qu'ils remettront d'anciens imprimés destinés au même usage et qui maintenant ne peuvent plus servir. (*Décision du Ministre des finances*).	*V. l'instruction générale n.* 597.
477	8 juin 1810.	REGISTRES DES HYPOTHÈQUES.	Il ne sera désormais expédié de l'atelier général, des registres des hypothèques, qu'ils n'aient été auparavant frappés du timbre ordinaire: le garde magasin s'en chargera comme de tous autres papiers. Les envois aux conservateurs s'en feront et il en sera rendu compte par ces derniers, de la manière qui s'observe pour les papiers de la débite.	

TIMBRE.

INSTRUCTIONS GÉNÉRALES. N.os	DATES.	OBJETS.	EXTRAIT DÉTAILLÉ DES INSTRUCTIONS.	OBSERVATIONS.
„	5 septemb. 1810.	PATENTES DE 1811.	Les patentes de l'année 1811, seront timbrées à l'extraordinaire et à crédit comme elles l'ont été pour 1810, sur la soumission du receveur général, de rembourser dans trois mois en un récépissé comptable, le montant de ces droits.	
„	15 dudit.	ANCIENS REGISTRES DES HYPOTHÈQUES. -- COMPTABILITÉ.	A dater du 1.er octobre 1810, les anciens registres destinés aux formalités hypothécaires, et les feuilles non écrites restant dans les bureaux des conservateurs, seront compris dans la comptabilité de la débite. Mode d'exécution de cette mesure.	
„	26 dudit.	PASSE-PORTS ET PERMIS DE PORT D'ARMES.	Mesures provisoires pour l'exécution du décret impérial du 11 juillet 1810, concernant les passe-ports et permis de port d'armes de chasse.	
496	7 novemb. 1810.	*Idem.*	Mode à observer pour l'exécution du décret impérial du 11 juillet 1810, concernant les passe-ports et permis de port d'armes de chasse. -- La recette des droits de passe-ports à l'intérieur sera faite par les percepteurs des contributions. -- Les receveurs du timbre extraordinaire feront la recette des passe-ports à l'étranger et des permis de port d'armes de chasse. -- Mode de cette comptabilité.	*V. l'instruction générale n.* 524 *et* 535 *ci-après.*
501	24 décemb. 1810.	CERTIFICATS DÉLIVRÉS PAR LES OFFICIERS DE L'ÉTAT CIVIL.	Les certificats que les officiers de l'état civil délivrent aux parties pour justifier aux ministres des cultes de l'accomplissement préalable des formalités civiles, avant d'être admises à la célébration religieuse de leur mariage, seront assujettis au timbre de 25 cent. (*Décret impérial du* 9 *décembre* 1810.)	
502	26 dudit.	EFFETS NÉGOCIABLES VENANT DE HOLLANDE.	Les effets négociables venant de Hollande doivent être soumis au timbre ou au visa pour timbre avant qu'on puisse les négocier, accepter ou acquitter en France, et payer le droit établi par l'art. 8 de la loi du 13 brumaire an 7. (*Décision du Ministre des finances du* 8 *décembre* 1810.)	
504	19 janvier 1811.	FABRIQUES.	Les registres des fabriques seront sur papier non timbré. (*Décret impérial du* 30 *décembre* 1809.)	
511	9 avril 1811.	PERMIS DE PORT D'ARMES. LÉGIONNAIRES.	Les permis de ports d'armes de chasse seront délivrés gratuitement aux membres de la légion d'honneur, à la charge seulement de rembourser la valeur du timbre et du papier, fixée à 1 franc. (*Décret impérial du* 22 *mars* 1811.)	
515	16 dudit.	DROITS-RÉUNIS. -- REGISTRES ET QUITTANCES.	Les registres et quittances de la régie des droits-réunis concernant les tabacs, doivent être timbrés en débet sur une obligation payable à trois mois, souscrite par le directeur de droits-réunis.	
523	28 mai 1811.	PORT D'ARMES. -- DÉLITS. -- GRATIFICATION.	La gratification de 5 francs accordée aux agens qui ont constaté des délits de chasse ou de pêche et de port d'armes, doit être payée par les préposés de l'enregistrement lorsque le prix de vente des armes saisies est insuffisant. (*Décret impérial du* 8 *mai* 1811.)	
524	29 dudit.	PASSE-PORTS À L'INTÉRIEUR-PERCEPTEURS.	Les percepteurs des contributions sont comptables envers l'administration du prix des passe-ports à l'intérieur. Ils en verseront chaque mois le montant, déduction faite de leur remise, et remettront le récépissé au receveur avec la quittance des remises retenues. Le receveur en comptera comme de ses autres recettes.	*V. l'instruction générale n.°* 611 *ci-après.*
„	20 juillet 1811.	PERMIS DE PORT D'ARMES.	Les personnes qui voudront se procurer des permis de port d'armes de chasse ne seront plus tenues de se présenter en personne au chef-lieu du département; à cet effet l'annotation de la signature du porteur sur le talon des feuilles de permis sera supprimée. (*Décret impérial du* 5 *juillet* 1811.)	

TIMBRE.

INSTRUCTIONS GÉNÉRALES. N.os	DATES.	OBJETS.	EXTRAIT DÉTAILLÉ DES INSTRUCTIONS.	OBSERVATIONS
533	23 juillet 1811.	Ordonnances sur opposition aux qualités.	Les décisions ou ordonnances sur l'opposition formée aux qualités des jugemens doivent être portées sur les qualités mêmes et non sur une feuille de papier séparée. (*Décision des Minist. des finances et de la justice du 21 mai 1811.*)	
534	24 dudit.	Prestation de serment. -- Commissions.	La mention de la prestation de serment de tous les employés généralement, peut être mise en marge ou à la suite des commissions, sans contravention à la loi du timbre, soit pour un premier serment ou pour changement de résidence. (*Décision du Ministre des finances du 21 mai 1811.*) Néanmoins la minute des procès-verbaux doit être rédigée sur une feuille de papier timbré distincte des commissions.	
535	25 dudit.	Imprimerie et librairie.	Les livres, les déclarations et les récépissés auxquels donne lieu l'exécution des art. 11 et 12 du décret impérial du 5 février 1810 sur l'imprimerie et la librairie, sont assujettis au timbre. Les copies des livres qui seraient envoyées séparément desdites déclarations à M. le directeur général de la librairie et à messieurs les préfets, peuvent être écrites sur papier non timbré. (*Décision du Ministre des finances du 25 juin 1811.*)	
537	23 août 1811.	Registres des greffiers de police.	Les registres à tenir par les greffiers de police nommés par les maires, d'après l'article 168 du code d'instruction criminelle, sont assujettis au timbre; mais les commissions qui leur sont délivrées ne sont pas susceptibles d'être écrites sur papier timbré. (*Décision du Ministre des finances du 11 août 1811.*)	
543	28 septemb. 1811.	Passe-ports à l'intérieur.	Nouveau mode de comptabilité des passe-ports à l'intérieur. L'envoi doit en être fait par les directeurs aux receveurs d'arrondissement pour être remis aux percepteurs. Remise de 3 pour cent à allouer à ces derniers. (*Déc. du Ministre des finances.*)	
»	17 octobre 1811.	Registres de l'état civil.	Les papiers timbrés pour les registres de l'état civil de 1812 seront fournis comme ils l'ont été pour 1811, c'est-à-dire qu'ils seront payés comptant par les communes ayant les moyens de le faire. Les maires des autres communes remettront en paiement leurs mandats acceptés par les percepteurs, pour être acquittés le 31 mars 1812.	
»	18 dudit.	Patentes de 1812	Les patentes de 1812 seront timbrées à l'extraordinaire et à crédit au moyen d'une soumission que fournira le receveur général d'en payer le montant dans trois mois en un récépissé comptable.	
»	13 novemb. 1811.	Passe-ports à l'ancien type.	Les formules de passe-ports à l'ancien type, restées sans emploi au 1.er janvier 1811, doivent être brûlées. Mesures prescrites pour ce brûlement et pour la décharge des droits de timbre en débet.	
»	20 novemb. 1811.	Registres de l'état civil. -- Arriéré des années 5, 6, 7 et 8.	Les communes ne doivent pas être recherchées pour le prix du papier timbré qui leur a été délivré par l'administration de l'enregistrement dans les années 5, 6, 7 et 8, et l'administration doit être déchargée dans ses comptes du montant de ces livraisons. (*Avis du Conseil d'état du 1.er octobre 1811.*)	
559	14 janvier 1812.	Imprimerie et librairie.	Les déclarations des imprimeurs et les récépissés qui leur en sont délivrés en exécution des art. 11 et 12 du décret impérial du 5 février 1810, sont exempts de la formalité du timbre, attendu qu'ils sont considérés comme de simples avis d'une correspondance administrative et de police. (*Décision du Ministre des finances du 7 janvier 1812.*)	
565	6 mars 1812.	Pétitions et mémoires.	Les pétitions et mémoires, même en forme de lettres, présentés aux ministres, à toute autorité constituée, aux administrations et établissemens publics; celles pour obtenir une réduction sur	

INSTRUCTIONS GÉNÉRALES. N.os	DATES.	OBJETS.	EXTRAIT DÉTAILLÉ DES INSTRUCTIONS.	OBSERVATIONS.
			les contributions directes, etc., sont soumises au timbre. (*Décision du 16 brumaire an 7. Décret impérial du 24 janvier 1812.*)	
570	4 avril 1812.	PASSE-PORTS A DÉLIVRER AUX INDIGENS.	Les passe-ports à délivrer aux personnes véritablement indigentes et reconnues hors d'état d'en acquitter le montant, doivent être délivrés gratuitement. (*Avis du Conseil d'état du 22 décembre 1811.*) Mode à suivre pour prévenir les abus qui pourraient résulter de cette faculté accordée aux maires. Mesures prescrites à MM. les préfets pour régulariser la distribution des passe-ports faite par les percepteurs, et le versement de leur montant dans la caisse de l'administration. (*Lettre du Ministre des finances du 6 mars 1812, aux préfets.*)	*V. l'instruction n.* 581. *ci-après.*
572	18 avril 1812.	PAPIER MUSIQUE.	Tout envoi de musique non périodique qui ne contiendra pas plus de deux feuilles entières de papier d'une dimension au moins de trois décimètres carrés, ne peut être gravé que sur du papier timbré. -- Il est accordé aux graveurs et marchands de musique un délai d'un mois pour faire timbrer sans amende les œuvres non periodiques dont il s'agit. (*Décision du Ministre des finances du 7 avril 1812.*)	
575	26 dudit.	LETTRES DE VOITURE, ETC.	Les employés des douanes et ceux des droits-réunis sont autorisés à concourir avec les préposés de l'enregistrement pour constater les contraventions aux droits de timbre des lettres de voiture, connaissemens, chartes parties et polices d'assurance, et ont droit à la moitié des amendes en résultant. (*Décision du Ministre des finances du 14 avril 1812.*)	
578	1 mai 1812.	DÉLIT DE CHASSE ET DE PORT D'ARMES.	La gratification de 3 francs accordée par le décret impérial du 8 mai 1811, aux gendarmes et gardes forestiers qui ont constaté des délits de chasse et de port d'armes, doit être payée à tous les préposés qui sont à portée de réprimer ces délits; en conséquence elle doit être accordée à ceux des douanes. (*Décision du Ministre des finances du 18 avril 1812.*)	
579	19 dudit.	DÉCLARATION D'ÉTABLISSEMENT OU CHANGEMENT DE DOMICILE.	Les déclarations de changement ou d'établissement de domicile ne sont pas soumises à l'enregistrement; il suffit qu'elles soient faites sur du papier timbré. (*Délibération du Conseil d'administration. Décision du Ministre des finances du 5 mai 1812.*)	
581	25 mai 1812	PASSE-PORTS A L'INTÉRIEUR. -- INDIGENS.	L'avis du Conseil d'état du 22 décembre 1811, relatif à la délivrance gratuite des passe-ports à l'intérieur aux personnes véritablement indigentes est également applicable aux passe-ports à l'étranger. Un permis de port d'armes est valable dans les divers départemens où celui à qui il a été délivré est propriétaire, après avoir été revêtu du visa du préfet. (*Lettre du Ministre des finances du 2 mai 1812.*)	
582	26 dudit.	REGISTRES DES RECEVEURS DES COMMUNES.	Le registre journal-général et le livre de caisse qui sert de base à la comptabilité des receveurs municipaux et qui la justifie, sont soumis au timbre. - Les registres auxiliaires en sont exempts. -- Le journal du percepteur des contributions n'y est pas sujet, lorsque ce journal ne sert que pour les contributions publiques. -- Les receveurs municipaux sont autorisés à présenter au visa pour timbre leur registre journal-général et leur livre de caisse, en payant comptant les droits de timbre. A l'avenir ces deux registres seront formés avec du papier de la débite, ou timbrés à l'extraordinaire, et les droits payés comptant. -- Le compte servant de décharge au comptable est sujet au timbre. (*Décisions des Ministres des finances et du trésor, du 19 mai 1812.*)	*V. l'instruction générale n.* 570.

TIMBRE.

INSTRUCTIONS GÉNÉRALES. N.os	DATES.	OBJETS.	EXTRAIT DÉTAILLÉ DES INSTRUCTIONS.	OBSERVATIONS.
587.	27 juin 1812	PERMIS DE PORT D'ARMES DE CHASSE. -- RESTITUTION.	Il n'y a pas lieu de restituer les droits de permis de port d'armes de chasse lorsque le permis, après avoir été délivré, a été retiré par mesure de sûreté et de police. Les droits sont restituables, lorsque le permis a été refusé, parce que celui qui le réclamait et qui avait payé les 30 francs, n'avait pas les qualités requises. (*Décision des Ministres des finances et de la justice.*) Mode de cette comptabilité.	
588	2 juillet 1812.	PASSE-PORTS A LA DISPOSITION DES MAIRES.	Les percepteurs tiendront à l'avenir les feuilles de passe-ports à la disposition des maires de leur arrondissement, sans distinction de communes. (*Décision des Ministres des finances et de la police.*)	
591	23 dudit.	RÉVOCATIONS DE PROCURATIONS ET TESTAMENS.	Les révocations de procurations ou de testamens peuvent être faites et expédiées sur la même feuille de papier timbré que les procurations ou testamens qu'elles concernent. (*Décret impérial du 15 juin 1812.*)	
595	20 août 1812.	REGISTRES DES TABACS.	Chaque case des nouveaux registres destinée à recevoir le mandat de paiement des tabacs livrés par le cultivateur à la régie, devra être timbrée à l'extraordinaire à 25 cent. et le droit en sera acquitté sur une obligation du directeur des droits-réunis. Il sera fait compensation, jusqu'à due concurrence, du timbre annullé sur les feuilles d'anciens registres. (*Décision du Ministre des finances du 11 avril 1812.*)	
597	5 septemb. 1812.	REGISTRES DE L'OCTROI.	Les registres de l'octroi ne doivent plus être soumis au timbre de dimension. (*Décision du Ministre des finances du 25 août 1812.*)	
599	9 dudit.	CATALOGUES DE LIVRES.	Les catalogues de livres, quelle qu'en soit l'étendue, doivent être imprimés sur du papier timbré. (*Décision du Ministre des finances du 25 août 1812.*)	
»	26 dudit.	REGISTRES DE L'ÉTAT CIVIL ET TABLES DÉCENNALES.	Les papiers timbrés pour les registres de l'état civil de 1813 seront payés comptant par les communes, et à défaut de moyens suffisans, sur des mandats des maires acceptés par les percepteurs pour être acquittés le 31 mars 1813 au plus tard. (*Décis. du Ministre des fin. du 22 septembre 1812.*) Les greffiers doivent payer comptant le timbre des tables décennales. (*Décision du Ministre des finances du 31 mars 1812.*)	
601	3 octobre 1812.	FORMULES DE PATENTES.	Il ne sera timbré pour 1813 qu'un nombre de formules égal à celui des articles de patentes portés sur les rôles de la dernière année ; dans ce nombre seront comprises celles sans emploi restées aux mains des percepteurs. Comptes ouverts à tenir à ce sujet et mode de cette comptabilité. (*Lettre du Ministre des finances du 12 mai 1812.*)	
602	6 dudit.	VENTES PUBLIQUES DE MARCHANDISES PAR LES COURTIERS.	La requête à présenter par les courtiers du tribunal à l'effet de vendre ; la déclaration de propriété ou de commission et le catalogue des objets à vendre seront écrits sur papier timbré (*Décision du Ministre des finances du 22 septembre 1812.*)	
605	24 dudit.	ÉTABLISSEMENS PUBLICS. -- AUTORISATION.	Les autorisations données par les préfets aux communes, hospices et autres établisemens publics, pour recevoir des remboursemens de rentes, ne sont pas soumises au timbre ni à l'enregistrement. (*Décisions du Ministre des finances des 9 juin et 8 septembre 1812.*)	
608	3 novemb. 1812.	CHAMBRES DES NOTAIRES.	Les registres des chambres des notaires concernant leur police intérieure et sans aucun rapport avec des personnes étrangères, ne sont pas sujets au timbre. S'il s'agissait d'actes tendans à établir des conventions entre la chambre et des particuliers, on ne pourrait les rédiger qu'en papier timbré. -- S'il n'est tenu	

TIMBRE.

INSTRUCTIONS GÉNÉRALES. N.os	DATES.	OBJETS.	EXTRAIT DÉTAILLÉ DES INSTRUCTIONS.	OBSERVATIONS.
			qu'un seul registre des divers actes ci-dessus, il doit être timbré ainsi que les registres de recette du trésorier de la chambre: les seules expéditions d'actes de la chambre qui sont exemptes du timbre sont celles délivrées au procureur impérial dans l'intérêt de l'administration (*Décision du Grand-Juge et du Ministre des finances.*)	
614	16 novemb. 1812.	PASSE-PORTS À L'INTÉRIEUR. -- VERSEMENT DE LEUR PRODUIT.	A compter du 1.er janvier 1813, les percepteurs des contributions verseront chaque mois à la caisse du receveur de l'enregistrement du chef lieu de leur arrondissement, la recette du prix des passe-ports à l'intérieur qui auront été délivrés dans le mois, déduction faite de leur remise à raison de 5 pour cent. Certificat du maire constatant les restant en nature à remettre au receveur. A défaut par les percepteurs de faire cette remise, ils seront poursuivis par toutes les voies de droit pour le paiement du prix des passe-ports qui leur auront été délivrés. Les percepteurs pourront payer le prix des passe-ports, sous la déduction de leur remise, au moment de la livraison qui leur en sera faite par le receveur de l'enregistrement. (*Décision du Ministre des finances du 6 novembre* 1812.)	
615	19 dudit.	TRIBUNAUX CORRECTIONNELS ET DE POLICE. -- REGISTRES.	Les registres des tribunaux correctionnels et de police, où se consignent les minutes des jugemens, ne sont pas soumis au timbre. Les procès-verbaux en matière de police et de police correctionnelle sont sujets au timbre; les droits sont à la charge des parties civiles, et à leur défaut, ces actes sont visés en débet. -- En matière criminelle il n'y a pas lieu au timbre.	*Dérogation à l'instruction générale n. 557.*
616	16 décemb. 1812.	DÉLITS DE CHASSE ET DE PORT D'ARMES -- GRATIFICATION.	Lorsque plusieurs individus sont condamnés collectivement pour délits de chasse et de port d'armes, il doit être payé autant de gratifications de 5 francs qu'il y a de condamnés, au militaire ou garde qui a rapporté le procès-verbal sur lequel le jugement a été rendu. -- Lorsque plusieurs gardes et autres agens ont concouru à la formation d'un procès-verbal sur lequel il n'est intervenu qu'une seule condamnation pour délits de chasse, chacun de ces agents doit recevoir une semblable gratification de 5 francs. (*Décision du Ministre des finances.*)	*Voir le n. 5 de l'instruction générale n. 543.*

TIMBRE.

INSTRUCTIONS GÉNÉRALES.		OBJETS.	EXTRAIT DÉTAILLÉ DES INSTRUCTIONS.	*OBSERVATIONS.*
N.os	DATES.			

TIMBRE.

INSTRUCTIONS GÉNÉRALES.		OBJETS.	EXTRAIT DÉTAILLÉ DES INSTRUCTIONS.	OBSERVATIONS.
N.os	DATES.			

TIMBRE.

INSTRUCTIONS GÉNÉRALES.		OBJETS.	EXTRAIT DÉTAILLÉ DES INSTRUCTIONS.	*OBSERVATIONS.*
N.os	DATES.			

INSTRUCTIONS GÉNÉRALES.		OBJETS.	EXTRAIT DÉTAILLÉ DES INSTRUCTIONS.	*OBSERVATIONS.*
N.os	DATES.			

INSTRUCTIONS GÉNÉRALES.		OBJETS.	EXTRAIT DÉTAILLÉ DES INSTRUCTIONS.	OBSERVATIONS.
N.os	DATES.			

INSTRUCTIONS GÉNÉRALES.		OBJETS.	EXTRAIT DÉTAILLÉ DES INSTRUCTIONS.	OBSERVATIONS.
N.os	DATES.			

INSTRUCTIONS GÉNÉRALES.		OBJETS.	EXTRAIT DÉTAILLÉ DES INSTRUCTIONS.	*OBSERVATIONS.*
N.os	DATES.			

INSTRUCTIONS GÉNÉRALES.		OBJETS.	EXTRAIT DÉTAILLÉ DES INSTRUCTIONS.	*OBSERVATIONS.*
N.os	DATES.			

INSTRUCTIONS GÉNÉRALES.		OBJETS.	EXTRAIT DÉTAILLÉ DES INSTRUCTIONS.	OBSERVATIONS.
N.os	DATES.			

INSTRUCTIONS GÉNÉRALES.		OBJETS.	EXTRAIT DÉTAILLÉ DES INSTRUCTIONS.	OBSERVATIONS.
N.os	DATES.			

INSTRUCTIONS GÉNÉRALES.		OBJETS.	EXTRAIT DÉTAILLÉ DES INSTRUCTIONS.	OBSERVATIONS.
N.os	DATES.			

TABLE ALPHABÉTIQUE

DES TITRES QUI COMPOSENT CE VOLUME,

Avec l'indication de ceux sous lesquels ont été classées quelques matières qui n'ont pas de titre particulier et que l'on peut cependant être dans le cas de consulter.

www.ingramcontent.com/pod-product-compliance
Ingram Content Group UK Ltd.
Pitfield, Milton Keynes, MK11 3LW, UK
UKHW021057220726
13924UKWH00005B/2128